新电商精英系列教程

跨境电商

运营实务：跨境营销、物流与多平台实践

阿里巴巴商学院　编著

电子工业出版社
Publishing House of Electronics Industry
北京·BEIJING

内 容 简 介

"电商精英系列教程"自从 2011 年问世以来，随着电子商务大潮在国内的兴起，成为全国范围内颇具影响力的电子商务系列教程，是几代电商人和院校学员学习的"绿色记忆"。2016 年，电子工业出版社推出丛书升级版本"新电商精英系列教程"。这两套丛书累计销售 100 多万册，并且两次荣获电子工业出版社最佳品牌奖。

2019 年，"新电商精英系列教程"升级版问世！本套书均配有 PPT 课件，由阿里巴巴商学院召集多位优秀电商讲师和电商领域的专家、学者编写，吸取了旧版丛书的经验，对于主流电子商务知识进行了更加细致、合理的规划设计，更符合新时期读者的知识需求。除升级原有的《网店客服》《网店美工》《网店推广》《数据化营销》《电商运营》五本书外，还新增了《内容营销：图文、短视频与直播运营》《跨境电商运营实务：跨境营销、物流与多平台实践》两本书。

《跨境电商运营实务：跨境营销、物流与多平台实践》内容涵盖跨境电商绪论、速卖通、亚马逊、Wish、eBay 四大主流跨境电商平台的运营实务、跨境电商新兴平台、跨境物流、跨境收款、知识产权。本书可作为各类院校电子商务及相关专业的教材，也可作为网络创业者和电子商务从业人员的参考用书。

未经许可，不得以任何方式复制或抄袭本书之部分或全部内容。
版权所有，侵权必究。

图书在版编目（CIP）数据

跨境电商运营实务：跨境营销、物流与多平台实践 / 阿里巴巴商学院编著. —北京：电子工业出版社，2019.9
新电商精英系列教程
ISBN 978-7-121-36615-4

Ⅰ. ①跨… Ⅱ. ①阿… Ⅲ. ①电子商务－运营管理－教材 Ⅳ. ①F713.365.1

中国版本图书馆 CIP 数据核字（2019）第 098630 号

责任编辑：张彦红　　　　特约编辑：田学清
印　　　刷：北京天宇星印刷厂
装　　　订：北京天宇星印刷厂
出版发行：电子工业出版社
　　　　　北京市海淀区万寿路 173 信箱　　　邮编：100036
开　　本：787×980　　1/16　　印张：21　　字数：398.4 千字
版　　次：2019 年 9 月第 1 版
印　　次：2023 年 1 月第 8 次印刷
印　　数：10501-11500 册　　定价：79.00 元

凡所购买电子工业出版社图书有缺损问题，请向购买书店调换。若书店售缺，请与本社发行部联系，联系及邮购电话：（010）88254888，88258888。
质量投诉请发邮件至 zlts@phei.com.cn，盗版侵权举报请发邮件到 dbqq@phei.com.cn。
本书咨询联系方式：010-51260888-819，faq@phei.com.cn。

"新电商精英系列教程"编写委员会

组织单位：阿里巴巴商学院

主　　任：章剑林　阿里巴巴商学院　执行院长、教授

副 主 任：范志刚　阿里巴巴商学院　博士、副教授

委　　员：刘　闯　阿里巴巴商学院　博士、副教授
　　　　　沈千里　阿里巴巴商学院　博士、讲师
　　　　　项杨雪　阿里巴巴商学院　博士、讲师
　　　　　潘洪刚　阿里巴巴商学院　博士、讲师
　　　　　赵子溢　阿里巴巴商学院　博士、讲师
　　　　　章仲乐　阿里巴巴商学院　实验师

企业专家组成员：

陈林、李文渊、王鹏、辛嘉波、许途量、徐云、俞琦斌、叶正课

本书为浙江省高校重大人文社科项目攻关计划规划重点项目（2014GH007）成果。

序

电子商务是一个充满魅力、不断演化扩张的新世界。随着消费者购买力的增强、社交媒体用户的激增、信息基础设施和技术的不断进步,过去20余年中国电子商务经历了从"工具"(点)、"渠道"(线)、"基础设施"(面)到"电商经济体"不断扩展和深化的发展阶段,并取得了举世瞩目的成就。根据商务部的数据,2018年全国网上零售额突破9万亿元,对社会消费品零售总额增长的贡献率达到45.2%,直接或间接带动就业超过4000万人,毋庸置疑,电子商务已成为中国经济社会转型发展的重要行业。

以互联网技术为核心的电子商务是一个发展迅速、创新层出不穷的行业。新技术变革、新模式涌现、新市场创造带来了巨大的商业机会和无穷的想象空间。从技术的角度来看,大数据、云计算、人工智能、虚拟现实等数字技术快速发展,为电子商务创造了丰富的应用场景;而新技术的应用催生营销模式不断创新,从而驱动新一轮电子商务产业创新。以创新O2O、新零售为典型的新商业模式应运而生,数据驱动、网络协同、客户体验等成为电子商务2.0时代的核心要素,智能商业时代俨然已经开启。从区域的角度来看,各大电商争夺的"主战场"已悄然从一二线城市延伸到三四线城市,从国内市场逐渐向东南亚、非洲、中东等新兴电商市场转移,县域电商、跨境电商成为新的风口。诚然,这些新变化发生的同时,对覆盖全球经济的电商生态体系各类参与方也提出了更高的要求。

其中,最为突出的是电商人才如何支撑匹配行业发展的问题,这个问题已经成为各地发展电子商务的瓶颈。从需求端来看,电商行业发展相对落后地区的电商转型都面临着电子商务人才严重匮乏的窘境。在校电子商务专业的学生虽然掌握了一定的电子商务理论知识,但在实际操作和应用层面并无足够的解决问题的实际能力。而从业人员在实践当中积累的知识往往过于零散化和片段化，缺乏系统性和前瞻性，限制了其能力的进一步提升。从供给端来看，国内现有电商相关专业学生及电商从业者的学习内容难以与时俱进，以工业时代理念、模式、机制和体制培养人才的一整套传统的教育体系，也越来越不能适应新经济时代下对人才的巨大且崭新的知识要求。

阿里巴巴商学院对创新创业型电子商务人才培养的探索与实践从未停止，教育部高等学校电子商务专业类教学指导委员会在过去的数年中更是开展了大量有意义的工作，在电商人才培养的总体目标、专业素质构成、培训体系设置、产教融合拓展等方面提出了诸多宝贵建议。本人作为教育部高等学校电子商务专业类教学指导委员会的一员，参与和见证了国内电子商务人才培养的改革与创新，深知要在互联网发展日新月异的情境下保持相应电子商务知识内容体系的先进性是一个非常艰巨的挑战。

多年来，阿里巴巴商学院为适应不断变化和升级的新经济时代需求，在创新型人才尤其是电子商务领域人才的教育、培训和教材建设方面做了大量卓有成效的工作，为行业和社会各界输送了成千上万的高素质电子商务人才。此次聚焦了数十位国内著名的实践派专家，面向数字经济时代发生的新变化、新需求，升级了《新电商精英系列教程》，这是对电子商务人才培育实践工作的有益探索。同时，本丛书也是杭州市重点哲社基地"电子商务与网络经济研究中心"的专题成果，亦能从理论层面为促进电子商务行业发展发挥积极的作用。

章剑林
阿里巴巴商学院执行院长
教育部高等学校电子商务专业类教学指导委员会副主任
2019 年 4 月于杭州

前 言

"电商精英系列教程"自从 2011 年问世以来,伴随电子商务大潮在国内的兴起,成为全国范围内颇具影响力的电子商务系列教程,是几代电商人和院校学员学习的"绿色记忆"。2016 年,电子工业出版社推出丛书升级版本"新电商精英系列教程"。这两套系列丛书,累计销售 100 多万册,并且两次荣获电子工业出版社最佳品牌奖。2019 年,"新电商精英系列教程"升级版问世!

实践总是超前于理论的发展,系统的学习必须对来自实践的知识进行梳理与总结,阿里巴巴商学院发起此轮修订工作,召集 20 余位活跃在电商一线的资深创业者、优秀卖家及数十位电子商务领域的专家学者编写。本丛书立足于"帮助打造一批能适应新技术和新模式快速涌现的电商实操性人才",吸取了旧版丛书的经验,对于主流电子商务知识进行了更加细致合理的规划设计,更能满足新时期读者的知识需求。除升级原有的《网店客服》《网店美工》《网店推广》《数据化营销》《电商运营》五本书外,还新增了《内容营销:图文、短视频与直播运营》和《跨境电商运营实务:跨境营销、物流与多平台实践》两本书,各书均配有 PPT 课件。

本轮修订体现了以下几个特点。

一是知识体系更契合前沿,更加符合移动互联网时代及全球化电商运营的现实场景,能为电商从业人员提供更为系统化的基础知识。

二是产教整合更加突出。丛书邀请在实操层面有丰富经验的电商企业家和创业者组成写作团队,同时邀请来自教育部电子商务专业教育指导委员会的专家、高等院校的一线教师参与到书目内容的共创与完善当中,这样既保证了内容能有切实的指导性和可操作性,又保证了图书内容的逻辑性和条理性。

三是学习使用更加便利。编写团队在创作初期便充分考虑如何让升级版教材既适合市场零售读者，又能够更广泛地应用到高等院校教学中。因此，本套丛书根据高校教学的特点进行了相关设计，如在大部分章节都安排有练习题，每本书都配有 PPT 课件等。

《跨境电商运营实务：跨境营销、物流与多平台实践》是本轮升级版教材的重要组成部分。互联网的无限性和扩展性为跨境电子商务平台注入了新的活力，跨境电子商务正在变革性改变传统外贸成本高、利润低的经营模式，为本土品牌的输出提供新的机会与路径。本书以四大跨境电商主流平台的运营实务为根本，以平台运营、物流、跨境收款等跨境电商的流程环节为枝干，对主流平台跨境电子商务运营的每一个环节进行解构。通过本书的学习，跨境电商从业者能够快速了解跨境电商平台的发展现状，熟悉主流跨境电商平台的基本操作，实现多平台的操作与运营，有效地提升平台运营技能，并最终提升店铺销售额。

全书共分为 9 章。第 1 章由李文渊和上官洪贵共同编写，从理论上界定跨境电商的基本概念与基本原理；结合宏观产业环境，分析全球跨境电商行业的发展现状，从而突出跨境电商面临的机遇与挑战；简要介绍本书关注的四大主流跨境电商平台：速卖通、亚马逊、Wish 和 eBay。第 2 章由上官洪贵编写，主要围绕阿里巴巴旗下的速卖通平台，详细讲解速卖通平台的基础操作，以及店铺装修、产品营销、站内引流等运营技巧。第 3 章由魏家波编写，主要介绍亚马逊平台的基础操作，以及客户沟通、选品、跟卖、爆款打造等运营技巧。第 4 章由李文渊编写，主要围绕 Wish 平台的基础操作，解读 Wish 站内政策和站内工具，介绍选品、数据分析等运营技巧。第 5 章由郑雅乾编写，主要介绍 eBay 平台的基础操作，以及站内引流、提升转化率等运营技巧。第 6~7 章由李文渊、上官洪贵、魏家波、郑雅乾四位作者共同编写：第 6 章介绍新兴市场中的跨境电商平台及面向新兴市场的跨境电商平台；第 7 章总体讲解跨境物流的不同类型和适用情境，以及物流选取经验。第 8 章由郑雅乾编写，主要内容是介绍跨境收款的基本概念与原理，详细讲解不同类型收款方式的操作。第 9 章由魏家波编写，主要介绍跨境电商运营过程中的知识产权风险与应对策略。

本书为浙江省高校重大人文社科项目攻关计划规划重点项目（2014GH007）成果。

本书凝聚了诸多优秀电商商家的智慧与心血，编写工作得到了教育部高等学校电子商务类专业教学指导委员会的多位领导和专家的关心和支持，部分素材、数据参考了阿里巴巴商学院等机构及相关网站信息，在此一并表示感谢！

由于电商行业发展日新月异，编写组水平也有所限，书中难免有不当之处，敬请广大读者批评指正。

目 录

第 1 章 跨境电商绪论 1

1.1 跨境电商简介 2
1.1.1 跨境电商的概念 2
1.1.2 跨境电商的基本原理 4

1.2 跨境电商的机遇与挑战 5
1.2.1 跨境电商的优势 5
1.2.2 跨境电商面临的挑战 6

1.3 跨境电商的发展趋势 7
1.3.1 海外仓本地化趋势 7
1.3.2 万国邮联成本优势消失 10
1.3.3 供应商深度开发 11
1.3.4 服务质量升级 12

1.4 跨境电商平台 12
1.4.1 主流跨境电商平台的分类 12

1.4.2　细分的跨境电商平台 14

　本章习题 15

第2章　跨境电商平台：速卖通 16

　2.1　速卖通介绍 17

　　　2.1.1　平台简介 17

　　　2.1.2　中国好卖家助力计划 18

　2.2　速卖通基础操作 19

　　　2.2.1　开通店铺 19

　　　2.2.2　平台规则 29

　　　2.2.3　产品选择 36

　　　2.2.4　产品发布 41

　2.3　速卖通运营经验技巧 61

　　　2.3.1　速卖通店铺装修 61

　　　2.3.2　店铺营销活动 64

　　　2.3.3　平台营销活动 71

　　　2.3.4　速卖通多渠道引流 73

　　　2.3.5　店铺运营维护 80

　本章习题 85

第3章　跨境电商平台：亚马逊 86

　3.1　亚马逊介绍 87

　3.2　平台基本操作 87

　　　3.2.1　开通店铺 87

		3.2.2	店铺设置	92
		3.2.3	产品发布	100
		3.2.4	站内广告	109
		3.2.5	优惠券	114
	3.3	亚马逊运营经验技巧		119
		3.3.1	日常顾客沟通	119
		3.3.2	平台客服沟通	120
		3.3.3	跟卖与防跟卖	121
		3.3.4	产品选择	123
		3.3.5	极致的 Listing 优化	134
		3.3.6	爆款打造方法	138
	本章习题			141

第4章 跨境电商平台：Wish ... 142

	4.1	Wish 介绍		143
		4.1.1	平台简介	143
		4.1.2	用户群体及市场	144
		4.1.3	App 界面	144
		4.1.4	开通店铺	146
		4.1.5	后台界面	150
	4.2	Wish 卖家政策解读		167
		4.2.1	注册账号	167
		4.2.2	产品发布	168
		4.2.3	产品促销	170

4.2.4　履行订单 170
　　4.2.5　账户政策 171
　　4.2.6　付款政策 171
　　4.2.7　Wish Express 政策 172
　　4.2.8　规避罚款的技巧 172
4.3　平台基础操作 174
　　4.3.1　Wish 的流量推送原理 174
　　4.3.2　解析机器模型算法 176
　　4.3.3　打造完美 Listing 181
4.4　Wish 运营经验技巧 188
　　4.4.1　产品选择 188
　　4.4.2　打造诚信店铺 199
　　4.4.3　ProductBoost 203
　　4.4.4　海外仓 211
　　4.4.5　数据分析 213
本章习题 215

第 5 章　跨境电商平台：eBay 216

5.1　eBay 介绍 217
　　5.1.1　平台简介 217
　　5.1.2　主要站点与优势品类 218
　　5.1.3　收款方式 219
　　5.1.4　发展动向与机遇 220
5.2　平台基础操作 221

5.2.1　开通店铺 221

　　5.2.2　产品发布 222

5.3　eBay 运营经验技巧 235

　　5.3.1　站内流量提升 236

　　5.3.2　点击转化率提升 247

　　5.3.3　下单转化率提升 248

本章习题 253

第 6 章　跨境电商新兴平台 254

6.1　东南亚电商平台 255

　　6.1.1　Lazada 255

　　6.1.2　Shopee 263

6.2　中东电商平台 269

　　6.2.1　执御 269

　　6.2.2　Souq 271

6.3　欧洲电商平台 273

　　6.3.1　Cdiscount 介绍 273

　　6.3.2　欧洲电商平台 Cdiscount 注册 274

6.4　印度电商平台 275

　　6.4.1　Paytm 简介 275

　　6.4.2　Paytm Mall 平台入驻 276

本章习题 277

第 7 章　跨境物流 278

7.1　跨境物流分类 279
7.1.1　邮政渠道 279
7.1.2　商业快递 280
7.1.3　国家专线 281

7.2　四大平台的物流 282
7.2.1　速卖通的物流 282
7.2.2　亚马逊的物流 283
7.2.3　Wish 的物流 284
7.2.4　eBay 的物流 292

7.3　跨境物流运营技巧 293

本章习题 295

第 8 章　跨境收款 296

8.1　跨境电商个人收款与结汇 297
8.1.1　个人收款与结汇的限额 297
8.1.2　个人收款开户与汇率 298
8.1.3　个人名义收款的限制等问题 299

8.2　跨境电商公司收款 300
8.2.1　跨境电商一般贸易项下的收款（公司结汇） 300
8.2.2　义乌模式下的跨境电商公司收款结汇 300

8.3　跨境电商收款中介平台 301
8.3.1　跨境电商收款中介平台的工作原理与费率 301
8.3.2　跨境电商收款中介平台的操作流程 302

本章习题 306

第9章 知识产权 307

9.1 知识产权侵权基本概念 308
9.2 如何防范侵权行为的发生 308
9.3 如何保护知识产权 309
9.4 商标注册注意事项 310
9.5 侵权被投诉后的应对建议 311
本章习题 311

习题答案 312

附录 314

第 1 章 跨境电商绪论

1.1 跨境电商简介

随着 21 世纪中国现代化经济的快速发展，全球电商市场规模增长迅速，尤其是跨境电子商务（以下简称跨境电商）市场。我国跨境电商交易规模逐年增长，如图 1-1 所示。

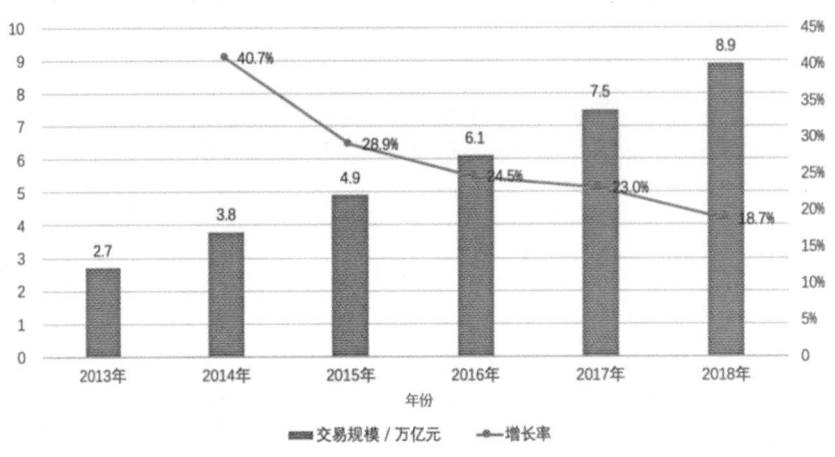

图 1-1 中国跨境电商交易规模

以上现状对跨境电商从业者提出了更高的要求。跨境电商人员需要掌握跨境电商的概念，熟悉跨境电商的操作流程和商业模式，培养跨境电商情境下的战略思考和分析能力。

 1.1.1 跨境电商的概念

1．概念

跨境电商是指属于不同关境的买家和卖家以电子商务平台为交易媒介，以在线支付为交易结算渠道，以跨境物流为产品传输纽带，最终实现在线跨境交易的商业贸易行为。

跨境电商的兴起是经济全球化和互联网发展的必然结果。相比传统外贸，跨境电商的成本较低，利润更高，是当前国际贸易中颇具活力的业态和模式。跨境电商的模式培养出一批批拥有高性价比和品牌溢价能力的本土品牌，跨境电商平台也为中国本土品牌的出海

起航提供了航道。

如图1-2所示,阿里巴巴全球速卖通平台每年都会评选出十大出海品牌。

图1-2 速卖通平台年度出海品牌评选

2．跨境电商分类

(1)跨境电商以进出口区分,包含进口跨境电商和出口跨境电商。进口跨境电商以天猫国际、网易考拉等平台为代表;出口跨境电商以速卖通、亚马逊等平台为代表。

(2)跨境电商按照商业模式来区分,可以分成跨境B2B电商平台、跨境B2C电商平台和跨境C2C电商平台。

① 跨境B2B

B2B是Business-to-Business的缩写,即企业与企业的交易,通俗地说,跨境B2B平台是以批发为主的线上交易平台。

② 跨境B2C

B2C是Business-to-Customer的缩写,即企业与终端买家的交易,通俗地说,跨境B2C平台是以零售为主的线上交易平台。

③ 跨境C2C

C2C是Customer-to-Customer的缩写,即个人同个人的交易,目前阿里旗下的闲鱼平台是国内C2C的电商平台。跨境平台eBay拥有直接购买和拍卖两项功能,其中个人卖家发起拍卖的行为属于跨境C2C的模式。

如图1-3所示,eBay的拍卖产品提供限时竞价功能。

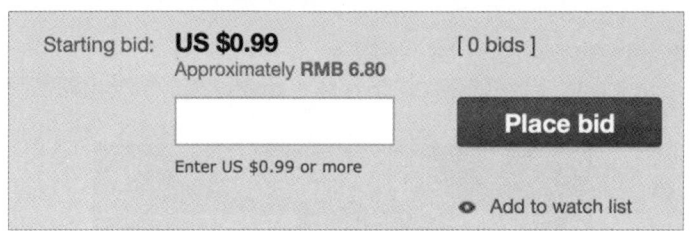

图 1-3　eBay 拍卖竞价

 跨境电商的基本原理

跨境电商不仅仅是将线下交易搬到线上进行，互联网的无限性和扩展性为网上交易平台注入了新的活力，跨境电商的卖家拥有更丰富的产品选择和店铺推广渠道，这是跨境电商能稳定发展的原动力。

1. 跨境电商卖家的推广特点

1）多渠道

以 Facebook 为代表的社交媒体，以 Google 为代表的搜索引擎，还有各类促销折扣等联盟网站，都极大地丰富了跨境电商平台的推广渠道。

2）富媒体

与传统线下购物不同，跨境购物的宣传方式因为 YouTube 这类视频分享网站，以及 Pinterest 这类图片分享网站变得丰富多彩。产品的使用效果及各种新奇的使用场景被购买人士分享出来，在网络上引起粉丝关注，同时为跨境电商的网站带来流量。

3）个性化

跨境电商的用户需要填写买家账号资料，所有的购物信息也会被记录下来，这些信息最终形成用户的购物市场画像。通过数据分析我们可以得到所经营店铺的买家市场画像，内容包含客户的年龄、国籍、城市、性别和所购买产品，卖家通过数据分析可以为目标人群提供更个性化的营销服务。

图 1-4 所示是速卖通平台服装类目俄罗斯买家的性别比例统计。

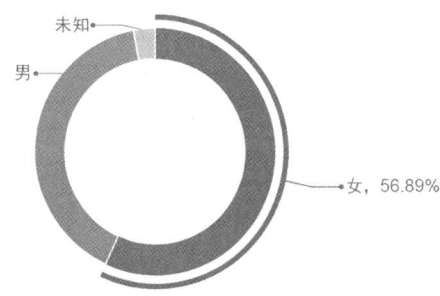

图 1-4　某一时间段速卖通平台服装类目俄罗斯买家性别比例分布

2. 跨境电商平台运营原理

跨境电商的健康发展需要卖家、买家、支付、物流四大支柱。如图 1-5 所示，跨境电商平台的运营原理就是通过招募卖家带来商品，引入买家带来流量，打通支付让买家可以顺利下单，最后通过和物流渠道合作保证全球配送。

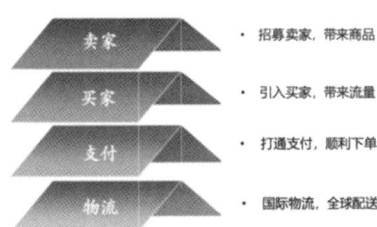

图 1-5　跨境电商平台的运营原理

跨境电商平台卖家的重点在于开发有市场需求的产品，并不断深化产品线，完善横向及纵向品类，耕耘出自己的一片市场。

1.2　跨境电商的机遇与挑战

1.2.1　跨境电商的优势

跨境电商的体量虽然和传统电商的体量还有非常大的差距，但是这个差距正在逐步缩小。比起传统的线下购物，跨境电商有其独特的优势。

1. 交互式购物体验

在线下购物过程中，客户和商家通过语言进行单一交互，转移到线上以后，这些交互得以以产品评价和问答的方式留存下来，供其他潜在买家参考。

2. 品类全，性价比高

线上购物不受实体空间限制，可以轻松实现多品类产品发布，买家足不出户就能轻松购得绝大多数自己想要的产品。同时，中国制造的性价比优势能够很好地辐射到国内跨境电商卖家，相比国外的电商卖家，产品成本的优势也体现在售价的优势上。

3. 保护买家隐私

注重生活隐私而又有特殊品类需求的买家也逐渐向线上购物靠拢。他们不需要担心被人发现走进线下商店购买某些用品，因为线上购物能够轻松避开这类尴尬，这也极大地刺激了消费。

4. 全时域，超地域

跨境电商不像线下超市和商场每天有固定的营业时间，而是将线上购物拉伸为 7×24 小时；地域也由单一的城市区域衍生到全球。

1.2.2 跨境电商面临的挑战

在持续高速发展的同时，跨境电商也面临着诸多挑战。

1. 全球经济的多变性

跨境电商近年来的稳定发展，固然是全球经济发展的侧面写照。但是也正因为全球经济存在多变性，跨境电商面临诸多挑战。

2. 各国电商贸易法的逐步完善

时至今日，跨境电商已然是一个众所周知的行业，但是从其萌芽到现今的蓬勃发展，也不过十几年。

近几年一些欧美国家着手规范电子商务平台，出台了针对跨境电商的税收政策。在新的经济形势和各国电商制度的研究和实施背景下，跨境电商面临新一轮挑战。

如图1-6所示，电商法案的实施明确了卖家责任和买家权益。

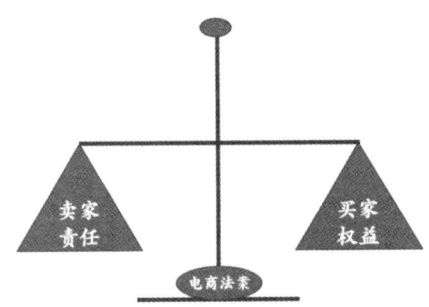

图1-6　电商法案明确卖家责任和买家权益

1.3　跨境电商的发展趋势

1.3.1　海外仓本地化趋势

1. 跨境电商的本地化趋势

跨境出口电商的发展迅猛，国家又出台了诸多的利好政策，再加上国内电商市场竞争激烈和趋于饱和，使得很多国内的电商卖家寻求转型，进入跨境电商这个行业。国内的贸易工厂也有同样的困扰。随着人们环保意识的加强和人工成本的不断上升，贸易工厂的成本逐步上涨，很多工厂赚着非常微薄的代工费还要负担工厂的开支，非常吃力，于是选择了自产自销的路线，开通了跨境电商的账号。大量的卖家涌入跨境电商这个市场，它不管对于国内卖家还是国外的买家都是一个新鲜的事物。首先，对于卖家来说，可以把产品直接销售到国外买家终端，省去了很多中间环节，这是以前从来不曾有过的事情。其次，对于国外买家来说，只要花一半的价格就能买到和本国品质一样的产品，虽然物流周期较长，但是何乐而不为呢？这便促成了跨境电商的1.0时代——大量卖家铺货，把很多低价的快消品放到跨境电商平台上。

随着全球消费的升级，国外的买家越来越重视产品的品质。跨境电商很多出售廉价商品的卖家，很难像前两年一样日出千单，产品本身的原因带来的国外买家客观的差评，让自己的店铺每况愈下，销量一落千丈。而这个时候有一些卖家却脱颖而出，这些卖家没有选择铺货的路线，而是走精品化路线，店铺的SKU（Stock Keeping Unit，存货单位）数量并不多，但是每一个都是精品，再配合较好的服务和视觉营销，这样的产品深受海外买家的喜欢，这些扎根于产品质量的卖家在这个阶段狠狠地赚了一笔。这就是跨境电商2.0时代，也是品牌化的时代，中国质造，强势出海。同时在这个时期，也涌现了一批深受海外买家喜欢的中国品牌，如ANKER、AUKEY、李宁和安踏。

随着近年来亚马逊的高速发展和全球布局，亚马逊的FBA受到了全球消费者的一致好评。这种由亚马逊直接配送的物流方式，效率高，更人性化，买家可以在下单后短时间内收到自己心仪的货品，于是，很多跨境电商平台都开通了海外仓服务，更快更好地服务当地买家。同时平台为了顺应潮流，给海外仓卖家非常大的流量扶持，于是很多中国的卖家开始开通海外仓服务。速卖通的卖家扎根于俄罗斯市场，亚马逊的卖家扎根于美国和欧洲市场，Lazada的卖家开始布局东南亚的海外仓。跨境电商进入3.0时代，即本地化本土化销售。

在跨境电商本地化趋势凸显的背景下，国内发货具有以下弊端。

（1）配送慢。从历史数据来看，中国邮政小包发到俄罗斯平均需要25～35天，到达巴西这样的南美洲国家需要60～90天。发往欧美的包裹相对来说运输得快一些，也大概需要15～20天，即使使用专线物流，也要10～15天，而且费用是邮政物流的几倍，很多卖家负担不了这样的成本。目前跨境电商的主流物流渠道的时效严重制约了这个行业的发展。

（2）难追踪。货物出境后往往无法追踪，物流发达且语言较为方便的英美澳等国情况相对较好，一些小语种国家及物流行业极不发达国家，就算拿到单号也未必能够查询到包裹的投递信息，难以实现包裹的跨境全程追踪。

（3）清关慢。海关是跨境电商物流的重要关卡。买家面临着两道海关关卡：国内的出口海关和目的地国海关。在出口海关处面临的问题主要有货物退回、安检不合格、材料缺失。另外，在大促和旺季时，海关很容易积压货物，影响物流时效。而在目的地国海关处面临的问题则是关税、补充材料和海关处理能力的问题。所以海关是影响物流时效非常重要的因素。

（4）易破损。跨境电商物流是一个漫长的、需要不停周转的过程，所以货物会承受很多摩擦和转机，容易导致货物破损，极大地影响了购物体验。

（5）难退换。在跨境电商中，90%的包裹都是跨国发货的，退换货成了很大的问题。特别是中国发往国外的货物相对来说售价是很低的，如果国外的客户要退换货，那么寄回中国的物流成本很可能比货物本身的售价还要高。所以难退换也是国内发货的弊端之一。

2. 海外仓的优势与弊端

相比国内发货，海外仓具有很强的竞争优势，具体体现在以下几点。

（1）提升了购物体验。海外仓顾名思义，就是从买家国当地发货，处理速度快，包裹可全程跟踪；卖家通过传统外贸渠道海运或者空运的形式将商品发到目的地国，然后快速清关，进入当地的仓库，客户下单后可以快速拿到商品。

（2）降低了物流成本。邮政物流有很多限制，比如邮政小包不能超过 2 千克，三边的长度之和不能超过 90 厘米，很适合发小件。如果要发大件，使用邮政物流大包和商业快递，成本会高出好多倍。而使用海外仓打破了物品的重量、体积和价值的限制，极大降低了大件物品的物流成本。很多人觉得海外仓的仓储和服务费用很高，其实并不是。如果是自建海外仓的话，成本当然会很高，但是目前市场上有很多海外仓租赁的公司，价格还算合理，而且卖家也可以和其他卖家拼仓，价格会优惠不少。

海外仓有得天独厚的优势：快速的物流，更好的退换货服务及购物体验，但是，海外仓也存在着一些弊端。在选择海外仓时，卖家需要考虑下列弊端，避免在决策上出现失误，导致亏损。

（1）滞销库存。成熟的跨境电商卖家平均每年有 5 万~10 万元的海外滞销库存货款，有的甚至达到百万元。数据显示，有一半以上的卖家会选择低价销售，20%的卖家会选择销毁，11%的卖家会选择当地分销或者其他销售方式。控制海外仓库存量是非常关键的，控制得好就能从中获利，控制不好就容易导致亏损。所以利用好海外仓库存也是一门学问，要理性看待海外仓备货。

（2）本土化挑战。做本地化销售，要对本地的文化、历史和社会有一定的了解才能选出合适的营销方法和渠道。很多卖家还是停留在把货放在当地去卖，但是实际上想要销量高，制定适合的营销策略很关键。

总之，海外仓的优势不言而喻，它也是未来跨境电商的趋势；但是自建海外仓的成本较高，不建议跨境电商入门卖家操作，更适合熟悉跨境电商规则、销售规模较大、抗风险能力较强的企业。

1.3.2 万国邮联成本优势消失

万国邮政联盟（简称万国邮联）是联合国专门负责国际邮政事物的机构，总部设立在瑞士，它的主要职能是组织和改善国际邮政业务，向成员提供各种便利服务，包括提供邮政技术援助、改善国际邮政业务、发展邮政国际合作。得益于万国邮联，我国跨境电商卖家可以以低廉的邮费将商品销往全球。

然而，2018年10月17日晚间，美国启动退出万国邮联程序，这也给我国跨境电商的未来提出挑战。美国退出万国邮联对于我国卖家有何影响？如果其他国家陆续退出万国邮联，后续跨境电商发展趋势如何？以下几点问题需要谨慎考虑。

1. 中小卖家将会被影响，低价的产品会遭到重创

根据万国邮联的规定，发展中国家向发达国家发送包裹和文件是有大量补贴的，因此对于中国卖家来说，万国邮联是做廉价产品的根本。如果有国家退出了万国邮联，就意味着享受不到万国邮联的补贴和福利，物流费将上涨，势必导致很多5美元以下的产品退出市场，中小卖家会受到极大的影响。

2. 运营成本增多，资金链紧张

物流成本是所有跨境电商运营最大的成本。以美国为例，在美国退出万国邮联之后，出口商品直邮美国的成本势必会直线上升。相应地，很多卖家的销售成本、物流成本及运营成本也会上升，进而会带来资金链紧张。

3. 货物代理公司遭受挑战

如果其他国家效仿美国退出万国邮联，中国的货物代理公司可能会受到很大的冲击。因为数据显示，90%的中国卖家还是依赖货物代理公司来发货的。

4．海外仓服务的需求将不断加大，专线空间更大

若退出万国邮联，卖家的物流成本将上涨，这时，海外仓反而是更好的选择。此外还有一些专线渠道，时效高，服务好，但是价格偏高。在退出万国邮联之后，专线的优势就体现出来，成为广大卖家可以选择的渠道。

美国退出万国邮联之后，卖家要有充足的准备，调整好心态。首先要观察欧洲强国对万国邮联的态度，其次考虑产品的定价和物流的选取，这很重要。有经验的卖家可以尝试海外仓和专线物流，这是解决万国邮联未来问题的好办法。

1.3.3 供应商深度开发

在跨境电商 1.0 时代，跨境电商从业者以铺货为主，没有运营的概念，有订单则发货，无订单则广泛铺货。随着全球消费升级和跨境电商大环境的变化，这样的模式已经完全行不通了。之前那种复制淘宝链接和 1688 链接到网店的模式并不被海外买家认可，平台的产品同质化极为严重，购物体验极差。所以，做好跨境电商需要回归电商的本质，也就是产品和供应链。

ANKER 是一家以充电宝和数据线产品为主的跨境电商企业。在短短三年时间内，ANKER 占据了北美市场份额的第一位；在欧洲，ANKER 也是家喻户晓的品牌。因为 ANKER 产品耐久度高、产品质量好，全球的买家都信赖 ANKER，就像其广告里说的一样，ANKER 出品的数据线可以拖动一辆小轿车，而且不会断掉。ANKER 不断在自己所擅长的类目钻研，才取得今天的成绩。另外，中国无人机品牌大疆，目前也是全球领先的无人机品牌，每次发布新产品，同行难以望其项背，这同样得益于大疆的不断钻研。所以，相比无差别铺货，产品精品化才是跨境电商从业者能够做大做强的关键。

产品的精品化需要卖家提高对市场的敏感度，与供应商进行协同合作，开发符合市场需求的产品。在与供应商的合作关系中，跨境电商卖家需要重视自身能力的培养，提高自身对优秀供应厂商的吸引力和议价能力，逐渐扩大市场规模，实现与供应商的合作共赢。

综上所述，在跨境电商的经营中，不仅要广泛铺货，还要深耕自身擅长的产品类目。尽管某些类目市场容量不大，但是，只要不断深入钻研、挖掘产品，做出有差异化的产品，打造与众不同的"爆款"产品，就能提升销售量，并有机会成为单一类目中的冠军。

1.3.4 服务质量升级

全球消费的升级带动服务质量的升级。以前跨境电商运用的是卖货思维，只要把产品卖出去就可以了，卖家和买家之间没有互动和沟通，导致购物黏性非常差。在流量成本如此高的今天，老客户显得格外重要，因此各个平台都在服务方面下足了功夫，让买家有更好的购物体验。

（1）客服质量的提升。各个平台对客服的考核越来越严格。以亚马逊为例，如果客户有问题，卖家一定要在 24 小时内回复，否则扣绩效分。其他平台也是类似，有些很用心的卖家专门邀请了小语种的客服来服务小语种的卖家，十分周到。

（2）海外仓。海外仓对于服务质量的提升有巨大帮助，特别是发货效率和退换货方面。

（3）客户和网站的交互。Wish 平台和速卖通平台推出了很多小游戏和攒金币的活动，让买家在玩游戏放松的同时还能获取折扣福利，这些为了增加和买家的互动而设置的小模块，很好地提升了买家黏性。

（4）直播销售。直播销售可能是淘宝在 2018 年最好的销售方式了，跨境电商也没有落后，速卖通经常会请一些俄罗斯的网红（网络红人）来进行直播，帮助卖货。一方面增加了网红和粉丝的互动，另一方面，独特的销售方式，带动了销量的增长。

（5）社交互动。更多卖家选择用社交网络去提升自己品牌的知名度，因为他们认为这是最好的一种口碑营销模式。社交网络确实是非常有效的一种营销方式，可以快速让产品和品牌得到曝光，并且精准推送到有需要的买家面前，同时还可以为自己的品牌聚集粉丝，为以后的品牌裂变奠定良好的基础。

总而言之，跨境电商发展迅速，平台政策日新月异，卖家只有不断地观察全球局势和平台变化，不断提升自己的产品研发能力、营销能力和服务能力，才能抓住机遇，紧跟跨境电商发展的步伐。

1.4 跨境电商平台

1.4.1 主流跨境电商平台的分类

本书着重介绍目前主流的几个跨境电商平台，分别是速卖通、亚马逊、Wish 和 eBay。

这四大平台作为目前中国较受欢迎和卖家基数较大的平台,在全球也拥有非常高的知名度,受到全球消费者的喜欢。

(1)速卖通。阿里巴巴旗下唯一针对全球市场打造的跨境电商出口平台,覆盖200多个国家和地区,有成熟的运营体系,不懂英文的卖家也可以轻松上手,而且有速卖通官方的无忧物流辅助,货通全球,非常方便。速卖通有上亿种产品在线,充分满足全球用户购物所需,速卖通的App下载量在多个国家购物类应用中均领先,并且在俄罗斯、西班牙和以色列等国家享有盛誉,如图1-7和图1-8所示。

图1-7 阿里巴巴全球速卖通流程介绍

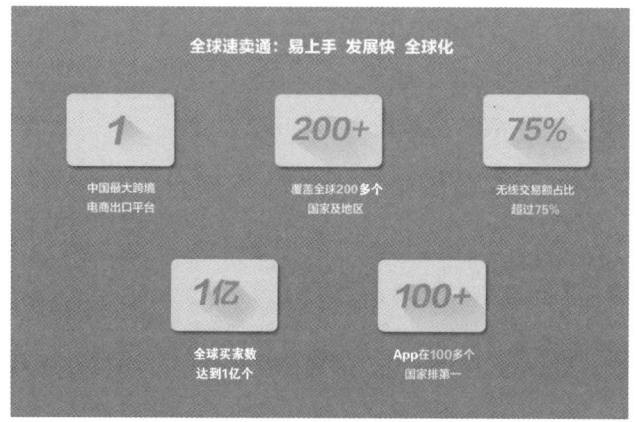

图1-8 阿里巴巴全球速卖通的骄人数据

（2）亚马逊。亚马逊公司是美国最大的网络电子商务公司之一，位于华盛顿州的西雅图市。亚马逊成立于 1995 年，是网络上最早开始经营电子商务的公司之一，一开始只经营书籍销售业务，而后经营范围逐渐扩大，现已成为全球商品品种最多的网上零售商之一和全球第二大互联网企业。亚马逊在 2010 年开放了中国招商市场，卖家可以通过亚马逊平台把物美价廉的产品销售到全世界。目前亚马逊在五大洲均有站点，共有 14 个站点，其中美国站的体量最大。亚马逊平台卖家数量的增长是非常惊人的，单单在 2018 年，亚马逊平台就新增了约 100 万个卖家，平均每天有 3398 个卖家加入，可以想象亚马逊在全球卖家心中的地位。

（3）Wish。Wish 是一款基于移动端的购物 App。主要买家来自美国和西欧，Wish 的操作界面非常简洁，弱化了传统电商搜索的功能，通过机器学习和演算，用个性化推送的方式把产品呈现给用户。Wish 会根据用户在社交媒体留下的浏览痕迹来判定用户的喜好，然后将准确的产品通过"千人千面"的方式呈现到用户面前，所以每个用户的 Wish 界面都大不相同。Wish 目前是全球第六大电商平台，发展也非常迅速。

（4）eBay。eBay 是一家总部位于加利福尼亚州圣何塞的美国跨国电子商务公司，通过其遍布全球的网站，促进 C2C、B2C 及 B2B 的销售。作为老牌的电商企业，其在跨境方面做得非常成功。eBay 在全球有近 50 个站点，覆盖了主要的发达国家，流量非常可观，其中美国站、英国站和澳大利亚站是比较重要的站点。值得一提的是，在 eBay 平台注册一个卖家账号，即可在以上所有分站点发布与售卖产品，避免了烦琐的各站分别注册。同时，各站点之间相互独立，卖家产品可分站点发布，不影响其产品链接的地域专业性。在 eBay 平台比较热销的类目是电子类、时尚类、汽摩配件类、家居类及工业制品类。

1.4.2 细分的跨境电商平台

在跨境电商领域还有很多垂直的，或针对区域的跨境电商平台也非常受欢迎，以下分别进行介绍。

（1）Lazada 和 Shopee。Lazada 和 Shopee 都是东南亚的电商平台，Lazada 在 2017 年 3 月公布其年销售额规模为 13 亿美元，Shopee 在 2017 年 12 月公布的年 GMV（Gross Merchandise Volume，商品交易总额）则达 18 亿美元，这些数据表明东南亚市场潜力巨大。随着互联网渗透率的逐渐提升和智能手机的普及，更多的东南亚消费者愿意参与到电商购物里来。目前这两个平台的站点包括马来西亚站、新加坡站、印度尼西亚站、越南站、泰国站、菲律宾站和中国台湾站。

（2）执御（Jollychic）。执御是中东地区领先的移动电商品牌，覆盖中东地区海湾六国82%的互联网用户。与其他跨境电商不同，执御的产品主要销往"一带一路"沿线34个国家和地区。在初期，执御的产品以女性服装和配饰为主；现在的执御产品品类非常丰富，在线产品数量也很多。目前执御在全球有超过2500名员工，注册用户超过2000万个。

（3）Cdiscount。Cdiscount是法国电商领域的领军者。Cdiscount平台每个月平均有2000万个独立访客和接近900万个活跃用户。平台以时尚和电子产品为主，产品总数超过4200万种，服务于法国6700万人口。Cdiscount非常重视第三方卖家，2017年Cdiscount销售额达到40亿美元，其中第三方卖家平台占Cdiscount整体销售额的32%。2018年Cdiscount辐射全欧洲，不仅可以发货至法国，还可以发货至比利时等其他欧洲国家。入驻Cdiscount也相对容易，只要懂法语，有营业执照、法人身份证和对公第三方收款信息就可以。

（4）KiKUU。KiKUU是非洲知名的跨境电商交易平台，深耕非洲市场，主要业务是B2C。主要针对非洲的白领，主要国家是加纳、乌干达、坦桑尼亚、喀麦隆等，并且在这些国家都建立了全程物流配送中心。截至2018年年初，KiKUU App注册用户已超过150万人，平均日活跃用户20万人以上，全年增速600%，长期位居非洲购物类App排行榜榜首。KiKUU自建物流体系，广泛实施"泛非计划"，保证非洲九国的物流时效，并且配送至"最后一公里"。很多中国卖家，特别是销售智能手机的卖家在KiKUU平台取得了喜人的成绩。

本章习题

1. 请简述跨境电子商务的概念。
2. 请问中国的跨境电商卖家主要以什么样的形式进行发货？
3. 请问海外仓的优势和劣势分别是什么？

第 2 章
跨境电商平台：速卖通

2.1 速卖通介绍

2.1.1 平台简介

依托阿里巴巴集团强大的国际资源，全球速卖通（AliExpress）于2010年4月正式上线。速卖通的定位是在线交易跨境电子商务平台，宗旨是服务全球，让天下没有难做的生意。

成立初期，速卖通凭借阿里巴巴国际站的优质资源吸引了第一批买家和卖家的入驻。同时，速卖通不断在海内外各大主流网站投放广告，并收到了显著的效果。卖家的大量入驻丰富了日常消费类目，速卖通品牌的日渐沉淀也积累了一批批忠实的海外买家。如图2-1所示，速卖通网站排名长期稳定在全球榜单前50名、俄罗斯前10名的位置。

图 2-1　速卖通在 Alexa 网站的排名

现如今，速卖通平台已经成长为中国最大的出口B2C电商平台之一。截至2018年年底，速卖通历经8年时间，已经完成了一项项惊人的飞跃：①平台覆盖全球230个国家和地区，主要交易市场涵盖俄罗斯、美国、西班牙、法国、乌克兰等国；②支持多达18种语言，为海外国家的本地化服务扫清语言障碍；③海外买家数量已经突破1.5亿家；④多达22个产品行业囊括了日常的消费类目，品类丰富；⑤速卖通手机端（AliExpress App）的海外装机量已经超过6亿次，入围全球应用榜单Top10。

随着跨境电商行业的蓬勃发展和速卖通平台机制的不断完善，这些数字仍在攀升。

2.1.2 中国好卖家助力计划

速卖通的定位是出口 B2C 电子商务平台,其本质是通过互联网为买家和卖家提供一个安全可靠的线上交易环境。所以平台在不断投放广告资源吸引买家的同时,也亟须大量产品质量优、服务能力强的卖家为平台的健康成长添砖加瓦。因此,中国好卖家助力计划应运而生。

1. 中国好卖家助力计划介绍

中国好卖家助力计划是速卖通平台官方发起的、培育优质卖家的助力计划。该计划以"金牌"店铺和"银牌"店铺的形式呈现。如图 2-2 所示,店铺首页有"Top Brand"标识,就代表其是中国好卖家的金牌店铺。

图 2-2 速卖通金牌店铺标识

2. 中国好卖家助力资源

中国好卖家计划是官方重点推进的项目,参与该计划可以享受额外的资源扶植。好卖家能享受的助力资源主要体现在四个方面:专属大客户经理对接服务、新店铺 90 天流量倾斜、大促会场资源开放、直接开通提前放款服务。

3. 中国好卖家申请条件

目前申请中国好卖家的必要非充分条件是企业年销售额大于 100 万元人民币,服装等类目的要求会更高些。所以有贸易经验的卖家可以踊跃报名。

该计划对于新卖家来说,同样有机会申请参与。速卖通每年会不定期在全国产业带、电商园举办选品会,其主要目的是对接优质工厂和卖家。如果在参会期间能拿到相关工厂的品牌授权,就可以借助工厂品牌申请参与中国好卖家计划。

2.2 速卖通基础操作

2.2.1 开通店铺

1. 资料准备

在速卖通平台开设店铺需要满足以下三个条件。

1）企业资质

个体工商户或者公司皆可。一家企业最多可申请开通六个速卖通店铺。

2）商标

自有商标或者授权商标皆可。注册授权商标时需要提供商标权人出具的授权书。如果是新注册的自有商标，在速卖通后台进行商标备案操作后才可以进行后续的品牌授权。商标可以是 TM（Trademark）标或 R（Registration）标。向商标局提出商标申请，受理之后，我们便会收到商标局开具的受理回执，即"商标注册申请受理通知书"，此时该商标进入受理阶段，已经可供速卖通开店使用，此时的商标就是 TM 标。商标局经过审核并且公示，公示期无异议以后，便会下发商标注册证，此时该商标就正式注册成功，即我们说的 R 标。

如果想经营自有商标，但是又还未注册，可以前往阿里巴巴集团的知识产权服务市场申请商标注册服务。

3）缴纳年费

根据对应经营类目缴纳费用。目前大多数类目的年费是一万元人民币。

满足以上条件以后，再准备一个邮箱和一个企业法人的支付宝账号就可以在速卖通开设店铺了。

关于邮箱和支付宝注册的注意事项如下。

注册邮箱可以是国际或者国内的主流邮箱。建议用新邮箱或者未曾使用过的邮箱，方便管理和维护。

请用企业法人的身份信息注册支付宝账号，后续店铺开通需要支付宝实名认证。登录支付宝官网，单击"立刻注册"按钮，跳转到注册界面以后，账户类型请选择"企业账户"，如图2-3所示。然后根据提示完成企业支付宝的注册。

图2-3 支付宝账户类型选择

2．开通流程

三个条件均满足后，我们就可以进行速卖通开通操作了。开通流程一共分五个步骤，如图2-4所示。

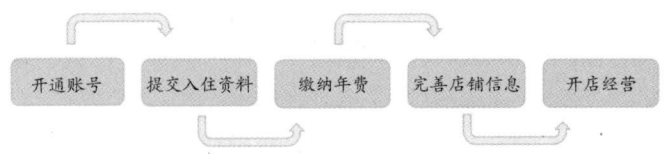

图2-4 速卖通开通流程

1）开通账号

目前速卖通后台的开发优先兼容的是谷歌浏览器，所以注册时建议全程在谷歌浏览器上完成，以后的店铺运营工作也建议在谷歌浏览器上进行。

首先登录速卖通卖家中心，单击右上角的"立即入驻"按钮，如图2-5所示。

图2-5 速卖通卖家登录界面

此时会弹出对话框，要求我们输入电子邮箱。输入之前准备好的邮箱，同意相关协议，单击"下一步"按钮，如图 2-6 所示。

图 2-6　邮箱输入界面

如果邮箱可用，此时会进入验证环节，如图 2-7 所示，单击"请查收邮件"按钮，会跳转到邮箱服务商的登录界面。

图 2-7　邮件查收界面

输入对应邮箱和密码登录邮箱，我们可以看到图 2-8 所示的界面，在 24 小时之内单击"完成注册"按钮。

接着会跳转到账号信息的填写界面，如图 2-9 所示。根据要求填写密码、英文姓名、手机号码和联系地址，选择相关平台的运营经验。填写完成之后单击"确认"按钮，进行下一步操作。

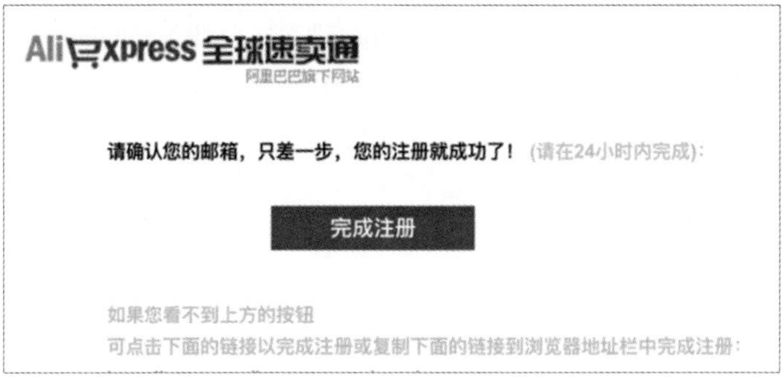

图 2-8　完成注册界面

图 2-9　账号信息填写界面

如图 2-10 所示，系统会验证之前所填写的手机号码，输入收到的验证码，单击"确认"按钮，进入实名认证环节。

第 2 章　跨境电商平台：速卖通 | 23

图 2-10　验证码接收界面

如图 2-11 所示，单击右边的"√"按钮，跳转到支付宝的登录界面，输入之前经过企业认证的支付宝账号，实名认证就完成了。

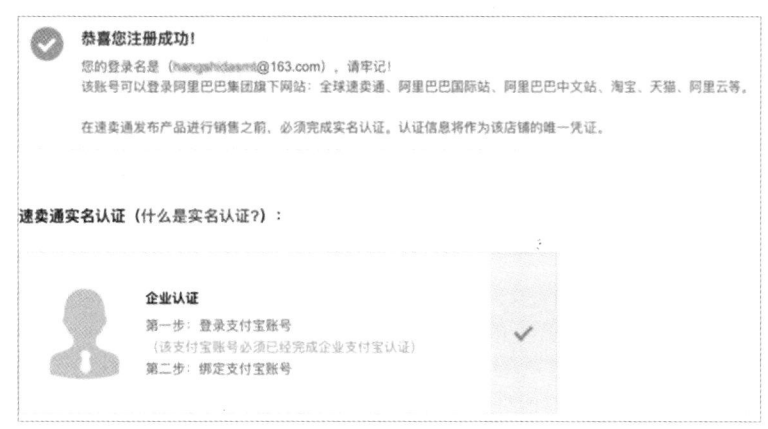

图 2-11　账号认证界面

至此账号就注册成功了。

2）提交入驻资料

在速卖通后台导航栏单击"账号及认证"按钮，然后找到左侧的"品牌商标"栏目，如图 2-12 所示。

商标注册。如果我们想经营自有商标，并且还未曾注册，单击"商标注册"按钮，就会跳转到阿里巴巴集团提供的商标注册服务市场，可以选择阿里巴巴集团的商标代理服务。

商标添加。如果自持商标或者授权代理商标还未在速卖通备案，需要单击"商标添加"按钮，进行商标备案操作。

图 2-12　商标服务界面

商标资质申请。完成前两个步骤，就可以申请商标使用资质了。大部分代理商标其实在速卖通平台都备案过，所以可以省略上面两个步骤，直接单击"商标资质申请"按钮。

此时会进入销售计划的选择界面，如图 2-13 所示。为满足卖家不同的经营需求，2018 年平台推出了"标准销售计划"和"基础销售计划"供卖家选择。

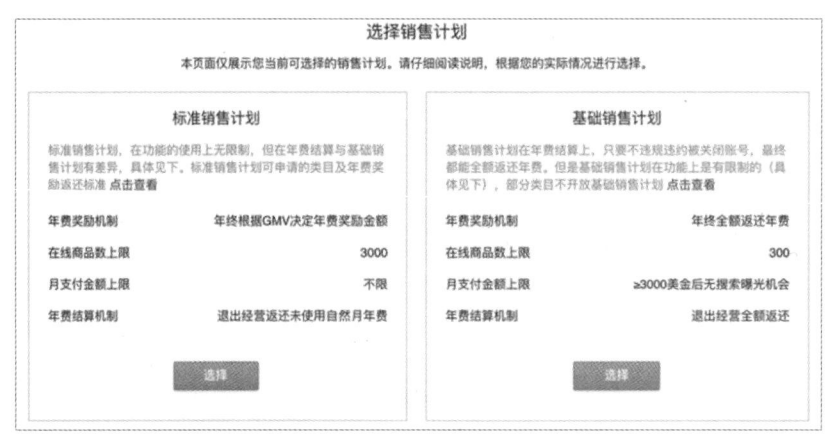

图 2-13　选择销售计划界面

一个店铺只能选择一种销售计划，两种销售计划的区别主要体现在年费结算和功能使用权限上：

- 注册主体为企业的卖家店铺，可选择"标准销售计划"或"基础销售计划"；
- 注册主体为个体工商户的卖家店铺，仅可选择"基础销售计划"；
- 当"基础销售计划"不能满足经营需求时，可申请并转换为"标准销售计划"。

根据情况选择其中一个销售计划。我们以"标准销售计划"为例，单击"选择"按钮之后，会跳转到店铺类型和主营类目的选择界面，如图 2-14 所示。

图 2-14 店铺类型和主营类目的选择界面

速卖通店铺类型主要分为官方店、专卖店和专营店，我们可以根据自身需求和条件选择，店铺类型的区别如表 2-1 所示。

表 2-1 店铺类型的区别

属性	官方店	专卖店	专营店
店铺性质	卖家以自有品牌或由持商标权利人独占性授权（仅商标为 R 标）入驻速卖通开设的店铺	卖家以自有品牌（商标为 R 或 TM 状态），或者持他人品牌授权文件在速卖通开设的店铺	经营 1 个及以上他人或自有品牌（商标为 R 或 TM 状态）产品的店铺
店铺可申请品牌数/个	1	1	≥1
平台允许的店铺数/个	1	≥1	≥1
开设资质	商标权人直接开设的官方店，需提供国家商标总局颁发的商标注册证（仅 R 标）。由权利人授权开设的官方店，需提供国家商标总局颁发的商标注册证（仅 R 标）与商标权人出具的独占授权书（如果商标权人为境内自然人，则需同时提供其亲笔签名的身份证复印件。如果商标权人为境外自然人，提供其亲笔签名的护照/驾驶证复印件也可以）。经营多个自有牌产品且品牌归属同一个实际控制人的，需提供多个品牌国家商标总局颁发的商标注册证（仅 R 标）	商标权人直接开设的品牌店，需提供由国家商标总局颁发的商标注册证（R 标）或商标注册申请受理通知书（TM 标）。持他人品牌开设的品牌店，需提供商标权人出具的品牌授权书（若商标权人为自然人，则需同时提供其亲笔签名的身份证复印件）	需提供由国家商标总局颁发的商标注册证（R 标）或商标注册申请受理通知书复印件（TM 标）或以商标持有人为源头的完整授权或合法进货凭证（各类目对授权的级数要求，具体见品牌招商准入资料提交为准）

续表

属 性	官 方 店	专 卖 店	专 营 店
开设资质	卖场型官方店，需提供国家商标总局颁发的35类商标注册证（仅R标）与商标权人出具的独占授权书（仅限速卖通邀请）	印件；如果商标权人为境外自然人，提供其亲笔签名的护照/驾驶证复印件也可以）	

店铺类型确定之后，每30天允许变更一次，所以想开设官方店而条件不达标的卖家，可以先选择专卖店或者专营店，等条件成熟之后再切换成官方店。

这里我们以门槛最低的店铺类型"专营店"来举例。选择专营店，然后在主营类目下拉菜单中选择自己想要经营的类目，以"珠宝饰品及配件"为例，选定之后单击"下一步"按钮，会跳转到品牌类目权限的申请界面，如图2-15所示，输入已经添加备案的自有品牌或者授权品牌，单击"查看品牌"按钮，该备案品牌的对应产品类目就会在下方显示出来。选择相关类目，单击底部的"下一步"按钮，进入最后的提交商标资质资料环节。个别类目还需要提交部分产品清单。

图2-15 品牌类目权限的申请界面

如果是授权品牌，在图2-16所示的界面上传品牌授权书即可；如果是自有品牌，并且店铺资料和品牌所有人资料一致，那么直接上传TM标的受理通知书或者R标的商标证即可。文件添加完成后单击下方的"提交资料"按钮，等待速卖通审核。

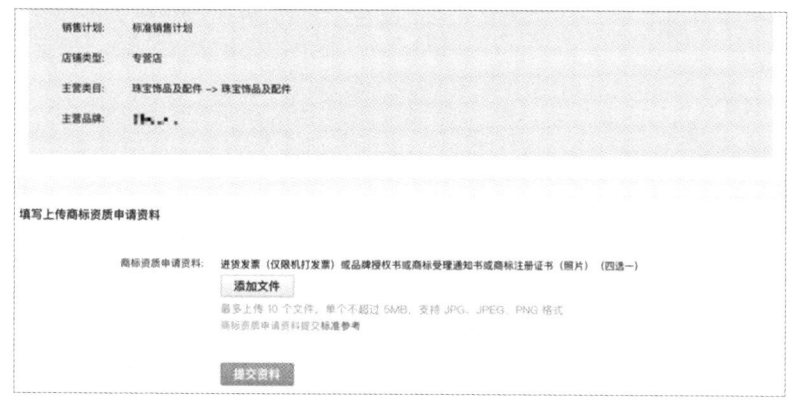

图 2-16 商标资质上传界面

3）缴纳年费

资料通过审核之后，在后台单击导航栏的"账号及认证"按钮，单击"我的申请"按钮之后，会显示已经审核通过等待缴费的类目，单击右侧的"去缴费"按钮（见图 2-17），跳转到支付页面进行款项支付。

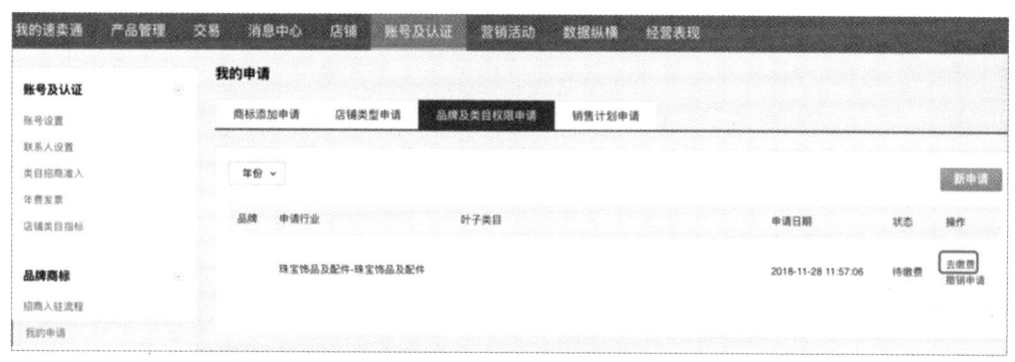

图 2-17 缴费入口

4）完善店铺信息

首先，进行店铺资产管理设置。

速卖通收到年费款项以后，店铺就拥有相关品牌的产品发布权限及后台功能的操作权限了。进入卖家后台，找到导航栏"店铺"按钮下的"店铺资产管理"按钮，如图 2-18 所示。该界面允许我们变更店铺类型和注册二级域名。

图 2-18 店铺资产管理界面

其次，进行店铺资金管理设置。

通过路径交易→资金账户管理，我们可以定位到资金管理窗口。速卖通目前的收款账户有两个，"支付宝国际账户"和"速卖通账户"。店铺的经营所得可以从这两个账户提取出来。系统会根据买家支付渠道等信息决定结算到支付宝国际账户还是速卖通账户。

① 支付宝国际账户

支付宝国际账户俗称国际支付宝，卖家可以在支付宝国际账户设置美元提现账户、美元结汇账户和人民币提现账户。

② 速卖通账户

平台为满足业务发展需要，会不定期新增一些支付渠道，部分渠道资金就会直接结算到"速卖通账户"。该账户同"支付宝国际账户"功能基本一致，都是方便卖家资金的管理和提现。

5）开店经营

完成以上操作以后我们就正式入驻速卖通了。想要在速卖通平台发布产品和健康成长，还需要熟悉平台规则来规避各类风险，同时善加运用良性规则加快店铺成长。

2.2.2 平台规则

没有规矩不成方圆。一个平台的健康成长离不开规则的约束和方向的引导。本部分主要解读速卖通平台的禁限售规则、搜索排序规则、订单交易违规情形及信用评价规则。而尤为重要的知识产权规则，将在本书第9章介绍。

经营速卖通店铺的首要任务是保证账号安全，每一项违规操作都可能导致账号被扣分，累计扣分达到一定数值以后账号将面临相关处罚。

- 违规满6分，限制产品操作3天；
- 违规满12分，冻结店铺7天；
- 违规满24分，冻结店铺14天；
- 违规满36分，冻结店铺30天；
- 违规满48分，永久关闭店铺；
- 单项扣分的有效期为365天，之后会清零。

为了店铺安全，应尽可能让违规扣分保持在12分以下，如果账号扣分接近48分，就要留心了。熟知店铺的累计扣分处罚线以后，还要了解各项违规操作的扣分点和扣分力度。

1. 禁限售规则

用户不得在阿里巴巴速卖通平台发布违反任何国家、地区及司法管辖区的法律规定或监管要求的产品。任何违反本规则的用户，阿里巴巴有权依据《阿里巴巴速卖通的禁限售规则》对其进行处罚。阿里巴巴速卖通禁限售违禁信息表参见本书附录。

2. 搜索排序规则

搜索排序规则的核心是让买家能够快速、精准地找到自己想要的产品。为了提升买家黏性和平台声誉，搜索引擎会亲近服务能力好的卖家，所以卖家的服务能力尤为重要。接下来详细解读搜索排序规则的核心要素。

1）产品的信息描述质量

影响产品的信息描述质量的因素主要包含产品标题、类目、图片、属性和详情页，这些信息是搜索排序规则的基石。所以高质量的产品图文能大大提升搜索引擎的友好度，为产品排名加分。

2）产品与买家搜索需求的相关性

产品与买家搜索需求的相关性是搜索引擎里的一项指标，创设的目的是为买家和卖家的产品做搭桥，达到最佳匹配。假设我们作为买家，想要在购物平台购买一件男士风衣。如果搜索"男士风衣"这个关键词，出来的结果不只有男士风衣，还夹杂了皮鞋、袜子这类产品，这种情况下搜索相关性就非常低了，会影响买家的购物体验。从相关性的角度，搜索引擎需要"解读"买家的搜索关键词，匹配出买家最想要的产品展示在结果页。

作为卖家，我们要确保店铺产品的图文信息和真实的产品一致。如果店铺卖的男士风衣标题含有"女士风衣"这类相关性很低的关键词，那么买家在搜索"女士风衣"这个关键词的时候，男士风衣就极有可能出现在搜索结果里造成干扰。在选取关键词时，并不是搜索热度越高越好，还要考虑产品与买家搜索需求的相关性。

随着跨境电商的发展，为满足用户对便利性的需求，平台开始探索"千人千面"的展示逻辑。这有助于提高产品与买家搜索需求的相关性。相关性指标所占的搜索权重非常高，买家在速卖通首页用关键词进行检索时，默认的排序索引"Best Match"翻译成中文就是"最佳匹配"的意思，如图2-19所示。

图2-19　搜索引擎展示

3）产品的交易转化能力

产品的交易转化能力最直接的体现就是，搜索关键词后优先展示出来的产品能够带来订单，提升销售额。这需要从两个角度解析。第一，从客户的角度上看，产品转化率高意味着受欢迎，迎合市场的需求买家黏性才会高；第二，从平台的角度上看，平台聚拢资源需要大量成本，每一笔订单都会为平台带来一定比率的佣金。平台需要用这些佣金来优化各项功能，提升网站体验。

4）卖家的服务能力

卖家的服务能力代表着速卖通平台的服务能力，体现在售前、售中、售后的客服体验及发货速度和运送时间上，还体现在客户收到产品后对质量的满意程度上。综合这些信息，买家会对卖家进行评价。搜索引擎会分析所有店铺的综合服务能力，表现好的卖家，其产品的搜索排名权重自然更高。卖家可提供"本地化语言"及"海外仓派送"等服务，更多的服务能力优化空间需要卖家去挖掘。如图 2-20 所示，卖家的服务能力目前主要体现在产品的质量、订单的执行率及物流的效能上。

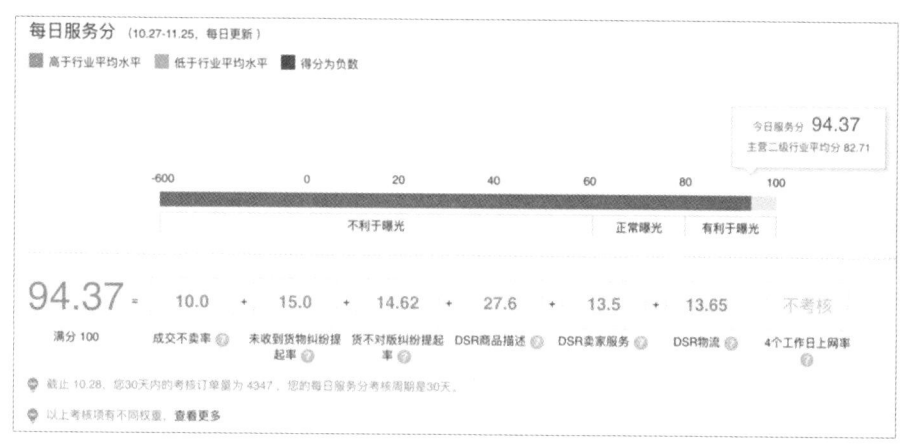

图 2-20　店铺服务分示例

5）搜索作弊排序降权

搜索作弊指的是卖家不遵守速卖通平台规则，骗取曝光和排名的行为。为了维护速卖通平台的公正，速卖通官方会实时监控平台产品，及时对作弊的产品做出相应惩罚。惩罚手段包含令作弊产品排名靠后、令作弊产品不参与排名，甚至隐藏作弊产品。作弊严重的可能会影响到店铺正常的产品曝光，甚至店铺被关闭。我们列举一些常见的搜索作弊行为。

（1）重复铺货：卖家将一件产品在同一个店铺内恶意发布多次，或者开设多个店铺重复发布一件产品。

（2）关键词滥用：卖家使用不相关的热搜关键词会降低平台搜索结果与买家搜索需求的相关性，而在标题里重复使用相关性极高的关键词（又称之为标题堆砌）也是关键词滥用的体现。

（3）描述不符：类目、标题、属性或详情页等产品信息的描述与实际不符，该行为会误导买家，从而造成各类纠纷，所以发布产品时请如实描述。

（4）价格作弊：卖家以低价吸引买家点击，而最终的成交价却高于展示价格。这类作弊方式一般表现在三个方面。

第一，卖家以超低价发布产品，但是将运费调高。例如，卖家卖手机，将售价设置成0.01美元，而运费却设置成200美元。

第二，计量单位作弊。一些以"对""双"为单位计量的产品，比如鞋子，卖家设置成按"个"卖。如图2-21所示，通常买家都会认为71.4美元是一双的价格，而此处却是一个的价格。所以对于成双成对的产品务必设置正确的计量单位，否则就是作弊。

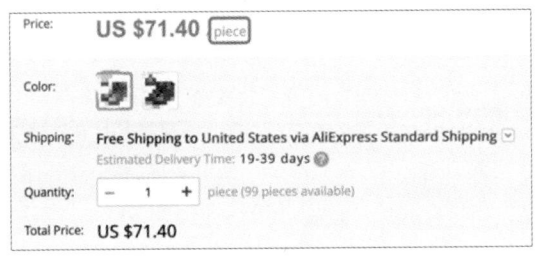

图2-21　计量单位作弊示例

第三，SKU作弊。例如，卖家售卖手机同时也售卖手机壳，将它们发布在一个产品下，价格区间设置为6～200美元，可以视为SKU作弊。因为买家潜意识都以为搜索出的结果展示的区间最低价6美元是手机的价格，点击后发现是手机壳的价格，会觉得自己受到了欺骗。

（5）发布广告产品：卖家发布产品以广告宣传为目的，不真实售卖。

3. 订单交易违规情形

买家下单并付款以后，订单号可被视为合同号，签订方包含速卖通平台、卖家和买家，合作关系因此成立。买家购买的是产品和卖家的服务，所以卖家有义务如实发货并且按照承诺的运输时间送达，如有特殊情况卖家必须给客户一个满意的解决方案。

常见的订单交易违规情形如下。

1）虚假发货

包含三种情况。第一，在约定的发货期内，卖家填写无效运单号或者与该订单无关的运单号；第二，卖家填写发货通知起，五个工作日后仍无法跟踪运单号的信息；第三，卖家未按平台物流政策选择运输方式，比如以经济类物流冒充标准、快速类物流。

2）信用及销量炒作

信用评价是买家对卖家的产品满意度、服务能力的综合评价，恶意炒作销量和信用是对平台和买家的欺骗，会极大误导买家的判断。

3）成交不卖

发货期内卖家未发货或者只部分发货属于成交不卖，具体包含卖家发货超时及买家选择卖家原因并成功取消订单等情形。

4）货不对板

货不对板指买家收到的产品与卖家的描述不符，比如卖家售卖 SD 卡，描述的容量是 16G，而买家实际收到的产品容量是 8G。

5）恶意骚扰

恶意骚扰指卖家频繁采取恶劣手段骚扰速卖通买家，侵犯其合法权益。包括但不限于通过电话、留言、邮件等形式影响其正常生活。如出现威胁、诅咒和种族歧视等语言，更被视为恶意骚扰，情节严重的，店铺有被关闭的风险。

6）引导线下交易

卖家诱导买家离开速卖通平台到线下交易。该行为增加了交易风险。

7）诱导提前收货

指买家并未收到货物，卖家以欺骗的方式让买家确认收货。如图 2-22 所示，买家的收货时间同时也是权益保障时间。如果时间快到了买家还没有收到货，买家会提出延长收货时间的要求，应及时给予满足。

图 2-22　买家收货时间示例

8）不正当竞争

指卖家发布的产品或信息恶意扰乱到其他卖家的经营；卖家利用海外账号对其他卖家恶意下单、恶意差评和恶意投诉。

4. 信用评价规则

信用评价规则是速卖通极为重要的内容。为了趋利避害，在经营店铺的过程中需要熟知这一规则。店铺的信用评价一般包含如下两方面内容。

1）卖家信用档案

图 2-23 所示是一个店铺的卖家信用档案，显示了该卖家的信用评价信息，包含店铺信用评价和店铺评分等。店铺评分是指买家在订单交易结束后以匿名的方式对产品描述的准确性（Item as Described）、沟通质量及卖家回应速度（Communication）、物品运送时间合理性（Shipping Speed）做出的评价，是买家对卖家的单向评分。

2）产品信用档案

店铺里的每个产品都会有属于自己的信用档案，来显示产品收到的每个评价的详细内容，如图 2-24 所示。

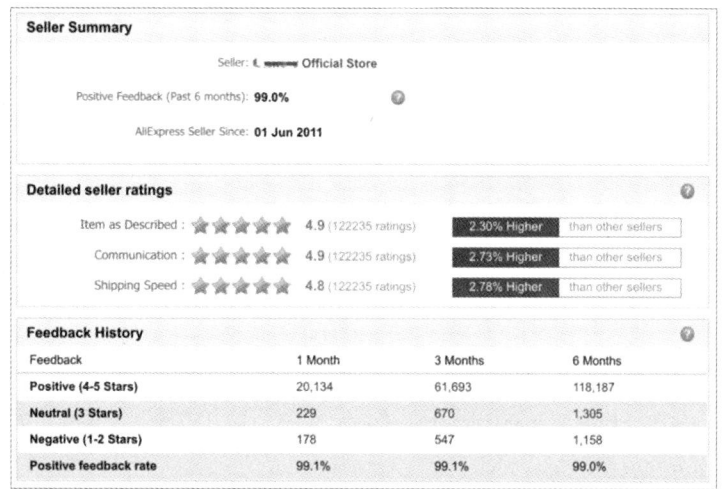

图 2-23　卖家档案示例

图 2-24　产品档案示例

全部发货的订单，在交易结束 30 天内买卖双方均可评价。买家提起未收到货纠纷，且买家在纠纷上升到仲裁前未主动取消，最终产生退款，无评价入口。对于信用评价，买家评价即生效；双方都未给出评价，则该订单不会有任何评价记录。

那么，这些评分是如何计算出来的呢？我们接着来分析规则的详细内容。

- 成交金额低于 1 美元的订单不计入好评率和产品分数。请注意，如果有售中退款，成交金额为买家支付金额减去售中的退款金额（不包括售后退款情况）。如图 2-25 所示，该产品显示一共收到 140 个评价（Votes），但是我们将 1~5 星的所有评论个数相加，0+0+0+10+63=73，也就是只有 73 个评论是计入评分的，剩下的 67 个评论不计入评分。不过，评价详情里还是能够看到评价内容。

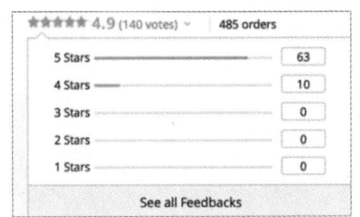

图 2-25　产品评分示例

- 店铺好评率=6 个月内好评数量÷（6 个月内好评数量+6 个月内差评数量）。
- 产品评分=所有评价的星级总分÷评价数量。图 2-25 所示的产品，产品评分的计算方法为，（5×63+4×10+3×0+2×0+1×0）÷（63+10+0+0+0）≈4.86，四舍五入得出该产品评分是 4.9 分。
- 补运费/差价、赠品类目、定制化产品等特殊产品的评价不计入好评率和产品分数。也就是发布产品的时候，一级类目"其他特殊类"下的所有产品链接收到的评价都不计入评分，如图 2-26 所示，这个类目也被称为速卖通"黑五类"。

图 2-26　不计入评分类目详情

以上是速卖通比较重要的规则，掌握了这些才能最大化降低店铺运营风险，同时朝着规则鼓励的方向去开发产品和运营店铺，提高店铺的服务能力和竞争水平。

2.2.3　产品选择

产品是店铺运营的核心，所以选择符合市场而又不违反平台规则的产品是接下来的重点。虽然电子商务的门槛已经随着互联网的发展而大大降低，但是在选品的时候如果能够综合考量地缘产业带、对产品的熟识度及公司优势资源等情况，将会极大提升店铺的运营效率。

1．速卖通类目选择

速卖通平台目前涵盖了日常的消费类目，包含主流的服饰配件、消费电子、美容健康、箱包和家居等类目，非常齐全。卖家可以在大多数类目里挑选经营。少数特别类目目前采取平台定向邀约制，如平衡车。如果有相关品类的优质货源，卖家可以在店铺后台提交产品信息，申请开通类目权限。

2．经营优势分析

1）产业带

在分析众多类目的时候，可以优先考量地缘产业带因素。例如，在浙江杭州附近的卖家可以优先考虑服装类目，因为杭州有服装类目的产业带；而福建泉州因为是运动鞋的产业带，自然可以优先考虑经营运动鞋类。

2）自身优势资源

在开发产品的时候，不可忽视自身已有资源。比如做海外仓的卖家，可以考虑选择产品体积比较大的类目。这类产品（如自行车）直接从中国发货运费成本非常高，而做海外仓可以大大降低运送成本。

在实际类目筛选过程中，卖家可以综合考量这些因素，不必当成决定的标准。选定类目进行缴费以后，如果不退出，该店铺在当前周期就只能经营缴费类目和附赠类目的产品。

3．选品渠道

1）行业龙头流行趋势

当决定了经营一个类目，需要留意该类目的龙头网站动向。龙头网站引领着相关类目的大众行业审美需求和流行元素。

2）平台活动和类目的热卖推荐

速卖通平台活动和类目检索所优先展示的产品都经过了数据分析筛选。这些产品代表当下和将来一定时间的热卖趋势，卖家可以综合分析开发有类似流行元素的产品来贴合市场。如图2-27所示，速卖通的"Flash Deals"（秒杀频道）每天都会推送相关类目的秒杀产品。

图 2-27　速卖通秒杀活动界面

3）采购商城

线上和线下的采购商城是类目产品的集散地，是产品开发的主要渠道来源。我们以常用的 1688 采购批发商城为例，开始速卖通店铺产品的开发之旅。

1688 是阿里巴巴集团旗下的网上采购批发商城。网站设有淘货源、跨境专供、进口货源、品牌站、档口尖货等栏目。而作为跨境电商速卖通的卖家，可以尤其关注"档口尖货"和"跨境专供"两个栏目。

如图 2-28 所示，"档口尖货"栏目以档口产业带为检索依据。

图 2-28　1688 档口尖货栏目展示

该栏目主要提供产业带的产品检索对接服务。如图 2-29 所示，网站直接以品类为线索，归结出相关品类的货源是哪些产业带的优势，清晰明了。

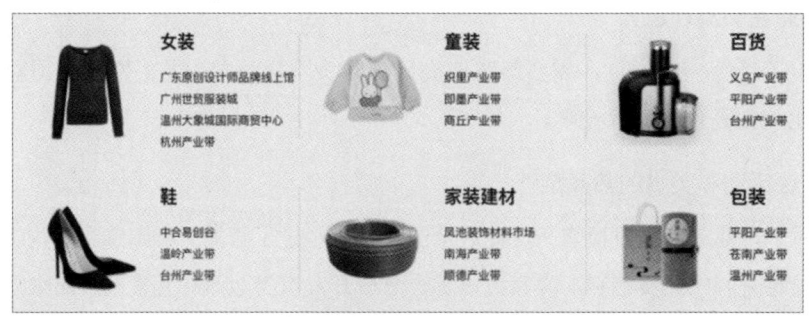

图 2-29　1688 产业带展示

"档口尖货"栏目是了解中国各省产业带的一个非常好的渠道。

速卖通贯彻国家"互联网+外贸"及跨境电商发展战略,联合全国各产业带政府和第三方服务商为产业带跨境品牌搭建专区,共同提升产业带优势外贸厂商的跨境电商线上竞争力,实现跨境产业带线上升级,最终实现"货通全球"和"品牌出海"的目标。

以下将比较重要的跨境产业带和其独特的优势类目列出,仅供参考。

- 石狮产业带优势:男装。
- 叠石桥产业带优势:家纺。
- 兴城产业带优势:泳装。
- 瓯海产业带优势:眼镜。
- 江门产业带优势:厨房家居、灯具卫浴。
- 平阳产业带优势:家居百货、配饰、美容健康。
- 余杭产业带优势:服装、家纺。
- 义乌产业带优势:大家居、服装、内衣、饰品。
- 长安产业带优势:流行饰品。
- 云和产业带优势:木制玩具。

熟悉主要跨境电商的产业带,产品开发思路会更加清晰。有条件的卖家也可以到产业带进行实地考察。

"跨境专供"是 1688 网站为跨境电商卖家开辟的一个重要栏目,提供新手卖家比较关注的"海外代发"和"爆款开发"功能,如图 2-30 所示,首页左侧也提供精准的类目筛选功能,可直接定位到速卖通店铺所经营的具体类目。

以饰品配件这个类目为例,鼠标移动到左侧"配饰"一栏,右侧会提供一系列子类目下的主题索引。从产品维度有"跨境爆品"和"跨境新品"等,从产业带维度有"义乌产地"和"山东产地"等。

图 2-30　1688 跨境专供栏目

在琳琅满目的产品列表里，我们可以尝试从以下维度来选择产品。

① 成交额排序

在 1688 跨境专供栏目输入类目关键词，以"手链"为例，按成交额降序排列，如图 2-31 所示，第一款产品成交额排名第一，我们可以优先考虑开发该产品。

② 产品上架时间

如图 2-31 所示，我们对比三款产品，发现第一款产品的上架时间为 2018 年 9 月，另外两款分别为 2013 年 1 月和 2015 年 5 月，显然第一款产品最新，有可能存在更大的潜力。从上架时间维度可以优先考虑第一款产品。

③ 产品上架便利性

开发产品除考虑流行趋势以外，还可以酌情考虑产品上架便利性。因为产品在上架之前需要准备非常多的数据，如果批发商可以提供"图片包"等信息，就可以节省不少运营的工作，提升产品上架效率。

此外，无论从哪个维度开发产品，都需要注意避免侵权。

图 2-31　按成交额排序

2.2.4　产品发布

在速卖通平台发布产品主要分为三个步骤：选择类目、准备产品相关数据、发布。

1. 选择类目

掌握了常用的选品渠道以后，我们接下来学习如何将选定的产品发布到速卖通。以一级经营大类"珠宝饰品及配件"为例，如图 2-32 所示，单击后台导航栏的"产品管理"按钮，再单击左侧的"发布产品"按钮。

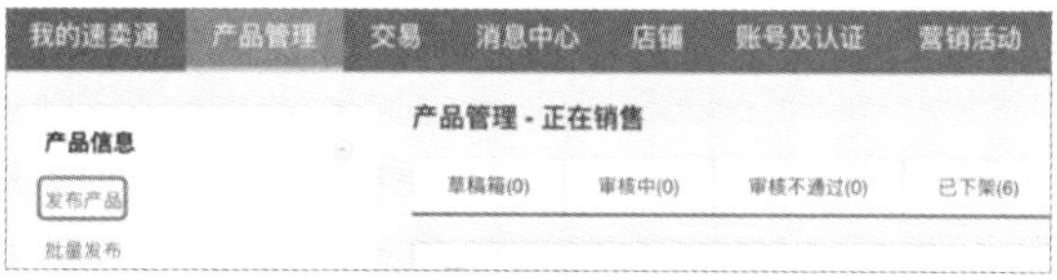

图 2-32　产品发布入口

如图 2-33 所示，在跳转出来的选择类目界面，依次在一级类目列表选择"珠宝饰品及配件"选项，二级类目列表选择"流行饰品"选项，三级类目列表选择"手链"选项。选择完成之后单击右下方的"我已阅读以下规则，现在发布产品"按钮，进入产品发布信息填写界面。

图 2-33　类目选择界面

进入产品信息填写发布界面以后，可以很清楚地看到所需填写的产品信息。也就是在发布产品之前我们就需要将这些产品信息准备好，提前翻译成可供用户检索的数据语言。此处的翻译包含了语言、图片和产品参数的翻译。

产品信息填写规范是速卖通平台产品得到曝光的基础，平台的搜索排名算法及各类营销活动的展开都是以这些产品数据为前提展开的，产品数据的重要性不言而喻。

2．准备产品相关数据

1）产品编号

产品编号即产品发布界面的"商品编码"，如图 2-34 所示。我们可以理解成产品的身份证号码。

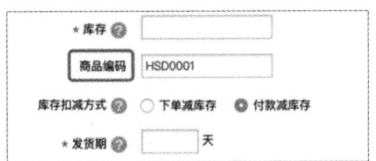

图 2-34　商品编码填写

我们可以自己设定商品编码规则，可以以公司名称简写加数字的形式编码，如"杭师大"可以用"HSD"来表示。如果预计开发的产品在一万个以内，那么数字就用四位数，此时第一个产品的编码就可以是"HSD0001"，第二个产品的编码就是"HSD0002"，依次类推。

有了商品编码以后，公司内部沟通及与买家之间的沟通就方便多了。最重要的是满足日后的系统化管理需求。如图 2-35 所示，买家购买了该产品以后，在订单界面就会显示相应的"商品编码"。

图 2-35　订单界面的商品编码示例

2）产品属性

产品属性即一个产品的详细参数，买家浏览之后能大致判断是否符合自己的基本购买需求，所以填写的时候务必精准。图 2-36 所示是手链产品的属性填写界面。

我们习惯性将左边的内容称为"属性"，而将右侧需要填写、选择的内容称为"属性值"。例如，"性别"是属性，对应选择的"女"就是属性值。填写产品属性的时候需要注意如下几点。

- 带星号和感叹号的是核心属性，必须填写。这类属性关乎产品类目的检索，务必填写准确。
- 有些属性对应的属性值未必齐全，这个时候可以尽量选择相近的属性值。如果属性值里有"其他"，就选择"其他"，然后填写准确的属性值。
- 有些属性不是针对当前所发布的产品的，可以不填。例如，图 2-36 所示的"功能"属性针对的是功能性手链的产品（如带有闹钟功能的手链），传统的装饰手链就不需要填写该属性。
- 属性填写界面如果缺失某一属性，单击左下方的"添加自定义属性"按钮，输入属性和属性值即可。

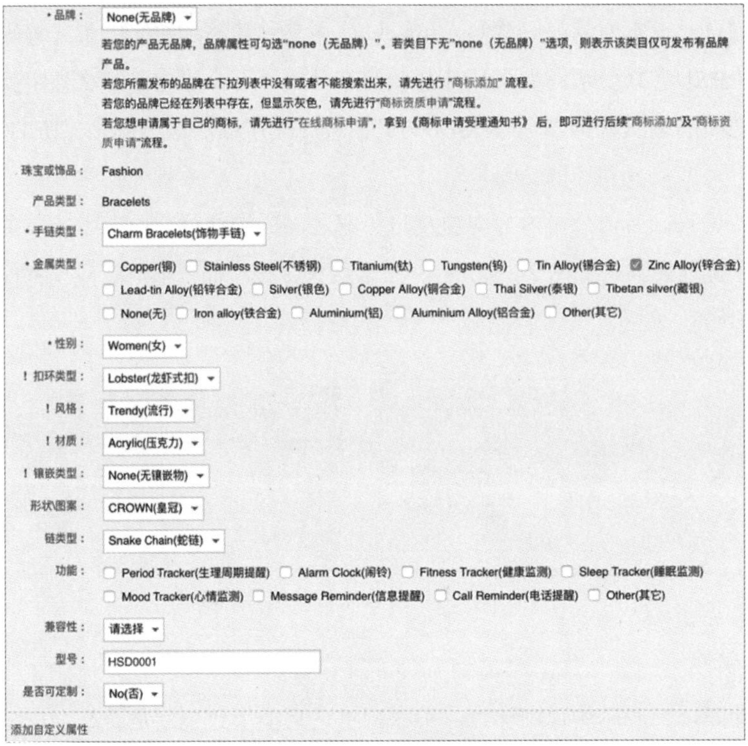

图 2-36　产品属性填写界面

3）产品标题

搜索引擎检索和匹配关键词最重要的获取点就是产品标题，当买家在搜索关键词时，在产品检索结果页被搜索的关键词会加粗显示，如图 2-37 所示，我们搜索关键词"Dress"，搜索结果页的所有标题里的"Dress"都已经加粗显示。

那么，如何拟写一个既符合规范又实用的产品标题呢？标题拟写的注意事项如下。

- 控制字符。产品标题长度需要控制在 128 个英文字符以内，包含空格和标点符号。
- 符合买家搜索习惯。产品标题的拟写不仅要考虑相关性，还需要考虑买家的搜索习惯，尽量覆盖绝大多数买家的习惯用语。例如，有些人用"wind coat"来搜索风衣，有些人则用"windbreaker"。如果这两个关键词都包含在标题里，那么绝大多数买家都能定位到我们的产品。
- 关键词单数和复数取其一。在拟写标题的时候也要考虑到单复数的情况，如图 2-38 所示，在同等环境下分别用"dress"的单数和复数来搜索，发现搜索结果页的产品数几乎一样，而且产品排序也一样。所以我们可以得出一个结论，速卖通在算法里将单数和复数做了对等匹配。所以单数或复数在标题里出现一个即可，可以空出来字符放置其他关键词。

- 注意规避未授权商标的侵权风险。

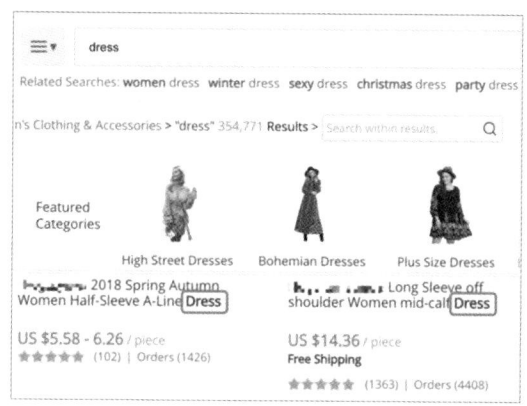

图 2-37　关键词检索结果示例

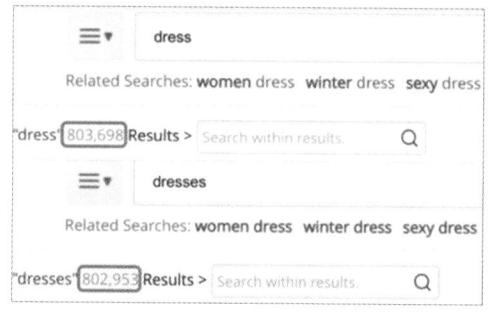

图 2-38　关键词结果产品数示例

比较常见的标题拟写步骤如下。

第一，关键词组合。

我们可以将产品标题理解成多个关键词的组合结果，所以标题通常不是一个句子，不需要以语法去衡量标题。可以参考图 2-39 所示的公式组合关键词。

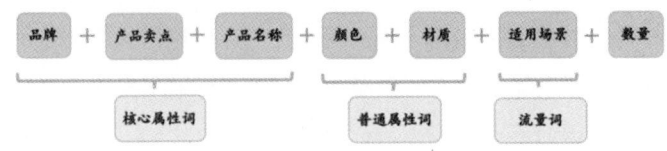

图 2-39 标题拟写示例

概括来说,一个标题里的关键词大概可以分为三类,即"核心属性词""普通属性词""流量词"。我们可以考虑将能概述产品核心的属性词放置到标题最前面,方便买家以最短的时间抓住重点,而将描述产品颜色和材质等属性的词语放置到标题中间。在标题后端可以考虑加上有一定相关性的流量词,如"圣诞节礼物""2019 春季新款"这类有适用场景的关键词。以一款天然石头材质的珠串手链产品为例,我们先提取关键词。

- 品牌:Hsdgems。
- 产品卖点:Classic Natural。
- 产品名称:Beaded Bracelets。
- 颜色:White and Black。
- 材质:Stone。
- 适用场景:Women Men Girls House Party Christmas Valentine's Day Present 2019 Fashion。
- 数量:2pcs。

将这些关键词组合起来,得到初步标题:Hsdgems Classic Natural Beaded Bracelets White and Black Stone Women Men Girls House Party Christmas Valentine's Day Present 2019 Fashion, 2pcs。

第二,标题优化。

接下来进行优化,该标题比规定的 128 个字符多出了 16 个字符,我们可以去掉相关性差一些的流量词,如 2019 Fashion、Men,还可以将"Girls"改成单数"Girl"。优化后的标题:Hsdgems Classic Natural Beaded Bracelets White and Black Stone Women Girl House Party Christmas Valentine's Day Present, 2pcs。

第三,风控审核。

标题拟定以后,在使用前务必排查每个关键词以规避侵权风险,如果是侵权词汇,发布之后第一时间就有可能被速卖通平台系统检测到并退回。即使系统没有检测出来,版权方也可以随时向速卖通发起投诉。

以上是比较常见的产品标题拟写方法，实际运用当中我们可以根据需求，变化关键词排序，关键词的选取可以参考同类产品的标题表现手法。速卖通后台还提供了非常精准的关键词分析工具。在速卖通后台导航栏找到"数据纵横"按钮，然后找到左下类目"商家发现"中的"搜索词分析"按钮，单击以后进入搜索词检索页面，如图2-40所示，在圣诞节来临之际，我们可以看到在"家居用品"类目下热搜词排序列表当中，"Merry Christmas"这个词高居榜首。所以适合当圣诞礼物的产品，非常推荐在其标题中加入"Merry Christmas"这个热搜词。

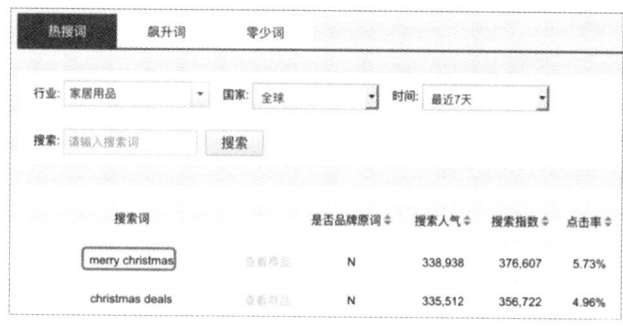

图2-40　热搜词的运用

标题的优化是一个不间断的过程，我们随时可以根据需要进行标题调整。产品发布阶段只支持英文标题。发布成功以后系统会自动翻译成其他语种标题。目前平台支持俄语、西班牙语、葡萄牙语、英语四种语言的标题和描述的单独编辑功能。如图2-41所示，在产品管理界面，鼠标移动到对应产品的"编辑"位置，下拉菜单就会展示四个语种的编辑入口，此时可以选择相关语种进入编辑页面，有相关语种能力的卖家可以自行优化，同时也支持提交人工翻译。

注意一点，在第一次发布产品时，系统会将当前英文标题翻译成其他语种，如果后续修改了英文标题，将不再同步翻译成其他语种，需要单独到相关语种的编辑详情页进行修改，以免造成纠纷。

图 2-41　多语种产品信息编辑入口

4）产品图片

产品图片能够全方位、多角度展示产品的细节，对买家的购买起非常大的作用。在准备产品图片的时候要注意如下几点。

- 最多允许上传 6 张产品主图，如图 2-42 所示，我们可以选择上传 1～6 张主图。

图 2-42　图片上传界面

- 背景底色建议用白色或纯色，如果产品用其他类型的背景色可以更好反馈产品特征，也可以大胆尝试，通过不断计算点击率和分析转化率来形成自己的独有风格。
- 图片建议采用 JPEG 格式，建议 800 像素×800 像素及以上，图片横向和纵向比例建议在 1∶1 至 1∶1.3 之间，产品主体占比建议占整图的 70%以上。
- 如果需要添加 Logo，建议统一放在图片左上角。
- 切勿在未经授权的情况下使用其他卖家的版权图片。如果违规使用，版权方可以通过拍摄底图投诉，成功后该产品将被删除。

5）最小计量单位/销售方式

最小计量单位表明了产品的售卖形式。如图 2-43 所示，平台默认的最小计量单位是

"件/个（piece/pieces）"，如"一件"衣服、"一个"玩具等。

图 2-43　计量单位选择

以女士手链为例，最小计量单位选择"件/个（piece/pieces）"选项，销售方式对应选择默认的"按件出售"，即"一件一卖"的意思。如果是"两件一卖"，即客户用当前价格可以买到两件，那么此时销售方式就选择"打包出售"，在打包数量一栏填上数字"2"即可。

6）产品颜色和尺寸（多 SKU）

如果产品只有一个类型，比如只有一种颜色的儿童玩具，那么可以不选择颜色。如果有两种颜色就必须在"颜色"一栏里选择相应颜色，如图 2-44 所示，选择之后还可以自定义颜色名称和添加图片。

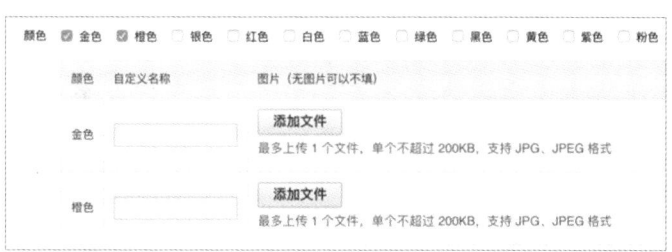

图 2-44　多 SKU 选择

7）运费模板设置

运费模板是速卖通平台比较复杂的一套系统，而运费本身和产品定价又是密不可分的。所以在分析产品定价之前我们先解读运费模板。

速卖通的物流分类一般分为四类，如图 2-45 所示，包含经济类物流、简易类物流、标准类物流和快速类物流。从左到右时效不断提升，价格也不断提升，所以匹配的货值也应该是不断提升的。

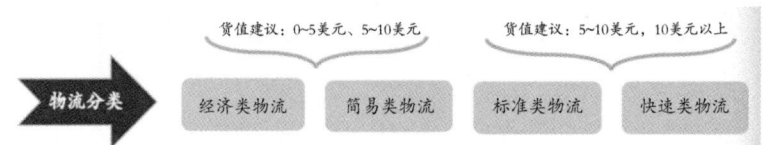

图 2-45 速卖通物流分类

经济类物流也就是我们通称的平邮,运费较低,缺点是不提供目的国包裹的妥投信息,同时运送速度较慢,所以适合货值低、重量轻的产品使用。部分国家及高金额订单不允许使用经济类物流发货。目前常见的经济类物流方式有"菜鸟超级经济小包"和"中国邮政平常小包+"。

简易类物流可查询包含买家签收在内的关键物流追踪信息,但是和经济类物流一样,部分国家及高金额订单不允许使用简易类物流发货。简易类物流方式主要是"AliExpress 无忧物流-简易"。

标准类物流包括了邮政挂号服务和专线物流服务,最大特点是全程物流信息可追踪查询,价格适中,速度较快。目前常见的标准类物流方式有"AliExpress 无忧物流-标准""e邮宝""中国邮政挂号小包"。

快速类物流包含了邮政快递、商业快递。特点是时效高,全程物流信息可追踪查询,适合高货值产品使用。目前常见的快速类物流方式有"AliExpress 无忧物流-优先""EMS""UPS""Fedex""TNT""DHL"。

提供这些物流服务的服务商可以分为三类。

① 无忧物流

"无忧物流"是速卖通平台联合菜鸟网络推出的官方物流服务商,旨在为速卖通卖家提供稳定的国内揽收、国际配送、物流追踪、物流纠纷处理和售后赔付等一站式服务。

② 线上发货

"线上发货"是速卖通平台、菜鸟网络联合优质第三方物流商打造的物流服务商。

③ 线下发货

"线下发货"需要卖家单方面寻找线下第三方服务商寻求物流解决方案。

"线上发货"和"无忧物流"有以下异同点。

相同点:发货流程类似,买家下单后卖家需要先创建物流订单,然后通过上门揽收或自寄的方式将商品送达国内集货仓。

不同点：选择"线上发货"的卖家必须自己分析各个发货渠道的优劣，做出决定；而选择"无忧物流"的卖家无须花精力去判断，菜鸟系统会自行选择最优物流方案，降低了操作成本。"线上发货"的订单后续需要卖家跟进物流纠纷等问题；而"无忧物流"由平台提供服务，卖家不需要响应此类物流产生的运送纠纷，降低了客服成本。

三类物流服务商所支持的物流方式如图2-46所示，经济类物流只可以选择"线上发货"，简易类物流可以选择"线上发货"和"无忧物流"，标准类物流和快速类物流都可以自由选择"线下发货""线上发货""无忧物流"。

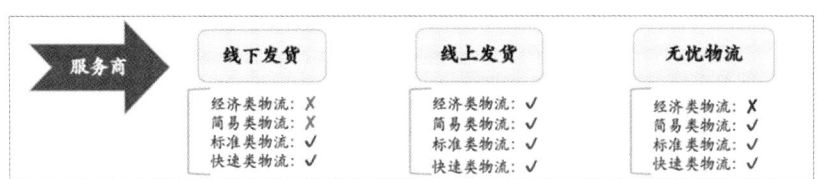

图2-46　不同物流服务商所支持的物流方式

速卖通"线上发货""无忧物流"的报价可以通过如下路径获取：交易→物流服务→国际小包订单→运费报价，如图2-47所示。"线下发货"的报价可以从相应的第三方服务商获取。

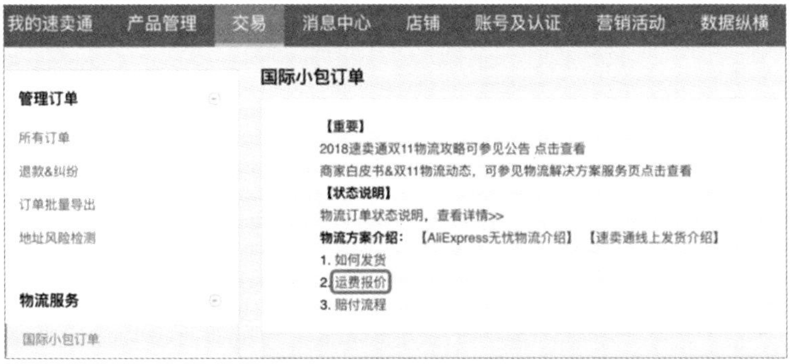

图2-47　运费报价获取渠道

物流方式是以产品的货值和重量来决定的。速卖通鼓励免邮，比较常见的是免经济类物流运费和免标准类物流运费，即"Free Shipping"，其实就是把运费加到产品定价里。

以售价在10美元以下的轻小产品为例，这类货值产品适合发"标准类物流"，如何设置速卖通主流国家俄罗斯、美国、英国、西班牙、法国、波兰发"标准类物流"包邮呢？

在速卖通后台根据路径：产品管理→模块管理→运费模板，找到运费模板的管理界面，可以创建和修改运费模板，单击"运费模板"按钮，在图2-48所示的界面输入名称，免标准类物流运费我们可以命名成"Free Standard Shipping"或者其他方便识别的名字。单击"保存"按钮，模板生成。

图 2-48　运费模板创建

如图2-49所示，根据名字找到刚创建好的模板，单击右边的"编辑"按钮，进入物流方式设置界面。

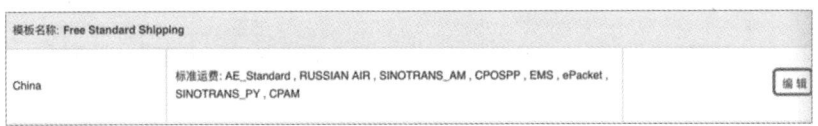

图 2-49　运费模板编辑

我们以选择速卖通的无忧物流服务免邮为例，如图2-50所示，将"AliExpress无忧物流-标准"选项打钩，右边可以选择"标准运费""卖家承担运费""自定义运费"选项。如果选择"标准运费"选项，意味着客户需要付正常报价的运费；如果选择"卖家承担运费"选项，意味着所有国家都包邮；我们要设置俄罗斯、美国、英国、西班牙、法国、波兰包邮的话，就需要选择"自定义运费"选项。

图 2-50 运送方式选择

此时会弹出自定义设置国家和运费的对话框,我们找到俄罗斯、美国、英国、西班牙、法国、波兰,将其打钩,结果如图 2-51 所示,运费类型选择"卖家承担运费"。单击"确认添加"按钮,免邮国家设置完成。

图 2-51 免邮国家自定义示例

这几个免邮国家添加完成之后,会跳转到图 2-52 所示的界面,在这里我们可以完成如下操作。

- 可以对刚设置的免邮国家进行编辑,比如添加其他国家。
- 可以继续添加运费组合,比如针对偏远国家设置较高运费。
- 运费组合设置完成之后,如果买家不在我们设定的运送国家或者地区,可以选择"标准运费",设置"运费减免率",或者设置"不发货",操作非常灵活。根据需要组合完毕之后,单击"保存"按钮,此时针对"AliExpress 无忧物流-标准"这一运输方式就设置完毕。

图 2-52　运费模板功能介绍

根据需要我们还可以设置其他的运输方式。注意,在设置完毕之后,记得在当前运费模板的最下方单击"保存"按钮,如图 2-53 所示,此时设置的数据才会生效。

如果有海外仓,也可以在当前页面单击"点此申请海外发货地设置权限"按钮进行申请和添加。

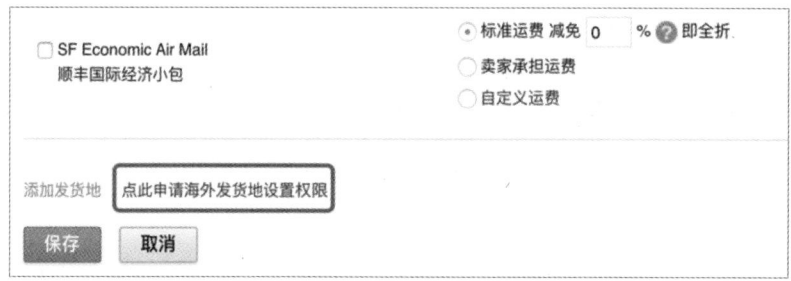

图 2-53　海外仓申请界面

8)产品定价

产品的定价关系到转化率、利润等一系列结果,所以需要对各项成本进行周密的统计。

因为不同国家的运费差异，目前平台支持国家单独定价功能。默认的是统一定价，选择相应国家后可单独定价。产品定价界面如图 2-54 所示。

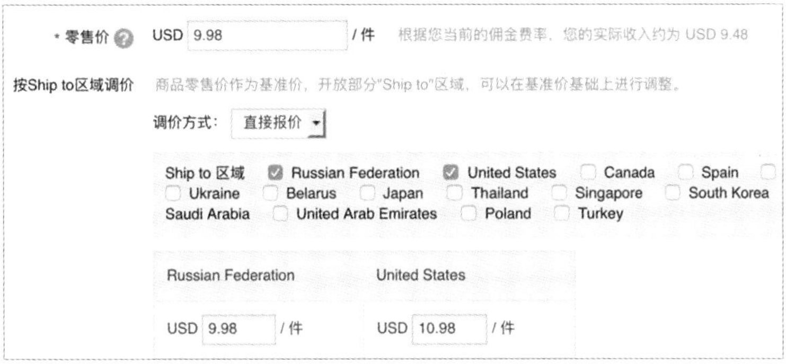

图 2-54　产品定价界面

产品定价需要结合前面设置的运费模板，前面设置的是售价在 10 美元以下的轻小产品，主要几个国家“无忧物流-标准”免邮的模板，所以我们根据路径：交易→物流服务→国际小包订单→运费标价，获取“无忧物流-标准”的报价。图 2-55 所示是“无忧物流-标准”在某一时期各个国家的报价（注意报价会随着政策变动）。

	小包普货计费					
	0~150g(含)		150~300g(含)		300~2000g(含)	
	配送服务费 元（RMB）/KG *每1g计重	挂号服务费 元（RMB）/包裹	配送服务费 元（RMB）/KG *每1g计重	挂号服务费 元（RMB）/包裹	配送服务费 元（RMB）/KG *每1g计重	挂号服务费 元（RMB）/包裹
俄罗斯	70.00	13.00	66.00	13.00	63.00	16.00
西班牙	57.04	17.93	57.04	17.93	57.04	17.93
法国	78.54	13.86	66.99	15.02	66.99	15.02
荷兰	51.70	23.05	51.70	23.05	51.70	23.05
智利	78.10	20.90	78.10	24.20	70.40	26.40
英国	77.00	16.50	55.00	19.80	47.30	22.00
阿富汗	135.70	18.14	135.70	18.14	135.70	18.14

AliExpress无忧物流-标准　AliExpress无忧物流-优先　AliExpress无忧物流-自提　4PX新邮挂号小包　4P

图 2-55　无忧物流报价示例

我们提取运费计算的关键数据如下。

- 产品重量：产品成品的重量（以 200g 为例）。
- 包裹重量=产品重量×1.1（根据经验打包重量大概占产品重量的 10%，如果有最终打包重量样品，以样品为准，没有的话可以参考这个公式）。

- 速卖通佣金=订单金额×8%（目前大部分类目的佣金）。
- 进货价：产品入仓后花费的总成本，以50元人民币为例。
- 美元兑人民币汇率：汇率实时浮动，以6.8为例。
- 利润基数：大于等于1%，以30%为例。

根据当前时间下载的运费表格我们可以得出"无忧物流-标准"运费的计算公式、美元总成本公式，以及最终售价的公式：

运费 =（包裹重量×配送服务费/1000）+挂号费

美元总成本 =［（进货价 + 运费）÷汇率］÷（100%-佣金）

美元售价 = 美元总成本÷（100%-利润基数）

以俄罗斯的配送服务费为例，当前报价是66元人民币/kg，挂号费为13元人民币，得出：

包裹重量=200g×1.1=220g

运费 = 220×66/1000+13=27.52 元人民币

美元总成本 =（50+27.52）÷6.8÷0.92=12.39 美元

美元售价 = 12.39÷（100%-30%）=17.7 美元

也就是以30%利润基数为前提，当前产品卖17.7美元，以17.7美元生成最终订单，扣除产品成本和运费及佣金，卖家可以得到30%的一次毛利。而在实际的运用当中，最终毛利还要扣除速卖通直通车、联盟佣金、站外推广及人工成本等因素。我们在实际的运用当中可以酌情考虑。

以上是速卖通产品定价的一个参考方向，我们还可以参考产品竞争环境、产品定位来调整系数，提高售价的竞争力。

速卖通其实已经将所有运费数据汇总到数据库，我们通过工具就可以查询运费。

速卖通后台路径：交易→物流服务→物流方案查询。

输入国家、产品货值、大概尺寸和重量可以检索出所支持的物流方式和运费。如图2-56所示，当前0.22kg的包裹重量试算运费和我们计算出的运费是一样的，都是27.52元人民币。所以在知道运费计算原理以后，运费可以用该工具获取，实时更新，高效准确。

针对不同货值的产品，我们可以设置不同的运费模板。"标准类物流"模板适合货值10美元以上的产品套用，而当产品货值在0~2美元，我们就可以考虑为这类产品设置"经济类物流"的运费模板。

图 2-56 速卖通运费试算

9）产品库存/发货期

在产品发布页面，需要填写"产品库存"和"发货期"，新开店的卖家产品库存不要设置太高，建议设置为 1～30 件，防止定价过低导致过多亏损。同时随时监控出单情况，在利润明了和供货充足的情况下提高库存。而"发货期"建议设置成所支持的最大天数（7 天），以空出备货时间。部分产品在参加活动时需要将发货期设置为 5 天。

10）产品视频

产品视频特别适合有使用步骤或者上身效果类的产品，当然任何产品都可以添加视频，如需添加建议将视频控制在 15 秒或者 1 分钟以内，尽量不要超过 4 分钟。也可以考虑做开箱视频。注意视频要保持 16∶9 的长宽比。

11）产品详细描述

设置产品详细描述的目的是让买家全方面了解产品、卖家政策等。建议以图文并茂的方式将产品的各个细节和指标参数展示清晰，同时加上售后服务条款等信息，给予客户信心。产品详细描述界面如图 2-57 所示，提供了字体和格式等内容的开放编辑功能，同时也提供了无线端描述的单独编辑功能，以提升手机浏览和购买的体验。

图 2-57　产品详细描述界面

详情页可以同时插入"关联产品模块"和"自定义模块"两个模块,通过路径:产品管理→产品信息模块,可以选择创建两个类型的模块,如图 2-58 所示。

① 关联产品模块

在详情页可以关联其他产品的窗口,最多支持关联 8 个其他产品。建议关联产品同类型或者可以匹配使用的产品,如当前产品是裙子,可以关联同类型裙子或者一起搭配的外套。

② 自定义模块

自定义模块通常用于添加通用性描述,如售后服务等信息。可以通用于一类或者全部产品,创建完成之后每次在详情页直接引用即可。

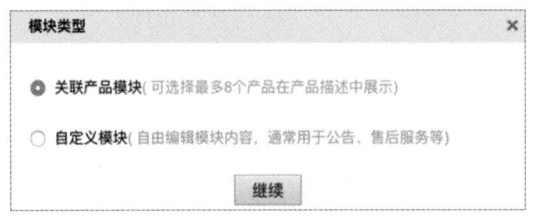

图 2-58　关联模块功能

12）包装信息

图 2-59 所示为包装信息填写界面,产品包装后的重量即包裹重量,可以用产品重量乘以 1.1 得出,注意最后需要转换成公斤单位。包装后的尺寸可以根据产品尺寸的长宽高估算获得。

第 2 章　跨境电商平台：速卖通 | 59

图 2-59　包装信息填写界面

13）产品分组/产品有效期

买家可在店铺前端进行产品分类检索，如图 2-60 所示。所以在发布产品之前，我们可以为产品创建所匹配的分类。

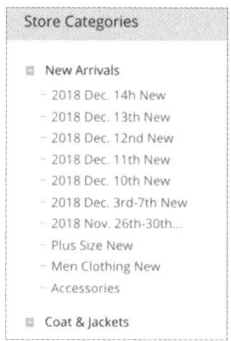

图 2-60　产品分类前端展示

速卖通后台路径：产品管理→产品信息→产品分组。

产品分组编辑界面如图 2-61 所示，可进行排序、重命名和删除等操作。分组命名需要符合产品定位、分类，要让客户容易识别。一个产品允许同时存在于 3 个分组下面。

图 2-61　产品分组编辑界面

分组创建完毕以后，就可以选择产品分组了，其界面如图 2-62 所示。注意，产品发布阶段目前只允许选择 1 个分组，利用产品管理界面的"调整产品组"功能可以将产品分配到 3 个分组下面。

图 2-62　选择产品分组界面

图 2-63 所示的产品有效期是指产品在速卖通平台网站展示的有效时间，时间结束以后产品将自动下架，所以需要在时间结束 3 天以内进行延长操作。目前有 14 天和 30 天两个选项。及时延长有效期就可以确保产品一直在线。

图 2-63　产品在线天数选择

3. 产品发布

到这里我们已经知道产品发布需要准备哪些产品信息，并且如何准备。信息填写完整之后单击产品发布页面底部的"提交"按钮（见图 2-64），产品就进入速卖通审核程序，审核通过以后产品就被展示在前台，可以供客户浏览和下单。如果审核不通过，那么产品可以在产品管理界面的"审核不通过"栏下面找到，并告知不通过的原因。

图 2-64　产品信息提交界面

产品在发布的时候如果重要信息不全,需要时间准备,我们可以单击"保存"按钮,保存已经填写的信息,当空缺的内容准备完毕以后,到产品管理的草稿箱找到之前保存的信息,继续编辑和发布即可。注意,草稿箱中产品描述的图片只可保留 15 天,逾期删除,须尽快提交审核。

产品发布成功以后任何内容都可以进行修改完善,所以在产品重要信息准备完全之后可以先发布,后续不断完善。修改产品信息的时候,如果产品处于折扣当中或者被折扣锁定,就只能编辑产品属性、标题、图片、视频、详情页和有效期,其他信息不可编辑。如果产品没有被折扣锁定,所有信息皆可编辑。

2.3 速卖通运营经验技巧

2.3.1 速卖通店铺装修

1. 店铺装修的意义

速卖通平台强调店铺的概念,同线下商店一样有装修、热卖推荐、上新频道等。通过对店铺进行装修,可以吸引特定人群并提升其购买黏性,强化复购能力,所以装修是店铺运营非常重要的一个环节。

平台鼓励风格化店铺的运营,即有清晰市场画像(受众人群)的店铺。比如出售角色扮演服装的店铺,虽然比起出售大众服装的店铺,其受众群体要局限很多,但是如果能服务好角色扮演爱好者,并且根据其喜好定期推陈出新,其复购率要比大众服装店高出很多。因此店铺装修的着力点不只是"装修"二字,更深层次的是传达店铺的经营理念,同时通过合理布局让各类产品的展示更加科学,提升店铺的总体转化率。

2. 店铺装修功能介绍

店铺装修路径:店铺→商铺管理→店铺装修及管理。

如图 2-65 所示,单击"进入装修"按钮进入店铺装修。如果是官方店,该处还提供"品牌故事页装修"按钮。

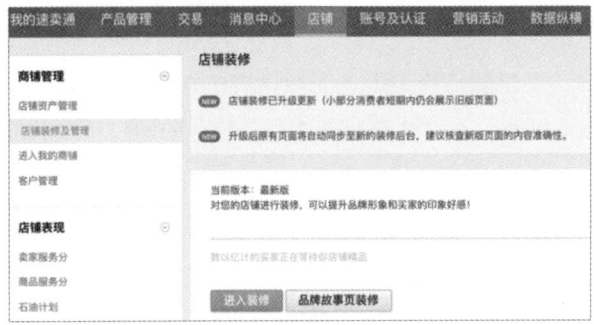

图 2-65　店铺装修入口

如图 2-66 所示，进入装修页面以后，手机端的店铺装修和电脑端的装修是分开编辑的。同时速卖通提供各种类目的模板作为参考，创建装修页面的时候可以直接套用。

图 2-66　装修模板选择

我们选择一个模板套用，命名成"HSD OFFICAL"。如图 2-67 所示，在装修模板操作界面可以找到该模板，从而进行装修、预览、重命名等操作。

找到"HSD OFFICAL"，单击右侧的"装修页面"按钮，进入图 2-68 所示的界面。具体模板的装修页面提供了非常多的功能操作。

- 支持多语言文案，可以最大化解决本地化市场的语言障碍问题。
- 支持插入文本。

- 支持嵌入广告轮播图,为营销提供便利。
- 支持单列图文和双列图文和热区图文。
- 支持多个产品列表,方便产品的橱窗展示。

图 2-67　装修模板操作界面

图 2-68　装修模块操作界面

添加一个模块就可以进入具体模块的编辑窗口,热区模块界面如图 2-69 所示。添加了一个热区图文,那么相应地可以上传热区图文的主图,还可以编辑热区。编辑完成之后,界面右上方可进行预览、保存和发布的操作。

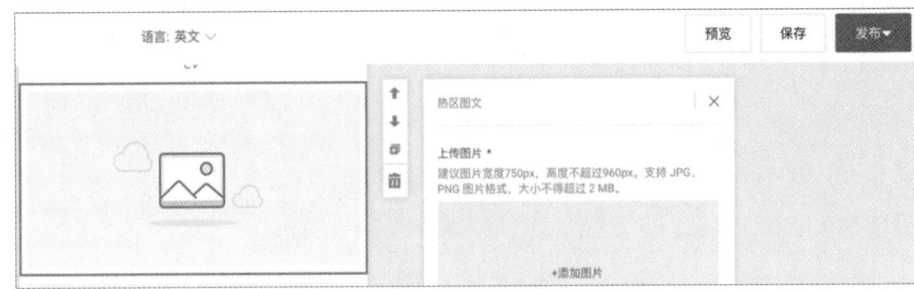

图 2-69　热区模块界面

店铺装修同发布产品一样，可以随时进行编辑修改。店铺需要有一个统一的店铺装修风格，在进行店铺营销活动和平台营销活动的时候，店铺装修发挥了非常重要的作用。

2.3.2　店铺营销活动

店铺营销活动以店铺为主体，卖家可以自主策划活动主题和设计营销细节。

1. 营销活动前的准备工作

在策划店铺营销活动和平台营销活动之前，建议卖家先做好活动前的两项重要准备工作。

第一，制造折扣空间。

这项工作在产品发布的时候就可以着手操作。产品发布以后如果不做营销活动、不打折，那么在定价的时候我们根据定价规则计算出的价格就可以直接使用。如果需要做营销活动，那么在活动前就需要将营销折扣成本加入定价。

例如，某产品根据定价规则得出售价是 9 美元，在制造营销折扣之前，如果需要打折，那么之前的利润率就会大大降低，折扣大的话甚至会造成严重亏损。如果我们预先规划该产品，平时都保持 10% 的折扣在线，那么在发布产品的时候就可以用售价 9 美元除以 90%，得出 10 美元的折扣前售价。产品发布以后将其加上 10% 的折扣，使其最终售价仍然是 9 美元，效果如图 2-70 所示。

图 2-70　折扣显示示例

建议每个产品发布前都预留出 5% 以上的折扣空间，方便营销活动的开展。

第二，创建营销分组。

根据路径：营销活动→营销分组，进入营销分组的编辑界面，创建和编辑分组。创建分组的时候建议以折扣力度命名。营销分组创建完成之后，务必将相关折扣的产品纳入其分组。如图 2-71 所示，单击"组内产品管理"按钮，就可以将产品添加到当前折扣分组。在设置全店铺打折的时候将该分组的产品打上对应折扣，前台就会在设定时间上线。这是营销分组的常见运用场景，实际运用当中也可以根据需要创建更多功能营销分组。注意，营销分组买家不可见，所以命名以方便自身识别和使用为主。

图 2-71　营销分组示例

2. 营销活动工具介绍

做好营销活动前的准备工作以后，我们来介绍速卖通平台的主要营销工具和应用场景。

通过速卖通后台路径：营销活动→店铺活动，可以定位到店铺的营销工具使用界面。如图 2-72 所示，速卖通目前提供六个营销工具，使用频率最高的是前四个，即"限时限量折扣""全店铺打折""满件折/满立减""店铺优惠券"，俗称四大营销工具。

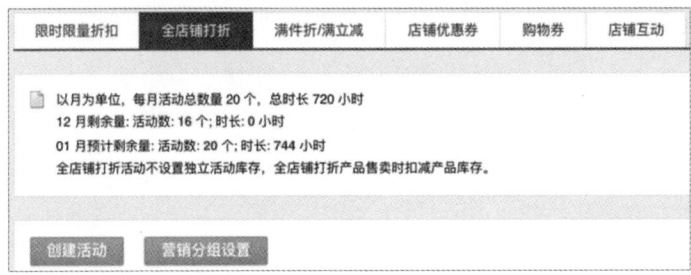

图 2-72　全店铺打折功能界面

1）全店铺打折

全店铺打折是速卖通最常用的工具，其作用就是给产品加上折扣，使其保持折扣在线，制造基本的营销氛围。

单击"全店铺打折"工具下的"创建活动"按钮，进入活动细节设置界面，如图 2-73 所示。活动名称建议用活动开始到结束的日期命名，如 2019 年 1 月 1 日开始到 7 日结束的全店打折活动，就命名成"2019 0107"，方便识别。有两点需要注意，第一，活动时间是美国太平洋时间；第二，需要提前 24 小时设置。

图 2-73　全店铺打折活动细节设置界面

然后填写折扣力度。如图 2-74 所示，在全站折扣率一栏填写相应折扣即可。注意后面还有一个"无线折扣率"，指的是手机端购买的折扣，可以不设置。如果需要设置，折扣力度应该比全站折扣大至少 1%，即全站折扣率是 10%，无线折扣率至少要 11%，其目的是提升手机端的成交额。折扣分组最下面有个"Other"，没有加入折扣分组的产品都会在这个营销分组里。如果这些产品没有预留出折扣空间，可以留空，不加折扣。

图 2-74　全店铺打折折扣选择

填写完成之后单击"提交"按钮,该活动就创建完成了。

关于全店铺打折的设置建议:①有折扣空间的产品请保持 24 小时折扣在线,即预留了 10%折扣空间的产品,其前端折扣要保持在线,以免影响转化率。②折扣的天数不宜太多,建议 3～7 天为一个周期。以 7 天为周期举例。设置 1 月的全店铺打折活动,活动日期为 1～7 号、8～14 号、15～21 号、22～28 号、29～31 号,也就是 1 月一共设置 5 个全店铺打折活动,这样保证了折扣的连续性。

2)限时限量折扣

限时限量折扣和全店铺打折的共同点是都能给产品添加折扣。不同之处在于,限时限量折扣的优先级比全店铺打折高。如果一个产品同时有这两类折扣在线,那么会优先显示限时限量折扣,哪怕该折扣力度没有全店铺打折的大。另外,限时限量折扣开始以后,将该产品加入购物车和收藏夹的买家会收到平台的通知,所以限时限量折扣营销的作用稍大。

我们定位到限时限量折扣的添加界面,单击"创建活动"按钮,进入活动细节设置界面。如图 2-75 所示,输入活动名称、活动开始时间和活动结束时间,单击"确定"按钮,进入下一步操作。注意这里的活动开始时间可以选择具体时间,也可以选择实时发布。如果选择实时发布,添加完产品之后需要重新进入活动界面,单击"发布"按钮才能生效。

时间设置完毕之后,我们就可以添加产品了,单击"添加产品"按钮,会弹出添加产品的对话框,通过筛选功能选择要打折的产品,单击"确定"按钮,就跳转到选中产品的折扣细节设置界面,如图 2-76 所示,每个产品可以设置不同的折扣和活动库存。如果折扣力度一样,还可以批量设置折扣。限时限量折扣最重要的营销功能是提供定向人群的附加折扣，目前可对"店铺粉丝"和"新买家"提供额外折扣，以吸引买家收藏店铺和提升产品转化率。

图 2-75　限时限量折扣创建

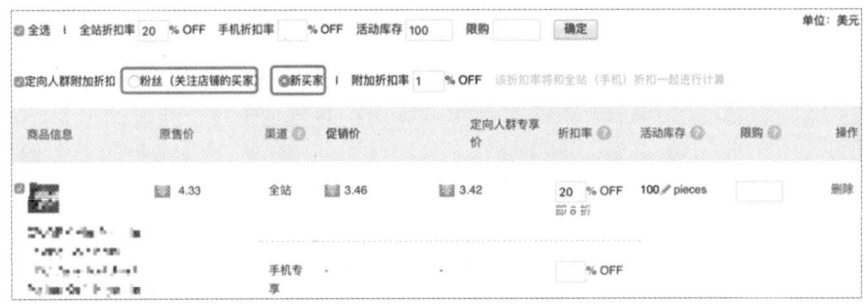

图 2-76　折扣细节设置界面

关于限时限量折扣的设置建议：①产品折扣不需要和全店铺打折一样保持 24 小时在线，建议将每个产品每次限时限量折扣的时间控制在 3 天左右，每个月控制在 3 次左右。②限时限量折扣的折扣力度可以和全店铺打折一致，也可以多 1%～5%的折扣。

3）满件折/满立减

店铺目前提供"满件折"和"满立减"两个满减工具，核心都是通过设置优惠，提升转化率，增加买家的购买总金额或者购买件数。

通过路径：营销活动→店铺活动→满件折/满立减→创建活动，我们可以进入满减活动的创建界面。如图 2-77 所示，可以选择特定产品或者全店铺产品参与活动，满减条件提供多梯度满减和单层级满减两个选择。根据活动情况填写相关数据，单击"提交"按钮，活动就创建完成了。

"满减"的优惠买家不需要单独领取，下单金额达到"满"的金额即可自动生成"减"的优惠。如图 2-78 所示，"Store Promotion"一栏显示的就是满减的优惠信息，买家浏览该产品时就可以读取到满 39 美元减 2 美元的"满立减"优惠信息，以及买 5 件优惠 1%的"满件折"优惠信息。

关于满件折/满立减的设置建议：①满件折/满立减可以选择全店参与，也可以选中特定产品参与。建议每月的常规活动设置全店参与，优惠力度可以小一些，当需要打造新品、潜力爆款产品的时候，可以针对特定产品做满减活动，将折扣力度拉大。②全店铺满立减的设置，"满"的门槛建议比客单价高，"减"的折扣力度请衡量利润决定。比如客单价是 30 美元，可以考虑设置满 39 美元减 2 美元的优惠。

图 2-77　满减活动创建

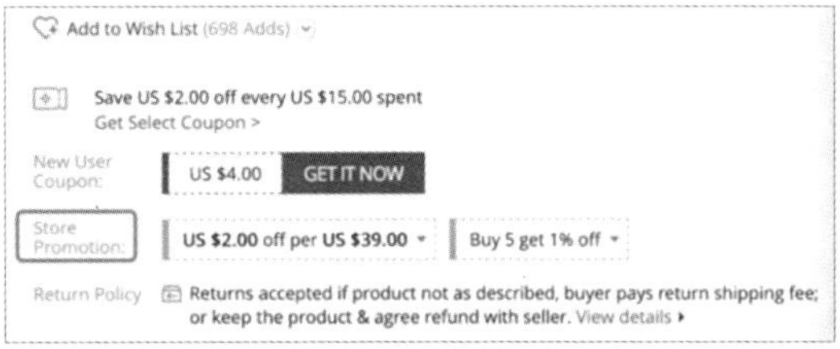

图 2-78　满减折扣显示示例

4）店铺优惠券

店铺优惠券包含"领取型优惠券""定向发放型优惠券""金币兑换优惠券""秒抢优惠券""聚人气优惠券"。买家达到优惠券的优惠条件后可享受相应优惠，这与满立减的优惠原理很像。它们最大的不同在于，优惠券需要买家主动领取，或者卖家发放之后才能使用，所以营销属性更为强烈。

最常用的店铺优惠券是"领取型优惠券"。

通过路径：营销活动→店铺活动→优惠券→领取型优惠券活动→添加优惠券，进入优惠券添加界面。添加该优惠券时可以根据买家会员等级设置领取门槛，还可以选择全店产品参与或者部分产品参与。速卖通平台特别开辟了一个推广频道放置卖家已经生效的"领取型优惠券"，如图2-79所示，卖家在添加领取型优惠券时可以选择"免费加入优惠券推广计划"选项，帮助获取免费流量。

图2-79 优惠券推广计划

关于领取型优惠券的设置建议：①店铺可以同时存在多张优惠券，所以常规活动中建议设置不同力度的优惠券以吸引不同人群，比如满50美元减2美元、满70美元减3美元、满90美元减4美元。②优惠券的力度可以参考客单价和利润来设置。

5）购物券

购物券主要为平台营销活动服务。其原理是卖家设置参与金额，平台发放购物券给买家，买家领取后可跨同门槛的店铺凑单使用。购物券弥补了满减折扣和优惠券折扣的不足，让买家可以跨店使用。

买家只能通过报名获得购物券。通过路径：营销活动→店铺活动→优惠券→购物券，可以查看近期可以报名的优惠券。

6）店铺互动

卖家可设置"翻牌子""打泡泡""收藏有礼"三种活动及活动奖品吸引买家参与互动，增强店铺活跃度。活动设置完成后可以选中"将其放入粉丝趴帖子"以快速吸引流量到店。

3. 店铺营销活动策划

每个营销工具都有其特别的营销属性和作用，卖家在做店铺营销活动的时候可以组合使用，以实现"曝光→点击→购买→复购"这一系列目的。

在实际的店铺营销活动策划当中，营销工具只是"工具"，重要的还是通过"活动"达到"营销"的目的。所以策划店铺营销活动时需要清楚每个活动的"活动目的"和"营销主题"。

1）活动目的

以新店铺为例，可能需要第一批买家订单，以转化成对产品的评价和对店铺的评价，积累店铺信誉。此时的活动目的便是增加订单量而不是增加销售额。订单量对应的是转化率，而挑选客单价较低的产品容易实现转化率的突破，活动的选品思路比较明确。

2）营销主题

尽可能让活动"师出有名"。比如以产品为主题的"上新"和"清仓"，以店铺为主题的"周年庆"，以节日为主题的"圣诞节促销"和"情人节礼物"。甚至为了做活动我们还可以制造营销主题，比如产品换新包装，销量突破多少万件回馈客户等。

2.3.3 平台营销活动

平台营销活动是以速卖通平台为主体推出的日常活动或者大促活动。卖家的主要参与形式是打造符合报名条件的产品或者店铺，然后在平台活动入口报名。审核通过后可享受平台的优质推广资源，快速获取流量。图 2-80 所示是平台营销活动报名流程。

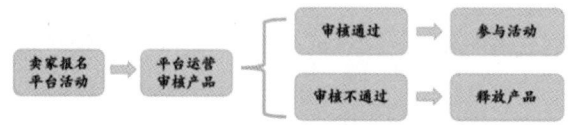

图 2-80　平台营销活动报名流程

通过路径：营销活动→平台活动，我们就可以看到各种平台活动的报名入口。

平台活动根据功能定位大致可以分为日常平台活动和平台大促活动。

1. 日常平台活动

日常平台活动主要以协助卖家打造"单品"为目的，从新品发布到热卖，都有对应的活动类型供卖家选择。

比较常见的日常平台活动有"Flash Deals""试用""团购"，每个活动都有其特定的报名门槛。报名"Flash Deals"活动，对商品评分、发货期、图片和店铺评分等有要求，如图 2-81 所示。为了提升报名成功率，我们还要将各项条件尽可能做到最优。而每个平台活动也会有其决定性的条件，比如某个产品在俄罗斯的销量很高，其报名"俄罗斯团购"的入选率就会大大提升。

图 2-81　新版 Flash Deals 界面

2. 平台大促活动

平台大促活动是平台最大的节庆促销活动,为提升店铺销售额制造了机会。以"双11"为例,活动开放报名以后,卖家需要关注两个报名入口。

第一,通过店铺活动的营销工具报名,路径为营销活动→店铺活动。此时"限时限量折扣"和"全店铺打折"都提供"双11"的报名按钮,相应的大促"购物券"也会开放报名按钮,卖家需要留意。

第二,通过平台活动报名"双11"主题的单品活动,路径为营销活动→平台活动。卖家可选取优质单品角逐大促顶级的推广资源。

常见的平台大促活动有以下几种。

1)"3.28"周年庆

每年的3月28日是速卖通平台的周年庆大促,也是新年的第一个大促,极为重要。

2)8月品牌购物周

每年8月底的品牌购物周是速卖通推广品牌卖家的重要时刻,有优质品牌的卖家不可错过。

3)"双11"全球购物狂欢节

"双11"全球购物狂欢节是阿里巴巴集团打造的重磅节日,旗下所有电商平台都将"双11"视为一年中最重大的节日促销,折扣力度和平台资源投入也是一年之最。通常店铺"双11"期间的销售额是平时的20倍以上,表现优异的卖家更是远远超过这个数字。所以任何速卖通卖家都不可错过。

速卖通在不断进步与发展,相信将来会推出更多的优质平台活动,携手卖家共同进步。我们拭目以待。

2.3.4 速卖通多渠道引流

速卖通除自主店铺营销活动引流和平台营销活动引流以外,还可以运用直通车、联盟营销和社交媒体引流,结合各个渠道的资源加速店铺成长。

1. 直通车引流

1）直通车介绍

直通车的引流方式为，速卖通卖家通过自主设置多维度关键词和竞价，获取大量曝光，吸引潜在买家点击。直通车按照点击量来收取推广费用，是一种快速提升店铺流量的营销工具。

当我们在速卖通买家首页检索关键词时，在出来的产品结果页面中，当鼠标移动到某个特定产品位置上，产品显示图 2-82 所示的"AD"标识时，该排名位置就是通过直通车推广而得到的。理论上来说我们可以通过直通车将一个产品推到第一页，这就是使用直通车最大的好处。

图 2-82　直通车广告标识

2）建立直通车推广计划

通过路径：营销活动→速卖通直通车→直通车概况，我们可以进入直通车的推广管理界面，如图 2-83 所示，卖家可以给账号充值、新建和优化推广计划、查看数据报告等。

图 2-83　直通车推广管理界面

第一，选择推广计划。

单击"我要推广"按钮,会出现图 2-84 所示的界面。在这里我们可以选择"重点推广计划"或者"快捷推广计划",然后为推广计划命名,设定每日消耗上限。填写完毕以后,单击"开始创建"按钮,进入推广产品选取步骤。

第二,选择推广产品。

如图 2-85 所示,可以从"全部商品""热销商品""热搜商品""潜力推荐"四个维度筛选想要推广的产品,而右侧的各项产品指数还能间接反映产品的推广价值,帮助做出最后决策。选定产品以后单击"下一步"按钮。

图 2-84　推广计划选择

图 2-85　商品选择维度

第三,选择推广关键词。

如图 2-86 所示，系统会为所选择的推广产品匹配合适的关键词，卖家可以将关键词批量添加到推广列表。左下方可以选择出价方式。注意，直通车 PC 端和手机 App 端是独立竞价的。设置完成之后单击"下一步"按钮，该推广计划就创建完成，平台会根据该计划的预算和关键词出价进行推广。

图 2-86　关键词选取

推广计划创建之后，请持续跟踪和优化推广效果，留意账户余额，以免金额不足造成推广停滞。

2. 联盟营销推广

1）联盟营销介绍

联盟营销是速卖通平台为卖家搭建的站外引流营销产品。不同于直通车的按照点击量收费，联盟营销是按照成交额收费的，即有成交才收取佣金。佣金自动从订单金额中扣除，具体需按照支付金额和佣金比例收取。联盟营销数据展示如图 2-87 所示。

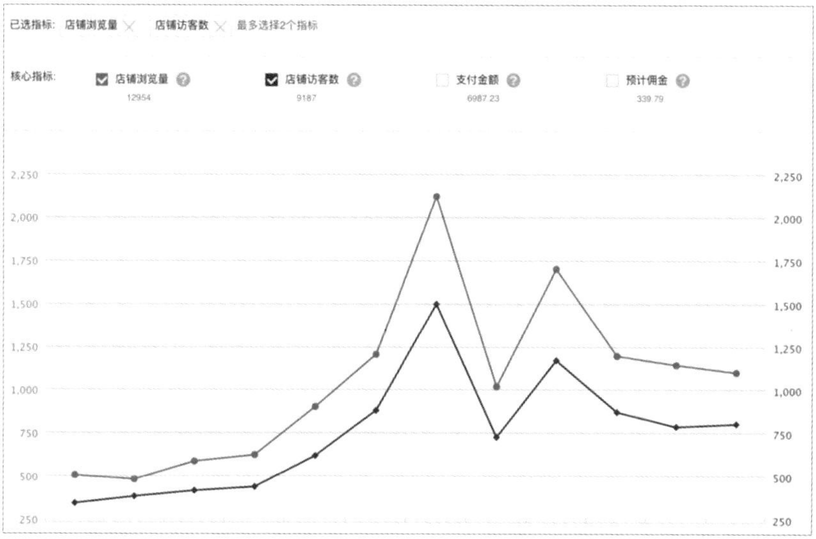

图 2-87 联盟营销数据展示

卖家报名参加联盟营销计划以后，联盟会将卖家的产品投放到各类导购网站和社交平台等站外渠道进行推广。所以建议新店铺都加入联盟营销的推广计划。

2）加入联盟营销

通过路径：营销活动→联盟营销→联盟看板，我们可以加入联盟营销推广计划。

如图 2-88 所示，在加入联盟之时，我们可以选择所能承受的联盟佣金比例，设置完成之后，联盟订单就按照该佣金比例收取佣金。

联盟还提供设置"主推产品"和"主推爆品"的功能，可单独设置主推产品佣金，提高联盟推广产品的积极性。

注意：加入联盟营销推广计划就意味着店铺所有产品都加入了联盟推广体系。若买家点击过联盟推广链接并成功下单，卖家需对该笔订单支付佣金。

图 2-88 联盟营销佣金设置

3. 社交媒体引流

除了联盟营销的站外推广，卖家还可以自主尝试社交媒体等站外引流方式。

1）常见社交媒体介绍

首先，以 Facebook、VK 为代表的社交网络服务网站。Facebook 是总部位于美国的社交网站，其用户遍布全球。VK 是总部位于俄罗斯的社交网站，由于俄罗斯是速卖通的重点国家市场，所以 VK 作为俄罗斯社交媒体巨头，可以和速卖通平台形成非常好的互动。

其次，以 YouTube 为代表的视频分享网站。YouTube 是谷歌旗下的视频网站，注册用户以拍摄和分享视频为乐趣。发展至今，该网站已经有非常多的用户开始帮速卖通等电商平台拍摄产品评测视频，所以视频网站也是非常好的引流渠道。

再次，以 Instagram、Pinterest 为代表的图片分享网站。Instagram 主要以移动端为载体，用户可以随时随地拍下图片并分享到网站上。Pinterest 则独具一格地采取了瀑布流的图片展示形式。这类网站的特点是以图片为主，而电商平台的产品传达也是重在图片，所以彼此存在非常好的契合度。

最后，以 iTao 为代表的购物体验分享网站。iTao 是以俄罗斯用户为主的俄文网站，用户可以直接用速卖通买家账号登录，分享自己在速卖通上的购物经验。如图 2-89 所示，iTao 提供手机端和电脑端的双向操作。

图 2-89　iTao 网站展示

2）社交媒体网站引流策略

经营社交媒体账号。通过注册成为会员，定期发表有质量的推文吸引用户点击和观看，促使其成为账号粉丝，同时吸引买家反向关注社交媒体账号。当店铺有营销活动时，同步在社交媒体上进行发布，形成客户互动效应，最终达到不断从社交网站引流的目的。

博主发布广告。寻找和产品有相关性的博主，给予其一定报酬让其帮忙发布营销帖子，从而吸引其粉丝访问速卖通店铺。

直接投放广告。直接在社交网站的广告平台投放广告。图 2-90 所示是 Facebook 的广告管理工具，该工具允许用户根据市场画像定位来筛选潜在客户，提升广告转化率。

图 2-90　Facebook 广告管理工具

2.3.5 店铺运营维护

关于店铺日常运营维护,卖家需要重点关注数据分析、客户服务和店铺安全。

1. 数据分析

目前速卖通平台的数据分析工具包含生意参谋和数据纵横,数据纵横的内容会逐步融合到数据参谋体系,最终统一升级成数据参谋。单击后台导航栏的"数据分析"按钮,即可选择进入"生意参谋"和"数据纵横"。

1)生意参谋

生意参谋提供"实时概况""整体看板""流量看板""转化看板""客单看板"五个维度的数据展示,方便卖家了解自己在行业的各项数据竞争水平。图 2-91 所示是生意参谋流量看板,其核心数据是"跳失率""人均浏览量""平均停留时长",而"平均停留时长"直接关系到产品转化率,停留时间越长代表访客对产品越感兴趣。和停留时长有直接关系的就是产品的详情页,所以我们可以通过这项数据来判断最近的产品详情页优化是否有效。

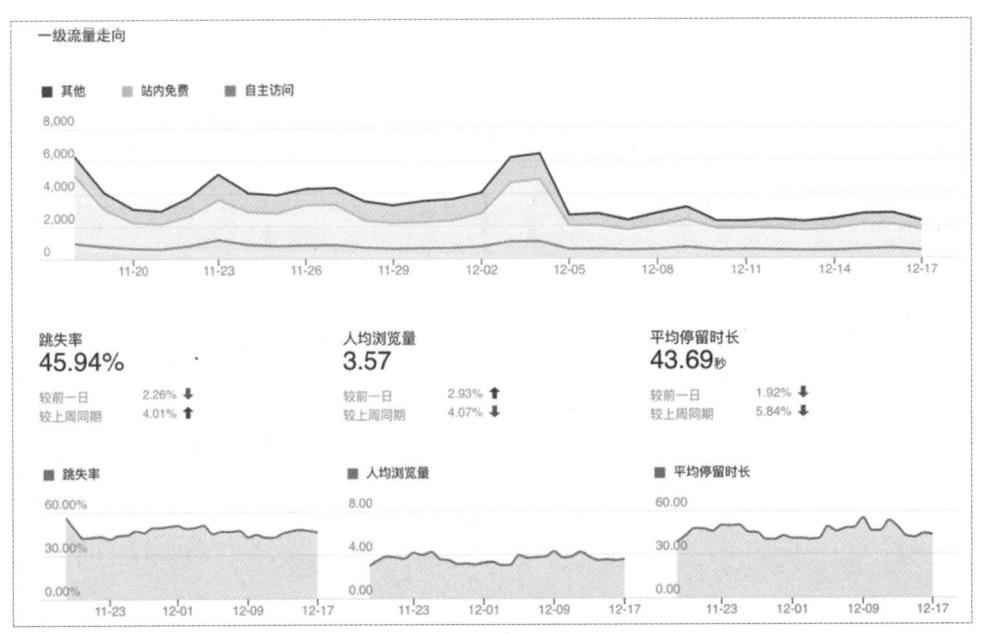

图 2-91 生意参谋流量看板

2）数据纵横

数据纵横提供"商品分析""商机发现""市场行情"三个模块。

商品分析模块最实用的地方是能够查看曝光关键词和浏览关键词的相关数据，从而帮助卖家更好地运用这些流量词。如图2-92所示，是某个产品在商品分析模块下的详尽数据。

图2-92　商品数据分析展示

商机发现模块提供非常强大的搜索词分析功能，这些搜索词是速卖通平台根据用户搜索习惯汇总出来的结果。如图2-93所示，平台提供店铺所经营大类下的所有热搜词、飙升词和零少词的检索功能。搜索词分析是我们关注行业流行趋势，提供新品开发思路的一个好渠道。同时，检索出来的关键词也可以根据相关性匹配到店铺已有的产品中使用，一举两得。该界面右侧有下载按钮，我们可以下载后根据搜索指数、点击率等数据筛选排序。

市场行情模块提供国家市场的细分数据，其中最有价值的是市场画像分析，通过它我们可以查看该行业具体国家的平台表现，甚至能具体到城市分布和年龄分布，以及性别比例。如图2-94所示，是俄罗斯某段时间的市场行情分析。

数据分析是一个多维度、全方位的数据展示窗口，卖家可以客观地利用数据来优化店铺经营。

图 2-93 搜索词分析

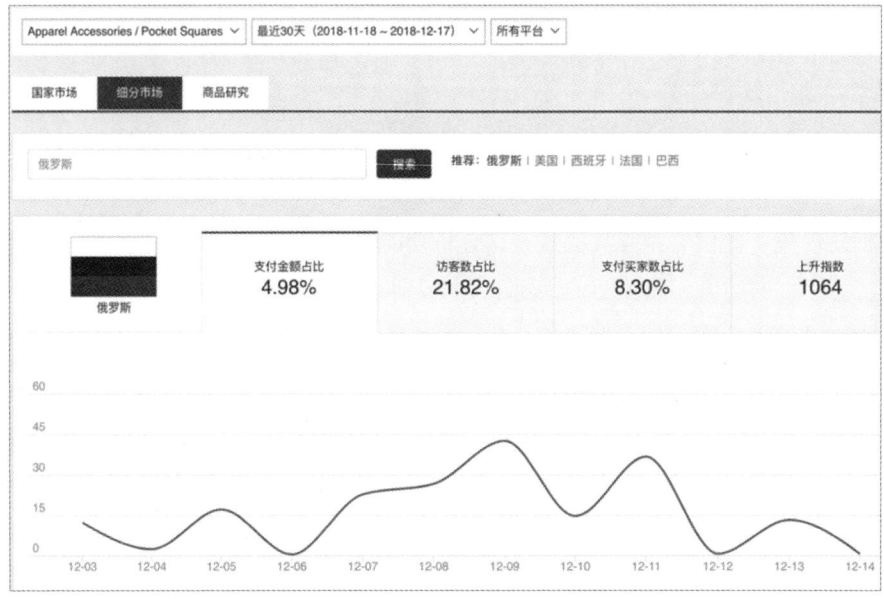

图 2-94 俄罗斯某段时间的市场行情分析

2. 客户服务

速卖通的客户服务主要包含订单处理、站内信回复、纠纷和中差评处理。

1）订单处理

速卖通的订单需要在规定时间内发货，否则会被计入成交不卖。如图 2-95 所示，每个订单都有发货期限，卖家务必在该期限内发货并且填写发货通知。

平台也鼓励售中和售后的主动关怀。如在收到款项后留言告知买家会在多少天之内发货，发货以后告知买家大致多少天可以收到，包裹妥投以后留言询问满意度，如果满意邀请其留下好评。

图 2-95 订单发货期示例

2）站内信回复

速卖通鼓励及时回复买家留言，提升买家体验。我们建议卖家在收到买家留言的 24 小时之内答复，尽量不要超过 48 小时，措辞要有礼貌。

3）纠纷和中差评处理

经营速卖通店铺不可避免会遇到纠纷和中差评。

通过路径：交易→退款&纠纷，我们可以定位到纠纷处理界面。买家发起纠纷以后，卖家务必在 4 天内提供解决方案，并且接受或者拒绝纠纷，否则系统会根据买家的要求自动退款。

通过路径：交易→交易评价→管理交易评价，可以定位到评价的处理界面。卖家可以批量给"等待我评价的订单"五星好评。在"已生效的评价"界面，可以查看买家给所购买产品留下的详细评论。当收到中差评时建议第一时间进行处理。

如果收到的评价有侮辱、歧视性语言，卖家可以在订单界面进行投诉。卖家收到评论后可以在 30 天内对评论做出回复，为买家提供售后服务。建议卖家对店铺收到的所有中差评进行回复，让所有潜在买家看到卖家的服务态度。

3. 店铺安全

店铺安全是经营速卖通的根本，一旦违规累计至一定分数，就会对店铺造成极大的影响，甚至店铺被关闭。卖家务必重视。

通过路径：经营表现→我的处罚，可以定位到店铺违规处罚统计界面，如图2-96所示。注意，总的店铺违规扣分为各项扣分之和。

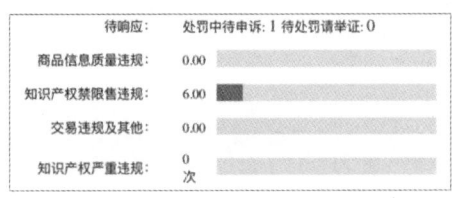

图2-96　店铺违规处罚统计界面

在查看违规处罚统计界面的同时，我们还需要留意各项扣分详细记录。

在店铺违规处罚统计界面下方找到违规明细，如图2-97所示，选择"有效"选项和"全部案件"选项，就能查看所有生效的违规项目。

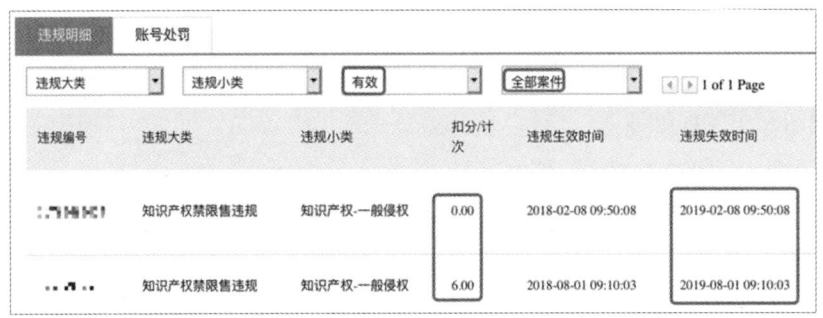

图2-97　违规明细

通过图2-97里的"扣分/计次"和"违规失效时间"，卖家可以评估店铺在未来一定时间内的安全评级，风险较高的时期需要加强管控。

本章习题

1. 在阿里巴巴速卖通平台开设店铺需要一定的资质，以下哪项资质无法在速卖通开设店铺？（   ）

   A．股份有限公司   B．个人   C．个体工商户   D．有限责任公司

2. 速卖通店铺采用违规考核计分机制，扣分达到一定数值时店铺将被冻结若干天。当违规分数满 24 分时，店铺需要被冻结多少天？（   ）

   A．3 天   B．7 天   C．14 天   D．30 天

3. 速卖通提供多种物流分类供卖家发货选择，以下哪种物流类型是没有买家签收妥投记录的？（   ）

   A．快速类物流   B．经济类物流   C．标准类物流   D．简易类物流

4. 以下哪个店铺营销工具可以针对当前店铺新买家提供附加折扣？（   ）

   A．限时限量折扣   B．全店铺打折   C．满立减   D．优惠券

5. 根据全球速卖通禁限售规则，以下哪一类产品可以在速卖通平台销售？（   ）

   A．仿真枪   B．枪支部件   C．枪支弹药   D．玩具枪

第 3 章

跨境电商平台：亚马逊

3.1 亚马逊介绍

亚马逊公司成立于 1995 年,是在第一波互联网浪潮中诞生的、经营电子商务的公司。经过 20 多年的发展,亚马逊已经从最初的网上书店发展成为全球知名的综合型网上购物平台。

从跨境电商卖家的视角来看,亚马逊凭借其平台体量大、规则相对公平、用户消费能力高、整体利润率高等特点,成为几乎所有跨境电商卖家必争的市场。

和其他跨境电商平台不同的是,亚马逊的不同站点需要分别申请和入驻。对于跨境电商卖家来说,能够入驻的亚马逊站点主要包括北美站(美国、加拿大、墨西哥)、欧洲站(英国、德国、法国、意大利、西班牙)、日本站和澳大利亚站,除此之外,印度站和中东站也正在逐步向卖家开放。

不同的跨境电商平台,其运营特点也各有不同。就亚马逊平台来说,其为卖家提供了非常完善的 FBA 仓储物流体系,以及基于平台"重产品,轻店铺"的理念,可使卖家具备"精品化选品,精细化运营"的经营策略。

3.2 平台基本操作

3.2.1 开通店铺

1. 账号类型对比

对于所有跨境电商卖家来说,要想入驻亚马逊平台,准备资料并注册账号是第一步。在注册账号之前,我们有必要对亚马逊账号的不同注册方式进行一个简单的对比。

根据注册方式的不同,亚马逊的卖家账号基本可分为三种:自注册账号、公司全球开店账号和本土账号。

自注册账号是以个人身份或公司身份在亚马逊平台上注册的卖家账号。当前可以通过自注册方式注册的站点包括美国、加拿大、墨西哥和日本。自注册账号的注册流程简单,所需资料也相对较少。在注册过程中,卖家只需要根据系统要求提供个人身份证和个人的双币信用卡信息（卡面带有 VISA 或 MasterCard 标识的信用卡）即可。

公司全球开店账号是亚马逊中国招商团队针对中国卖家群体推出的卖家招募计划下的一种账号类型。卖家需要以中国或者新加坡公司法人的身份申请和注册，在注册过程中，有亚马逊中国招商团队的招商经理对接指导。注册公司全球开店账号所必需的资料包括注册所用公司的营业执照、公司的双币信用卡、公司法人代表的护照（注册亚马逊欧洲站时需要提供）、地址账单和对公银行账号的对账单（注册亚马逊欧洲站时需要提供）等。

本土账号是指以亚马逊不同站点所在地的公司或个人资料来注册的账号，注册时需要提供站点所在地的公司营业执照信息、个人信息、本地的税号，以及支持美元币种的信用卡等。

虽然账号注册的方式不同，但一个账号注册完成后，所有的卖家账号被分为两个级别：个人卖家账号和专业卖家账号。

个人（Individual）卖家账号在实际运营中没有批量操作的功能，不能下载订单数据报表，不能使用站内的各项促销工具，所发布的产品也没有黄金购物车（Buy Box），不能使用亚马逊的 FBA 仓储物流服务。虽然平台不会收取个人卖家的店铺月租，但个人卖家每发布一条产品信息，亚马逊会收取 0.99 美元的产品发布费。

专业（Professional）卖家账号在实际运营中拥有更多的操作权限，包括对店铺的产品和订单进行批量操作，批量下载订单数据报表、收付款明细报表、店铺流量数据报表等各种报表。同时，对于专业卖家账号，平台还提供了站内广告、促销、秒杀、优惠券、图文描述页等有利于营销的工具。另外，专业卖家店铺可以凭借产品的表现，获得系统分配的黄金购物车（Buy Box），这样更有利于消费者下单购买。

虽然级别不同，但个人卖家和专业卖家是可以自行切换的。卖家可以根据自己的实际需要，在卖家中心后台自行切换，个人卖家可以升级为专业卖家，专业卖家也可以随时降级为个人卖家。一个账号从个人卖家升级为专业卖家后，平台每月将会扣取 39.99 美元的店铺月租，而店铺也同时具备了专业卖家所对应的权限；而当一个专业卖家账号降级为个人卖家账号后，系统将不再扣取店铺月租，相应的权限也会被取消。

从实际运营经验来看，专业卖家降级为个人卖家操作简单，可以根据需要随时调整，即时调整、即时生效；而如果想从个人卖家升级为专业卖家，系统会要求卖家重新提交相关资料，进行再次审核。如果资料不完整导致账号审核没有通过，其销售权限则会被移除，所以，除非确实不打算再运营，否则不建议卖家随意降低自己的店铺级别。

2. 亚马逊账号注册流程

1) 自注册账号的注册流程

对于打算以个人身份注册账号的卖家，可以直接打开亚马逊网站，在页面的底部单击"Sell on Amazon"（在亚马逊上销售）按钮，如图 3-1 所示。

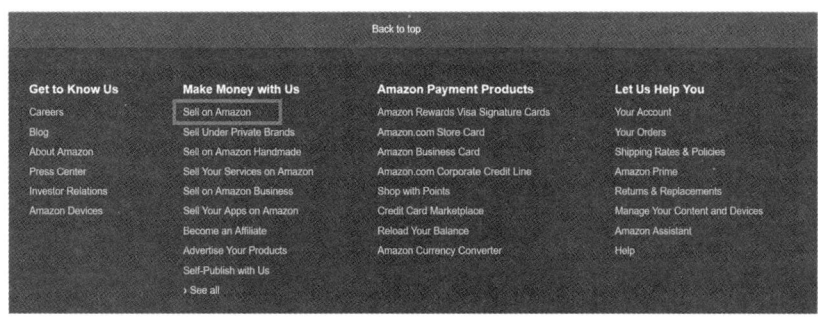

图 3-1　亚马逊网站首页底部按钮

进入下一个页面，然后单击"Start selling"（开始销售）按钮，如图 3-2 所示。

图 3-2　开始销售按钮

在账号注册的过程中，卖家需要自行记录邮箱地址、电话、密码、地址等信息，以免信息遗漏而造成不必要的麻烦。

另外，由于亚马逊平台禁止同一个卖家拥有多个账号，在系统的核查中，单一主体（个人或公司）只能注册一个亚马逊账号，单一电脑和网络 IP 也只能注册一个亚马逊账号。卖家在注册过程中一定要确保使用独立的注册资料、单一电脑和网络 IP，以免被系统识别到多个账号关联而导致注册失败。

2）公司全球开店账号的注册流程

正如前文所说，公司全球开店账号是亚马逊中国招商团队针对中国卖家群体推出的卖家招募计划下的一种账号类型，对于拥有国内公司的卖家，可以直接联系亚马逊中国招商团队的招商经理，扫描招商经理提供的预注册二维码，进行卖家基本资料登记。招商经理会在初步核实之后，向符合条件的卖家发放注册链接。在收到注册链接后，卖家按照注册链接中的要求填写相应的资料即可。

公司全球开店账号和自注册账号一样，防止关联是必要的，卖家无论是在注册过程中，还是在运营过程中，都要确保采用单一电脑和网络 IP 来操作不同的账号。

3. 欧洲站运营注意事项

在亚马逊的各个站点里，美国站凭借最大的市场体量和最低的进入门槛，吸引了大量的卖家入驻；相应地，其体量最大，竞争也最为激烈。相对美国站来说，亚马逊欧洲站的吸引力主要来自市场体量较大而卖家数量较少，运营欧洲站最大的挑战来自政策层面。

和亚马逊北美站及日本站不同，对于想要入驻欧洲站的卖家来说，必须解决的两项工作就是账号注册过程中的 KYC 审核及运营过程中所必须面对的 VAT 税务问题。

1）KYC 审核

KYC 是 Know Your Customer（了解你的客户）的缩写。亚马逊按照欧盟《反洗钱法》中的相关要求，对在英国、德国、法国、意大利和西班牙等欧洲站开店的卖家需要进行身份核实验证，这个验证程序被称为 KYC 审核。

简单来说，KYC 审核就是对亚马逊账号持有人的身份进行确认和备案的过程，计划在欧洲站点销售的卖家，只有经过亚马逊审核团队的确认，才能够进行合规的销售。

KYC 审核要求卖家提供的资料如下所述。

- Business Registration Extract，即工商注册信息，一般指公司营业执照（拍照或扫描件）。
- Primary Contact Person/Beneficial Owner，即首要联系人/受益人的证件，一般指公司法人代表及股份大于 25% 的股东的护照（拍照或扫描件）。如果这些人员没有办理护照，可以提供身份证和户口本。
- A Copy of Household Expenses from the Following List，即首要联系人/受益人的日常费用账单。卖家需要提供以下账单中的任意一项：水费、电费、燃气费用账单，固定电话、手机话费、网络费用账单，个人信用卡账单，税务、保险及社保账单等。账单需要由正规公共事业单位开具，开具日期需要在 90 天以内，地址需要和注册账号时填写的首要联系人或受益人的居住地址一致。

- A Copy of Business Expenses from the Following List，即公司费用账单。卖家需要提供以下账单中的任意一项：水费、电费、燃气费用账单，固定电话、手机话费、网络费用账单，个人信用卡账单，税务、保险及社保账单等。账单需要由正规公共事业单位开具，开具日期需要在 90 天以内，公司名称和地址需要和注册账号时填写的信息一致。
- Proof of Bank Account Ownership（对公银行账户对账单），公司对公账户账单，包括公司在国内银行的对公账号账单，以及第三方收款机构，比如 World First、PingPong 等提供的账单。

KYC 审核是身份真实性审核，卖家在提供相应资料的过程中切勿作假，一旦被识别出资料作假，KYC 审核将失败，且没有申诉机会。

2）VAT 税务

VAT 是 Value Added Tax 的简写，是欧盟国家普遍征收的售后增值税，即货物售价的利润税。根据各国的现行税率，不同类目的产品收取的 VAT 税额也各不相同，但绝大多数产品的税率都维持在 20%左右。按照欧盟的法律，销售主体在欧盟各国进行销售前，需要注册当地的 VAT 税号，申请到税号后，商家需要在规定的时间内，根据实际的销售金额进行税务申报。以英国为例，英国税法规定，VAT 税需要商家按季度申报，每个 VAT 税号主体需要每个季度向英国税务部门（HMRC）申报当季的进口和销售金额，结算本季度该 VAT 税号下产生的所有进口税（Import VAT）和销售税（Sales VAT）。季度申报 VAT 金额=销售税-进口税，如果销售税大于进口税，则需要缴纳额外的销售税，反之，则退返超出的进口税。境外人士或境外公司申请的英国 VAT 税号并不会产生当地公司税，只需申报和缴纳增值税即可。当然，如果 VAT 税号主体在英国当地产生了费用，可以提供相关的单据，进行税务抵扣。对跨境电商卖家来说，退税能够对冲当期的销售税。当然，退税的前提是 VAT 税号主体在清关时正确使用了自己的 VAT 税号进行税务申报和清关。对于符合退税条件的税号主体，英国政府提供的退税形式有两种：①支票；②退回到原 VAT 税号账号里，当作余额留在下期进行税务抵扣。卖家该如何缴纳 VAT 增值税呢？根据英国税务部门的规定，

VAT税号主体可以通过两种途径申请退税（进口税）和缴税（销售税）：使用英国税务部门的官方在线操作系统自行申报；指定正规会计师代为操作。

由于缴纳VAT税务是每个在欧盟经营的商家的基本义务，从长期稳定和合规运营的角度出发，建议想在亚马逊欧洲站点掘金的卖家从运营初始就申请VAT税号，在卖家中心后台添加自己的税号，并按照相关法律的规定申报和交税，以免被系统"误伤"，造成运营中不必要的麻烦。

3.2.2 店铺设置

了解了账号注册和账号类别的相关内容，接下来介绍亚马逊卖家日常运营中最常用的卖家中心各个模块的相关操作。

输入用户名和密码，进入卖家中心后台，亚马逊卖家中心后台如图3-3所示。

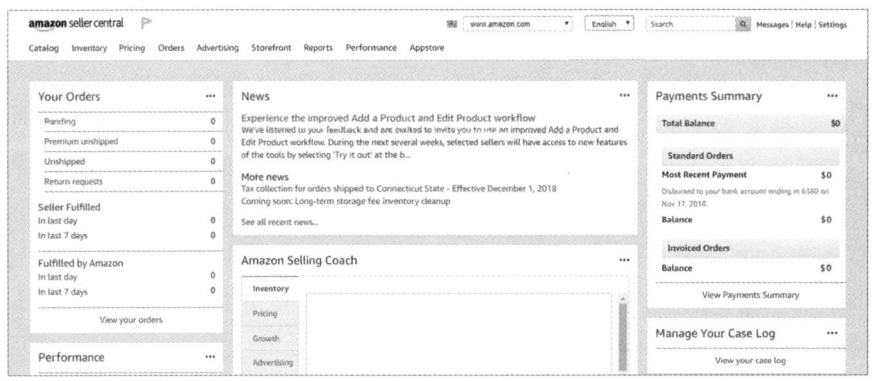

图3-3 亚马逊卖家中心后台

考虑到卖家群体来自不同的国家，亚马逊卖家中心提供了多种语言选择。对于中国卖家，如果英语不熟练，可以选择切换至中文界面进行后台操作，如图3-4所示。

在卖家中心我们可以看到，亚马逊为卖家提供了目录、库存、确定价格、订单、广告、店铺、数据报告、绩效和应用商店菜单，如图3-5所示。

在每个菜单的下拉菜单中，又包含了各自不同的子菜单，接下来我们将对各个菜单模块进行一一讲解。

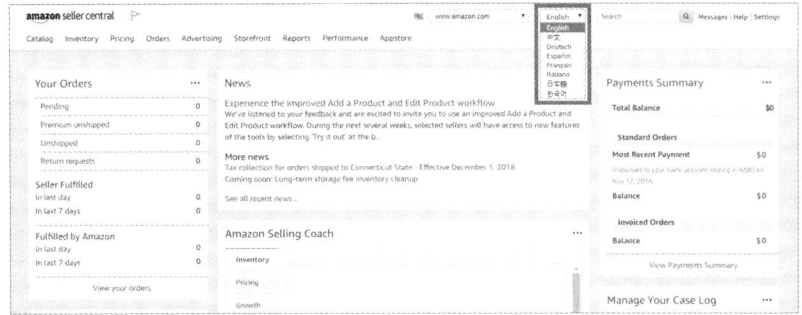

图 3-4 选择语言界面

图 3-5 卖家中心下拉菜单

1. 目录

"目录"菜单包含两项内容:"添加商品"和"补全您的草稿",如图 3-6 所示。选择"添加商品"选项,可进入手动发布商品页面,选择"补全您的草稿"选项,可进入前一次未完成的商品编辑页面。

图 3-6 目录下拉菜单

2. 库存

"库存"菜单包含管理库存、管理亚马逊库存、库存规划、添加新商品、批量上传商品、库存报告、全球销售、管理亚马逊货件等，如图3-7所示。

图3-7 库存下拉菜单

管理库存：卖家可以看到自己发布的所有在售和不可售商品的库存情况。

管理亚马逊库存：卖家可以看到自己转换为亚马逊FBA配送的所有商品的库存情况。

库存规划：主要用于管理亚马逊库存的使用情况，卖家可以看到是否有冗余商品及补货提醒等。

添加新商品：可实现卖家中心后台的单个商品手动发布，等同于"目录"菜单下的"添加商品"。

批量上传商品：通过下载表格的方式，实现快速批量上传商品。

库存报告：可以下载所有在售商品和不可售商品的现有数据。

全球销售：可以查看卖家在亚马逊各个站点的销售情况。

管理亚马逊货件：用于卖家在进行FBA发货中的进度查看和跟进处理，是采用FBA发货的卖家在日常运营中的必备工具。

3. 确定价格

"确定价格"菜单包含查看定价助理、管理定价、解决价格问题、自动定价和佣金折扣，如图3-8所示。

图 3-8　确定价格下拉菜单

查看定价助理：设置后系统可以根据设置内容进行自动调价。

管理定价：可以看到所有在售商品的编辑页面，方便批量调整价格。

解决价格问题：管理所有在售商品的价格，便于对价格设置错误的商品进行批量调价。

自动定价：可以设置调价方式，实现系统自动调价。

佣金折扣：可以看到亚马逊平台针对卖家推出的佣金折扣商品。

上述五项功能在实际运营中并不具有太强的操作性，卖家了解即可。

4．订单

"订单"菜单包含管理订单、订单报告、上传订单相关文件、管理退货、管理 SAFE-T 索赔，如图 3-9 所示。

图 3-9　订单下拉菜单

管理订单：可以查看所有已经支付的和正在配送的订单，当卖家因为各种事由需要联系买家时，可以通过此菜单设置查询条件，快速找到对应的订单。

订单报告：卖家可以利用此菜单设置相应的条件，下载过去最长 90 天内卖家所有自发货的订单。

上传订单相关文件：自发货的卖家可以利用此菜单下载统一格式的表单模板，进行批量的订单处理，具体包括配送确认、盘点、订单取消等。

管理退货：可以下载过去任何时段的退货订单清单，可以设置不同的搜索条件快速找到对应的订单。

管理 SAFE-T 索赔：针对亚马逊的自动退货政策，如果卖家认为亚马逊自动退货不正确，可以通过 SAFE-T 索赔让亚马逊介入处理。这是卖家自我保护的一种方法，可以避免买家的恶意退货。

5. 广告

"广告"菜单包含广告活动管理、图文版品牌描述、早期评论者计划、秒杀、优惠券、管理促销，如图 3-10 所示。

图 3-10　广告下拉菜单

广告活动管理：卖家进行站内运营的重要设置模块，可以设置站内各种形式的广告，包括自动广告、手动广告、头条广告等，同时也提供了广告报表下载功能，以便于卖家在广告投放过程中充分分析自己的广告活动的情况和效果。

图文版品牌描述：仅供已注册商标并做了品牌备案的卖家使用，卖家可以在商品描述中插入图文结合的文案，使商品详情页面更丰富、更有吸引力。

早期评论者计划：对于新发布的商品，若评论数少于 5 个，卖家可以通过此功能，让平台联系已经购买商品的买家对商品做出评价。

秒杀：平台推出的一种限时打折优惠的销售促销活动。亚马逊为秒杀活动开辟了专门的 Deals 页面，同时，在 Prime Day（会员日）、黑色星期五、网络星期一、圣诞节等大型活动日，秒杀促销的效果更是格外明显。

优惠券：卖家可根据运营的需要自行设置。其好处是：在搜索结果页面，亚马逊为设置了优惠券的商品提供了独特的徽章，更吸引消费者的眼球，在一定程度上提高了商品转化率。

管理促销：卖家店铺内部的一种促销设置。卖家可以自行设置促销方式和促销码，定向发给特定的群体。

6．店铺

如图 3-11 所示，"店铺"下拉菜单中只有"管理店铺"一个选项，是亚马逊新近推出的品牌店铺展示功能，主要为品牌商家提供品牌宣传服务。在当前的平台环境中，店铺展示的作用有限。

图 3-11　店铺下拉菜单

7．数据报告

"数据报告"菜单包含付款、亚马逊销售指导、业务报告、库存和销售报告、广告、退货报告、税务文件库等，如图 3-12 所示。

图 3-12　数据报告下拉菜单

付款：显示账号中各个账单周期的结算情况，包括付款时间、金额，以及每个订单的明细等。

亚马逊销售指导：包含发送到亚马逊仓库的商品的库存情况，系统还会根据各个商品的销售情况，给予卖家后期运营中的备货建议。

业务报告：包含店铺的流量数据、销量数据、转化率、销售额、购物车占有率等信息，卖家可以自行设置时间区间查看对应的数据。

库存和销售报告：即发送到 FBA 仓库的商品的销售配送报告，报告中包含库存、销量、付款、卖家优惠、仓储费、物品丢失赔偿费用、移除订单和退货等内容。

广告：和"广告活动管理"选项中的广告报表下载功能相同，是卖家广告投放中必不可少的分析工具之一。

退货报告：关于账号中发生的退货情况的统计报表，卖家可以定期下载、核对，以便于更详尽地了解账号的退货情况。

税务文件库：亚马逊为卖家提供的税务报告，可以生成卖家税务信息并发送到卖家的邮箱中。

8．绩效

"绩效"菜单包含账户状况、反馈、亚马逊商城交易保障索赔、信用卡拒付索赔、业绩通知、卖家大学等，如图 3-13 所示。

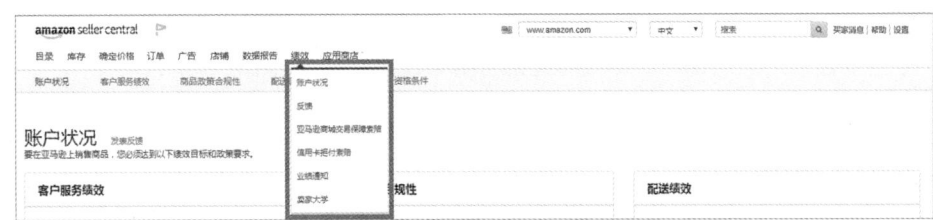

图 3-13　绩效下拉菜单

账户状况：包含了卖家绩效表现的最主要指标——客户服务绩效、商品政策合规性和配送绩效等，这些指标在很大程度上反映了账号的安全状况，需要卖家定期查看，并针对表现不好的指标做出应对。

反馈：买家留下的对卖家店铺的反馈，主要针对卖家服务中的物流配送和客服满意度，此指标同样影响着店铺的安全状况，需要卖家谨慎对待。

亚马逊商城交易保障索赔：指买家因为对产品、服务、发货时效等不满意而发起的请求平台介入处理的交易纠纷和索赔诉求，这也是影响卖家店铺绩效的一个指标。

信用卡拒付索赔：买家付款后，若遇到未收到货、货不对版、信用卡被盗刷等情况，可直接向银行提起拒付某笔交易的索赔请求。鉴于亚马逊比较完善的风控体系，在运营中很少发生这种情况。

业绩通知：亚马逊系统发出的关于卖家账号的重要信息提醒，此类通知绝大部分都关系到卖家的店铺安全，每条业绩通知都会首先出现在卖家中心左上角的"小红旗"提醒中。

卖家大学：亚马逊官方开设的辅导卖家操作和运营的"大学"，卖家可以在运营空闲时到卖家大学学习，熟悉平台规则，掌握基础的运营方法。

9．应用商店

"应用商店"菜单是亚马逊新添加的菜单，其整合了各方面第三方工具为卖家提供服务，当前主要涵盖 Listing 的优化工具、自动调价工具、库存订单管理工具、物流配送工具、广告调整工具、产品分析调研工具、店铺反馈和产品评论管理工具、亚马逊买家和卖家的交流沟通工具等。卖家可以结合自己的实际运营需要选用合适的工具。应用商店下拉菜单如图 3-14 所示。

图 3-14　应用商店下拉菜单

除了日常操作方面的菜单之外，亚马逊还为卖家提供了与账号相关的一些基础设置。在卖家中心右上角的"设置"下拉菜单中，包含了账户信息、通知首选项、登录设置、退货设置、礼品选项、配送设置、税务设置、用户权限、您的信息和政策、亚马逊物流等选项，如图 3-15 所示。

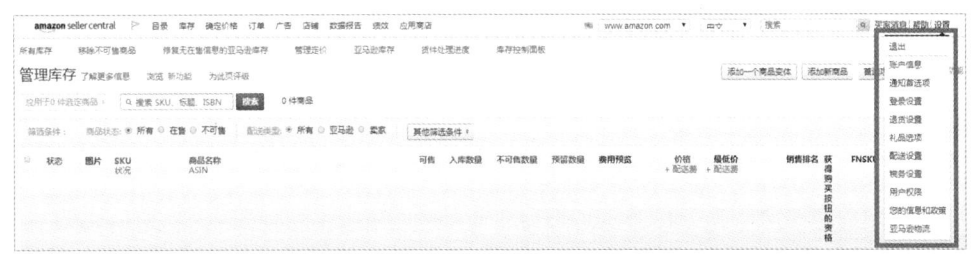

图 3-15　设置下拉菜单

账户信息：卖家可以设置和更新信息。对所售产品卖家可以设置假期模式，更改销售计划（在个人卖家与专业卖家之间进行切换），添加收款账号，更新信用卡，添加地址信息，设置发货与退货地址，更新税务信息等。

通知首选项：卖家可以根据实际需要，设置不同的邮箱来接收不同类型的系统通知邮件。

登录设置：卖家可以修改姓名、邮箱、密码等内容，同时，还可以设置账号高级安全设置项的两步验证。

退货设置：可以添加退货地址信息，通常添加的是用于客户直接退货或 FBA 撤仓的美国地址，用来处理由各种原因导致的 FBA 撤仓和客户退货等事项。

礼品选项：包含"礼品留言服务"和"提供礼盒包装服务"两项，但对于大部分卖家来说，这两项服务并不能实现，所以可以直接忽略。

配送设置：可以设置发货地址、发货运费模板等内容，运费模板中可以根据发货范围和不同的收件地区、不同数量的订单等条件来设置不同的费率标准，但如果卖家采用 FBA 发货，此项设置可以忽略。

税务设置：需要缴税的卖家（以美国公司资料注册的卖家）可以通过税务设置查看征税的计算方法、征税义务和条款，以及其他相关的税务事宜方面的设置等，此项设置一般为默认设置。

用户权限：可以添加多个子账号，并为各个子账号分别设置不同的操作权限，从而实现不同职能的操作人员只能查看和处理对应内容的效果，有利于公司内部的权限管理和保密。

您的信息和政策：可以设置公司信息、Logo、隐私政策、常规问答、发货描述等信息。

亚马逊物流：此选项针对的是采用 FBA 发货的卖家，包括标签打印、入库的分仓/合仓设置等项目，卖家可以根据自己的实际需要进行设置。

 产品发布

对于亚马逊卖家来说，产品发布是运营的基础工作，亚马逊的产品发布有两种方式——跟卖和自建，而自建又分为后台单个商品发布和表单批量发布两种。

1. 跟卖

跟卖是亚马逊特有的一种产品发布形式。按照平台规则，亚马逊上所有 Listing 的所有

权是属于亚马逊的,再加上亚马逊公司所倡导的为客户提供"更丰富的商品选择"的理念,跟卖这一商品发布形式诞生了。

一条跟卖的 Listing,可使所有卖家共享其商品详情页面的各种信息。而对于跟卖者来说,只需要设置自己的 SKU、价格、物品新旧状况和库存数量,即可快速完成跟卖产品的发布。

一条有跟卖者的 Listing,可使所有卖家共享其商品页面的曝光量和流量。跟卖者因为共享了原 Listing 卖家的流量,可以实现快速出单的目的。

但必须注意的是,在跟卖过程中如果识别不清,往往容易侵犯其他卖家的商标或专利权而遭到投诉,极易导致账号被移除销售权限,所以在辨识不清的情况下,不要轻易跟卖其他卖家的 Listing。

卖家除了可以跟卖其他卖家的 Listing,也可以根据运营的需要,跟卖自己的 Listing。

跟卖的步骤如下所述。

在卖家中心后台,选择"库存"下拉菜单的"添加新商品"选项,出现图 3-16 所示的页面。

在图 3-16 所示的搜索框中输入想要发布商品的关键词或者某个已知商品的 ASIN(亚马逊平台上的商品唯一身份识别码),会出现图 3-17 所示的页面。

在页面中会出现很多搜索结果,而每条商品的右边都有"显示商品变体"的按钮,单击该按钮,如果出现"出售您的"按钮,则说明该 Listing 可以被跟卖,但如果出现"有商品发布限制"提示,则说明该 Listing 的卖家已经做了品牌保护,不能跟卖,如图 3-18 所示。

在卖家确认自己的商品和对应的商品完全一致且不存在侵权行为的前提下,单击"出售您的"按钮,进入下一个页面。在新的页面中填写价格、SKU,选择物品新旧状况,填写库存数量,然后单击"Save and finish"(保存并完成)按钮,跟卖的商品即发布完成,如图 3-19 所示。

图 3-16　添加新产品页面

102 | 跨境电商运营实务：跨境营销、物流与多平台实践

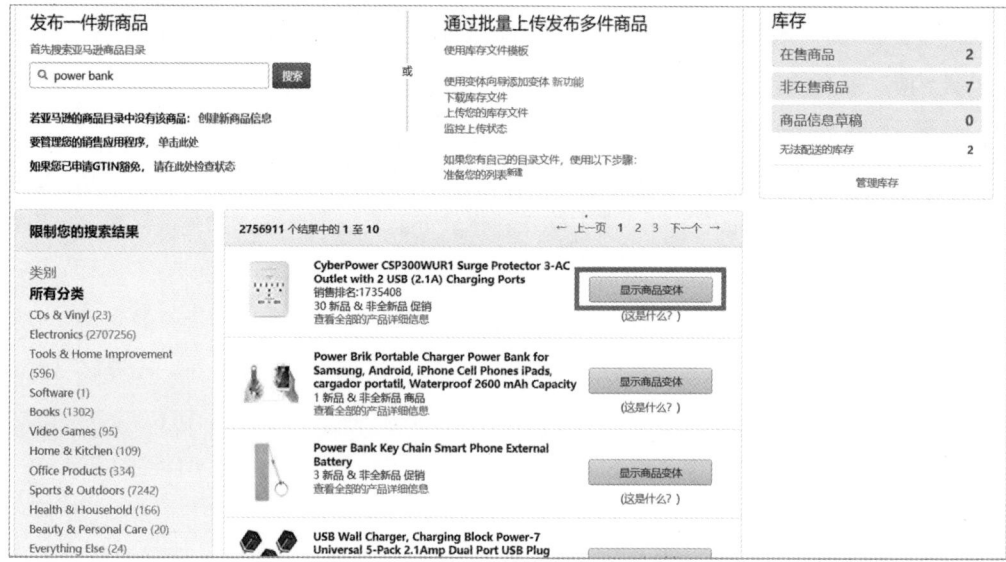

图 3-17 判断是否可以跟卖（一）

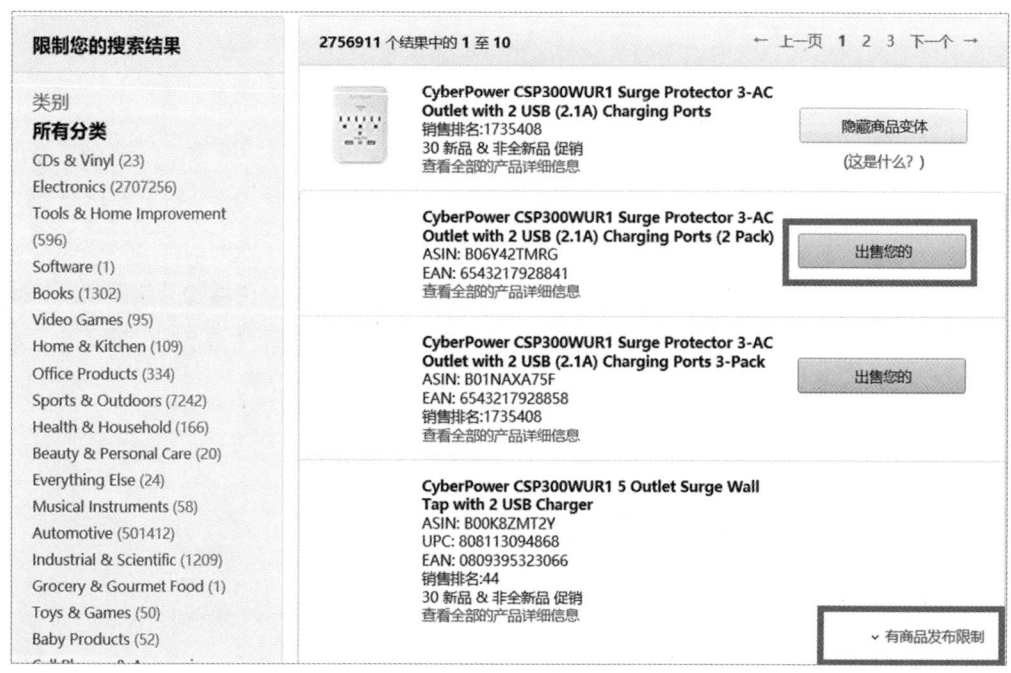

图 3-18 判断是否可以跟卖（二）

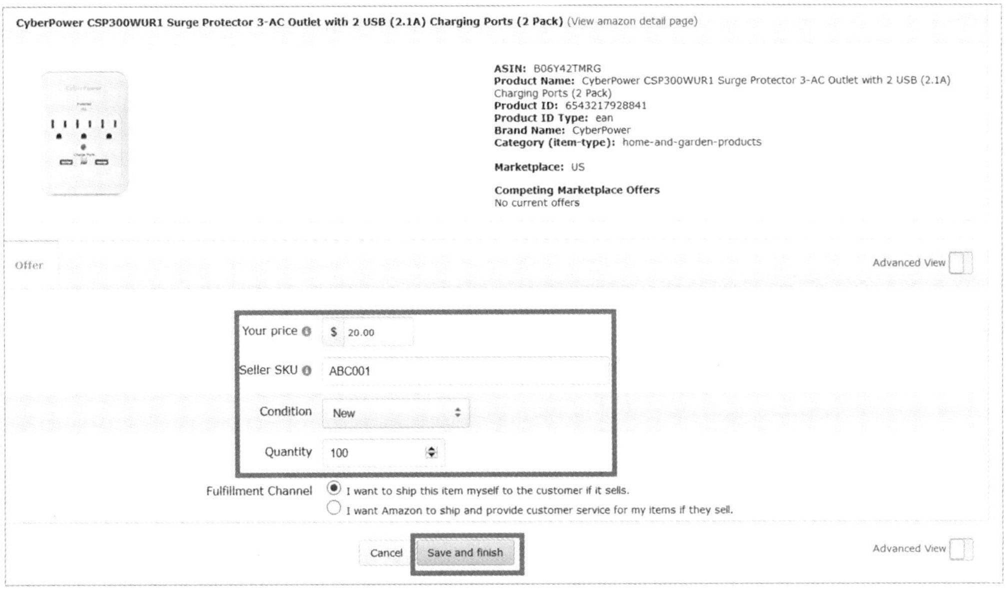

图 3-19　跟卖商品

2. 后台单个商品发布

后台单个商品发布是很多卖家习惯采用的一种商品发布方式，其优点是简单快速，详细的发布步骤如下所述。

在卖家中心后台，选择"库存"下拉菜单的"添加新商品"选项，出现图 3-20 所示的页面。

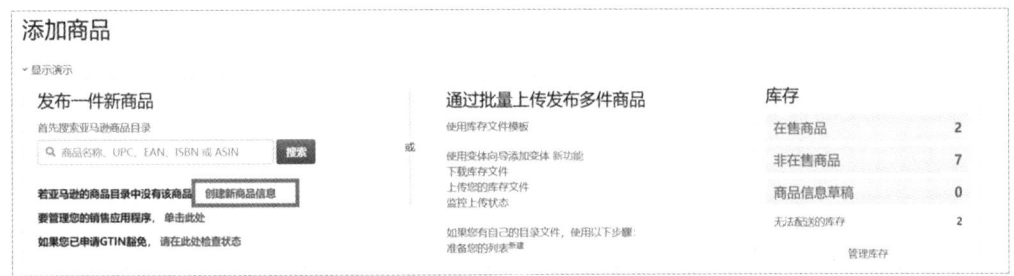

图 3-20　"创建新产品信息"按钮

单击"创建新商品信息"按钮，进入图 3-21 所示的页面。

图 3-21 创建新商品界面

在搜索框中输入自己将要发布的商品的关键词,单击"搜索分类"按钮,进入下一个页面,如图 3-22 所示。选择对应的商品类目,进入下一个页面,如图 3-23 所示。

图 3-22 选择对应商品类目

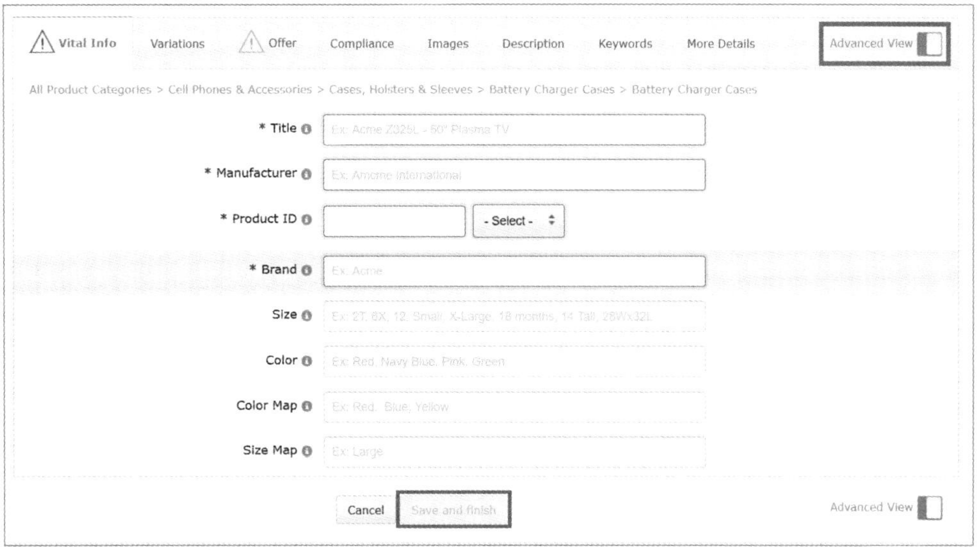

图 3-23　商品详情编辑

在商品详情编辑页面中，卖家应单击右上角的"Advanced View"（高级视图）按钮，以便于更完整地填写商品信息。

卖家在商品详情编辑页面中，依次填写每个表单的内容，其中带有星号的栏目是发布商品时的必填项，其他未带星号的项目，卖家可以结合自己商品的情况，在信息准确的基础上，尽可能填写完整。当所有栏目填写完成，单击页面下面的"Save and finish"（保存并完成）按钮，商品发布成功。

关于后台单个商品发布，以下几个方面是需要卖家注意的。

- Product ID（商品ID）：建议选择UPC码，UPC码是世界通用的商品统一代码，卖家可以通过中国物品编码中心申请，也可以直接在淘宝等平台上购买，为了安全起见，一定要购买正规的UPC码。
- Manufacturer（制造商）和 Brand（品牌）：建议统一填写自己的商标名称，如果没有商标，建议注册一个所经营站点本地的商标来使用。
- Variations（变体）：变体是多属性的意思，不同的类目有不同的变体选择，如果卖家自己发布的商品没有变体，可以不填写此项。
- Seller SKU（卖家内部商品编号）：卖家可以根据自己的内部商品编号填写。
- Max Order Quantity（最大订单数量）：卖家固然期望客户下单越多越好，但为了防止被竞争对手恶意骚扰，建议卖家设置一个最大订单数量。

- Package Quantity（包装数量）：此数量有别于库存数量，如果商品是按单个销售，此处数量填写"1"或者不填写，如果是批量销售，此处可以填写批量词。

3. 表单批量发布

相对于后台单个商品发布每次只能发布一条 Listing 来说，表单批量发布可以更快捷地一次性发布多条 Listing；除批量发布速度快之外，卖家还可以把批量发布商品的信息保存下来，以备后期运营中对 Listing 进行快速的编辑调整；另外，以表单批量发布的方式发布商品，可以选择更精准的商品类目。正是基于以上优势，表单批量发布成为卖家必须掌握的一种商品发布方式。表单批量发布商品的详细步骤如下所述。

在卖家中心后台，选择"库存"下拉菜单的"批量上传商品"选项，出现图 3-24 所示的页面。

图 3-24 批量上传商品

通过图 3-24 我们可以看到，采用"批量上传商品"时，一般有三项内容：下载库存文件、上传库存文件和监控上传状态。

在"下载库存文件"前，和后台单个商品发布相同，卖家需要在搜索框中输入自己要发布商品的关键词，然后选择对应的商品类目，如图 3-25 所示。

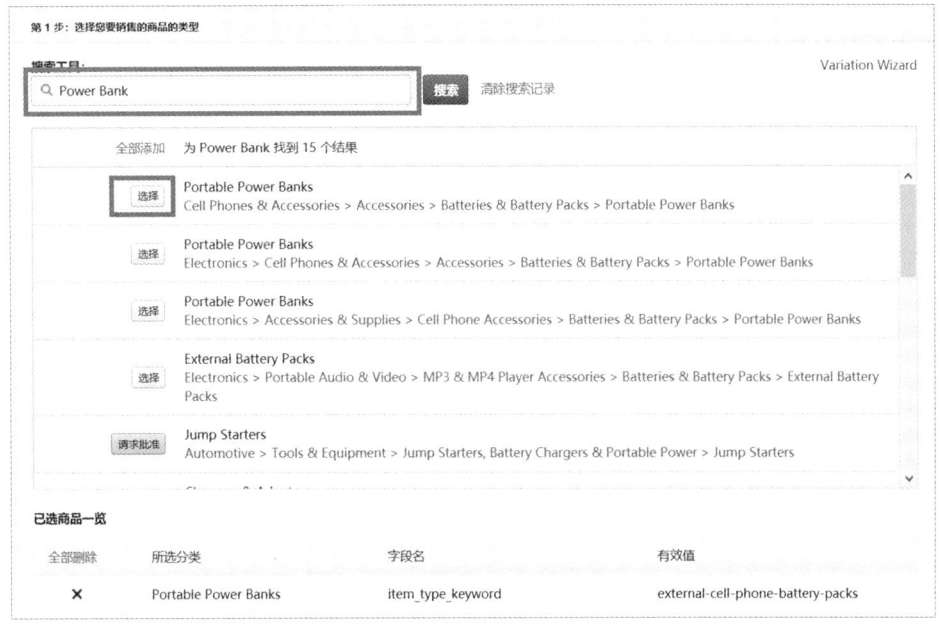

图 3-25 搜索商品关键词、选择对应类目

接着进行库存模板的生成,如图 3-26 所示。

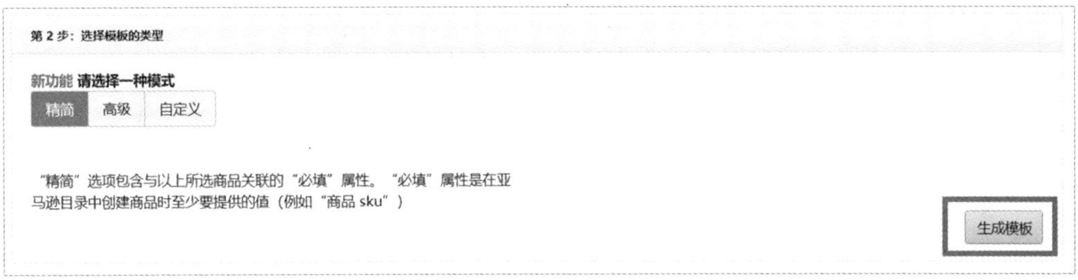

图 3-26 生成库存模板

在生成的库存文件模板中,卖家按照要求,填写对应的商品详情内容。信息填写完成,可以进入"上传您的库存文件"页面,在此页面中需要完成"检查您的文件"和"上传文件"两步工作,如图 3-27 所示。

图 3-27 上传库存文件

对于新手卖家来说，可以先通过第一步对库存文件进行检查，确保无误后，再进行第二步的上传。而如果已经操作熟练，确保库存文件中填写内容无误，也可以跳过第一步，直接进行第二步上传库存文件。

库存文件上传之后，卖家可以单击"监控上传状态"按钮，查看商品的上传情况，如图 3-28 所示。如果系统提示有上传不成功的商品，卖家也可以根据系统提示对库存文件进行修正后再次上传。

图 3-28 监控上传状态

商品发布完成，卖家就可以正式运营店铺了。

3.2.4 站内广告

亚马逊站内广告通常被卖家称为 PPC（Pay Per Click）广告或者 CPC（Cost Per Click）广告，是按点击量付费的一种广告形式。站内广告的最大特点是曝光不扣费，只有当用户实际点击了广告后，卖家才需要支付相应的费用。

亚马逊的站内广告是以 Sponsored Products 的形式展示出来的，如图 3-29 所示。

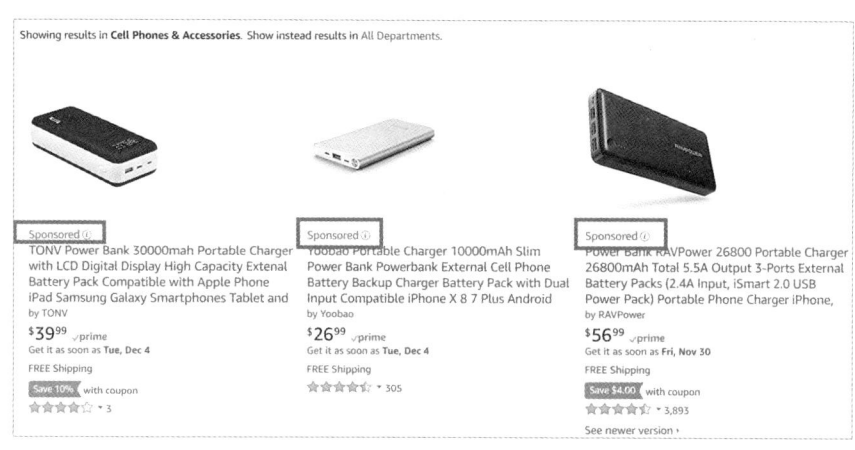

图 3-29 站内广告展示形式

广告展示位置的前后和卖家的广告竞价及广告 Listing 权重有关，在 Listing 权重相同的情况下，竞价越高，广告排名越靠前。

亚马逊作为购物型网站，其站内流量相对精准。站内广告是亚马逊卖家运营中不可多得的营销推广利器，其辐射到的用户和商品的匹配度高，可以为卖家引来更多的曝光量、流量和订单。

亚马逊站内广告有两种投放方式：自动型（Automatic Targeting）和手动型（Manual Targeting）。自动型广告设置相对比较简单，在设置过程中，不需要设置广告关键词，只需要选择要投放的 Listing 即可，系统会将 Listing 详情页面的内容和用户的搜索关键词进行匹配，把匹配的 Listing 展示在潜在客户面前。

1. 自动型广告的设置步骤

(1)选择"广告"下拉菜单的"广告活动管理"选项,进入广告页面,如图3-30所示。

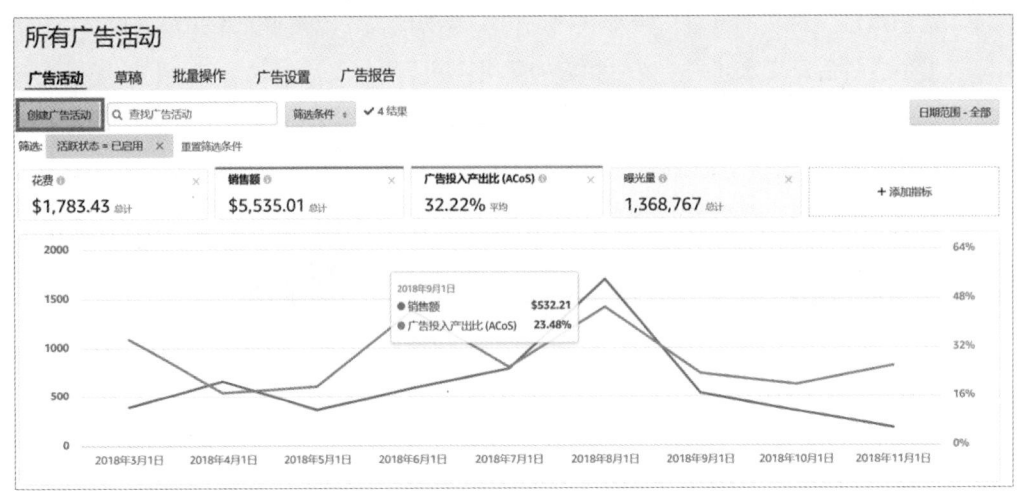

图 3-30　创建广告活动

单击"创建广告活动"按钮,进入下一页,在创建广告活动前,卖家需要选择"商品推广"广告活动类型,单击"继续"按钮,进入下一步,如图3-31所示。

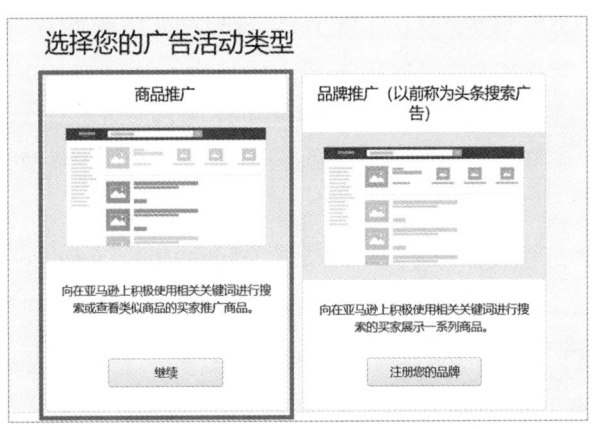

图 3-31　选择广告类型

(2)在"创建广告活动"栏,卖家需要设置广告活动名称、广告开始和结束的时间、每日预算，以及选择广告定位类型，如图 3-32 所示。

图 3-32　创建广告活动

"广告活动名称"可以根据商品、功用等设置为便于自己理解和记忆的名称。系统自动默认的广告开始时间是设置广告当日，而广告结束时间建议设置为系统默认的"无结束日期"。"每日预算"可以根据自己的实际投放预算自行设置。广告定位处，选择"自动投放"选项。

（3）在"创建广告组"栏，"广告组名称"可以自由取名，如图 3-33 所示。

选择投放广告的 Listing，单击"添加"按钮，Listing 将会出现在右边栏，如图 3-34 所示。

（4）在"竞价"栏，根据系统给出的建议竞价、默认竞价、商品利润，以及广告投放预算等要素来设置自己的竞价，"否定关键词"栏暂时不做设置，然后单击页面右下角的"启动广告活动"按钮，自动型广告设置完成，如图 3-35 所示。

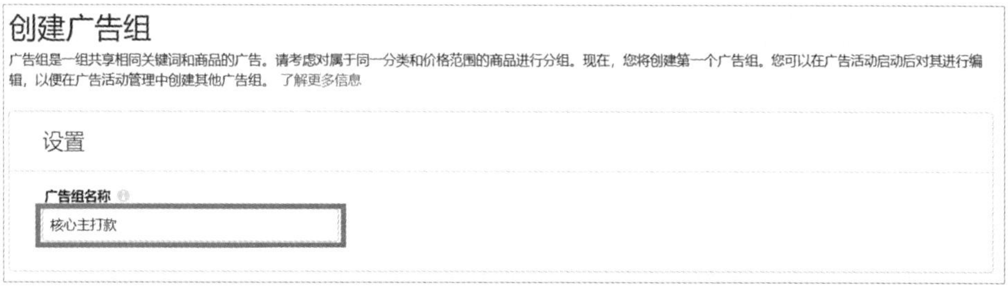

图 3-33　广告组名称

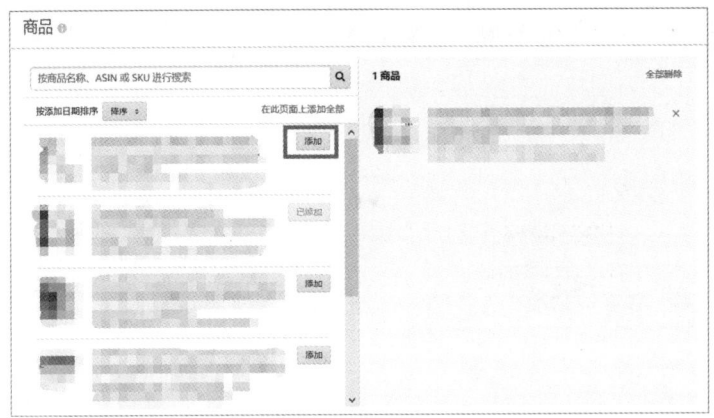

图 3-34　添加广告

图 3-35　启动广告活动

2．手动型广告的设置步骤

（1）和自动型广告设置相同。选择"广告"下拉菜单的"广告活动管理"选项，进入广告页面后，单击"创建广告活动"按钮，进入下一页；在创建广告活动前，卖家需要选择"商品推广"广告活动类型，单击"继续"按钮，进入下一步；设置广告活动名称、广告开始和结束的时间、每日预算，广告定位类型选择"手动投放"，然后创建广告组名称，选择投放广告的 Listing，在"投放"栏，可以根据自己的偏好，选择"关键词投放"或"商品投放",如图 3-36 所示。

"关键词投放"是亚马逊手动广告中既有的设置方式,如果卖家设置了广告关键词,当客户搜索对应的关键词时,相应的商品将有机会展示在消费者面前。"商品投放"是亚马逊新近推出的手动广告设置方式,卖家在设置时,可以选择特定商品、分类、品牌或其他商品功能来定位自己的广告。

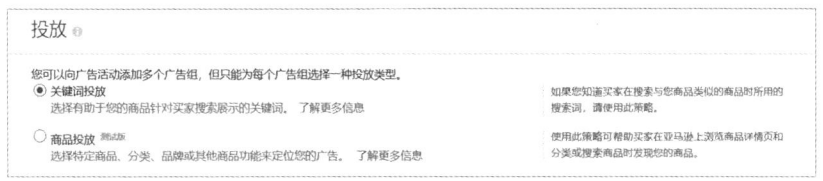

图 3-36 选择投放偏好

(2)在"关键词和竞价"栏,设置关键词竞价,选择和自己商品匹配度高的关键词添加为广告关键词,然后单击页面右下角的"启动广告活动"按钮,手动型广告设置完成,如图 3-37 所示。

图 3-37 设置关键词竞价

 优惠券

优惠券（Coupons）是亚马逊为卖家提供的另外一个营销工具。在搜索结果中，带有独特标识的 Listing 就是做了优惠券促销的商品，图 3-38 所示为设置了优惠券和没有设置优惠券的 Listing 的对比。

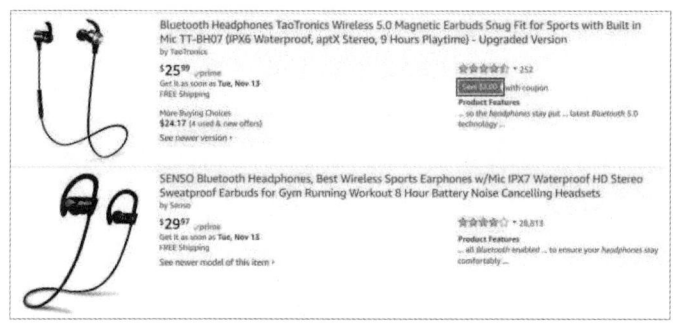

图 3-38　有无优惠券对比

而优惠券的设置有两种类型：金额优惠券和百分比优惠券。图 3-39 所示为设置了两种不同类型优惠券的 Listing 的对比。

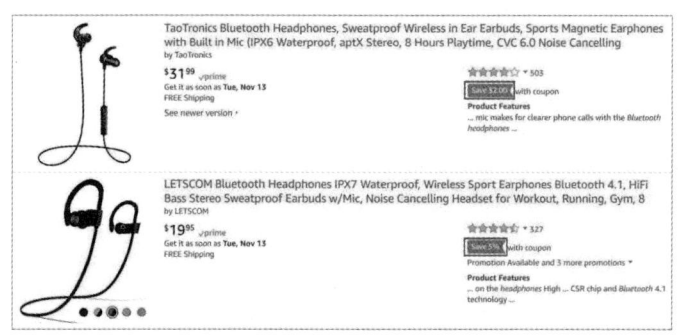

图 3-39　不同优惠券对比

通过对比我们不难看出，相对于没有设置优惠券的 Listing 来说，设置了优惠券的 Listing 在搜索结果展示中更加引人注目，而设置了金额优惠券和百分比优惠券的 Listing，则会因为产品的单价高低而各显其对消费者的吸引力。

与此同时，正在进行站内广告推广的 Listing 会出现在搜索结果靠前的位置，而如果

Listing 同时还拥有优惠券标识，那么 Listing 被点击的可能性也会大大增加，如图 3-40 所示。

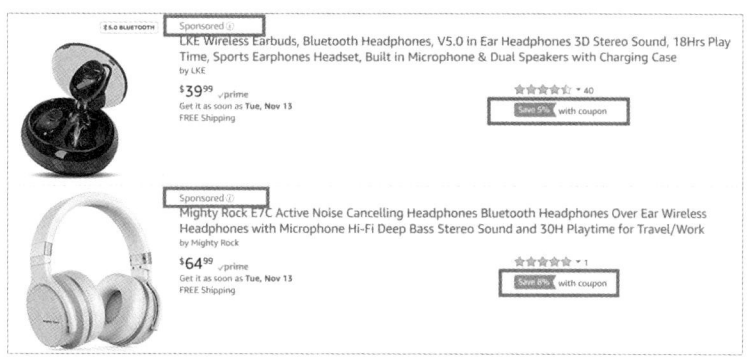

图 3-40　广告展示

优惠券充分利用了消费者追求物美价廉的心理，吸引消费者点击，进而转化为订单。所以，对于卖家来说，在运营中如果能够充分利用优惠券这一个营销工具，可以在一定程度上拉升 Listing 的销量，起到为运营加分的作用。

那么，优惠券该怎样设置呢？在亚马逊卖家中心的广告设置的下拉菜单中，选择"优惠券"选项，如图 3-41 所示。

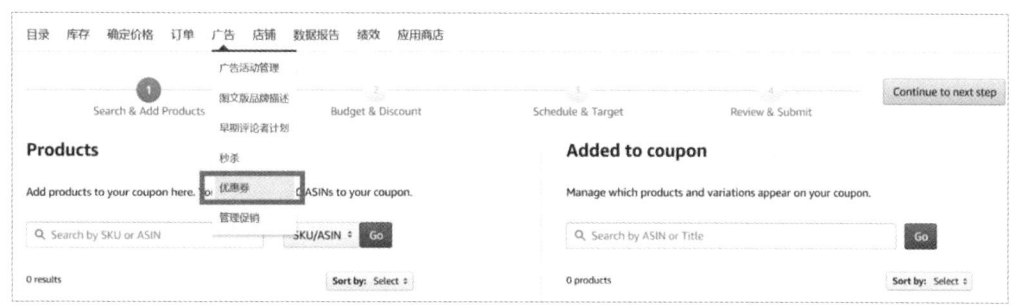

图 3-41　选择"优惠券"选项

进入页面。如果是第一次设置，可以单击"Create your first coupon"（创建你的第一个优惠券）按钮，开始创建优惠券，如图 3-42 所示。

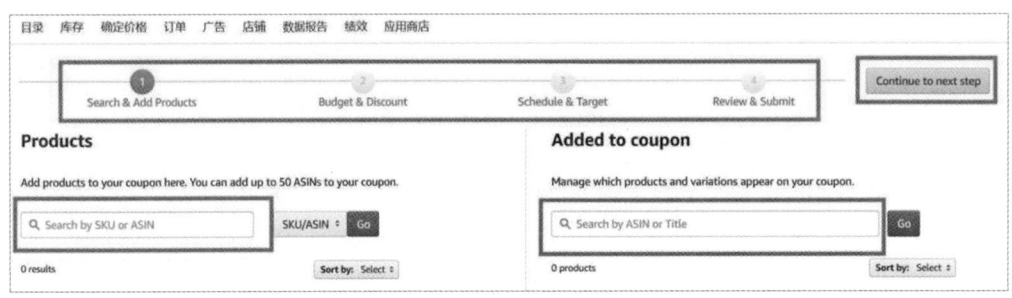

图 3-42 创建优惠券

一个优惠券的设置内容包括搜索并添加商品（Search & Add Products）、预算和折扣（Budget & Discount）、活动时间设定和目标（Schedule & Target）、预览并提交（Review & Submit），如图 3-43 所示。

图 3-43 优惠券的设置内容

在设置中，我们需要添加计划设置优惠券的 ASIN，按照系统的提示，一个优惠券活动一次最多可以添加 50 个 ASIN。

将计划设置优惠券的商品搜出来后，单击产品右侧底部的"Add to coupon"（添加到优惠券）按钮，即可将其添加到右侧待设置区域，如图 3-44 所示。

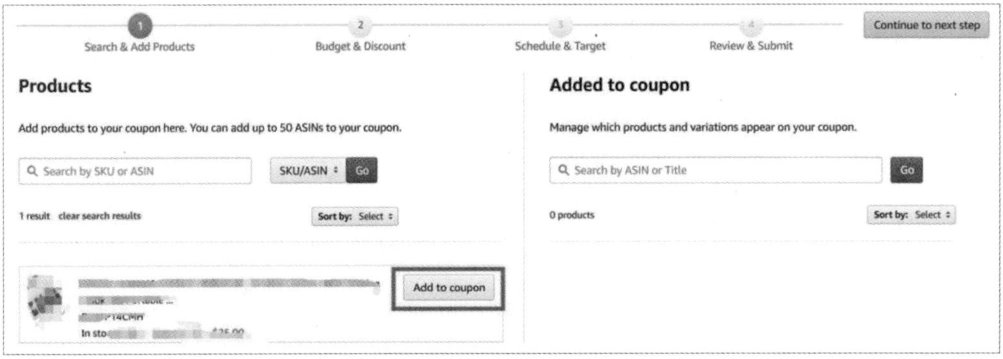

图 3-44 选择产品

当然，对于待设置区域的产品，也可以进行"Remove"（移除）操作，如图 3-45 所示。

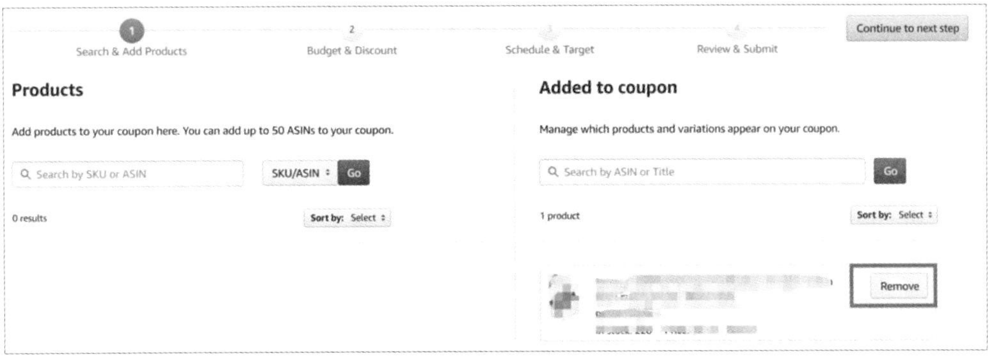

图 3-45　对产品进行移除操作

设置完成，单击"Continue to next step"（继续下一步）按钮，进行下一步的操作。

产品选定后，开始设置优惠类型、优惠幅度、优惠券使用方法和预算。

优惠类型分为百分比优惠和现金优惠两种，百分比优惠的幅度要求为 5%～80%；同时，在设置过程中，还需要选择客户可使用优惠券的次数（一人一次或可以多次重复使用）；在预算上，预算费用主要用于支付此商品的优惠（卖家优惠部分由自己承担）和每次成交后亚马逊收取的 0.60 美元的费用，当预算用完时，优惠券就会下线，如图 3-46 所示。

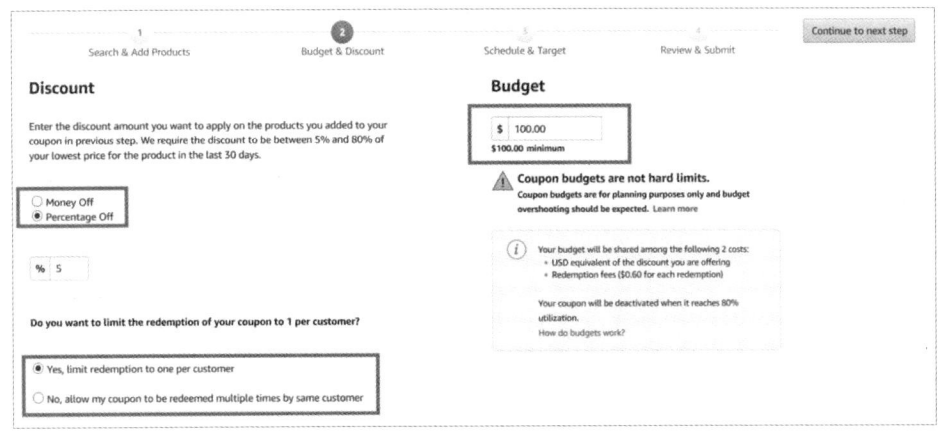

图 3-46　设置优惠类型等内容

设置完上述内容，单击"Continue to next step"（继续下一步）按钮，进入下一步操作，设置优惠券的名称、面向的顾客群体和使用时限等。优惠券名称主要向消费者展示，所以可以设置一个简洁易懂的名称；优惠券所面向的客户群体可以选择所有人群，也可以精准指向某个群体；使用时限方面，需要设置开始日期和结束日期，最长不超过 90 天，如图 3-47 所示。

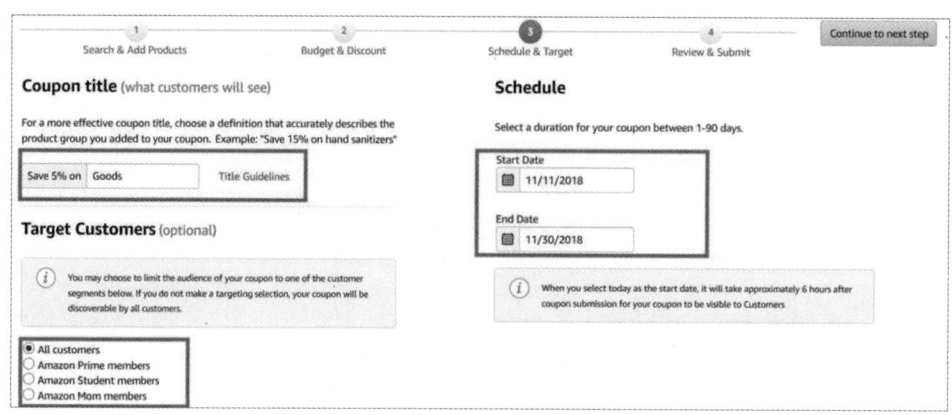

图 3-47　设置优惠券的详细内容

单击"Continue to next step"（继续下一步）按钮，进行下一步。预览之后，如果没有问题，就可以单击"Submit coupon"（提交优惠券）按钮，如图 3-48 所示，一个优惠券活动设置完成，接下来等待优惠券生效即可。

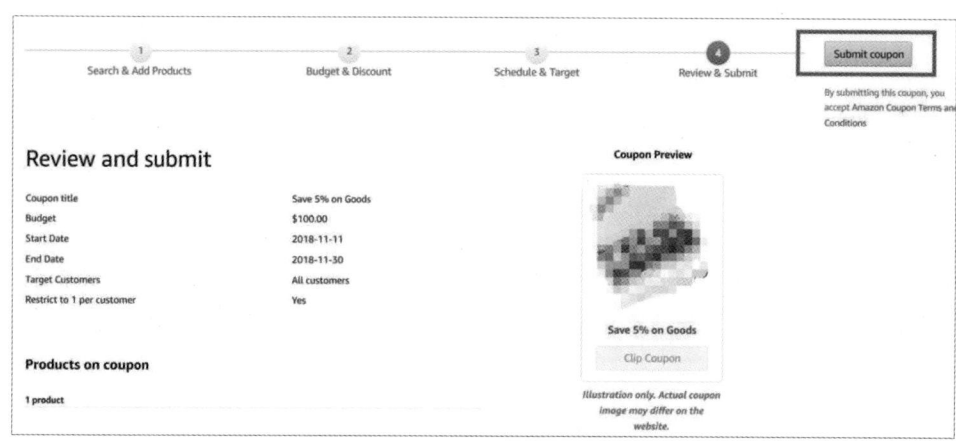

图 3-48　提交优惠券

设置了优惠券的 Listing 拥有独特亮眼的标识，能够快速吸引消费者。同时优惠券活动设置的门槛很低，只要店铺评分不低于 3.5 星就可以使用，而且费用可控，对于发布不久、没有 Review（商品评论）的 Listing 来说，设置一个优惠券可以大大提升 Listing 的点击率和转化率。因此，优惠券是亚马逊卖家在运营过程中不可多得的营销工具，值得卖家好利用。

3.3 亚马逊运营经验技巧

3.3.1 日常顾客沟通

相对于其他跨境电商平台，亚马逊平台与顾客的沟通较少，也比较简单。因为平台特性所致，亚马逊的消费者在购买过程中很少会向卖家询问，他们已经形成了"看中即下单"的习惯，这样带来的结果就是，在日常运营中，需要卖家处理的顾客沟通邮件非常少。但邮件少并不意味着卖家可以懈怠，平台还制定了一些与顾客沟通的规则。

（1）亚马逊消费者与卖家的联系是在"买家信息"（Message）模块中呈现出来的，如图 3-49 所示，在卖家中心的左侧有一个专门的"买家信息"栏，卖家需要每天查看该模块，并及时回复买家信息。

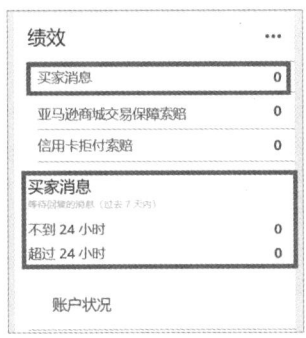

图 3-49　买家信息栏

（2）按照平台规定，卖家必须在 24 小时之内回复 90%以上的买家信息，所以卖家要及时查看买家信息并以最快的速度做出回复处理。

(3) 按照系统统计，即便收到广告邮件或者不需要再回复的买家信息，卖家也需要处理，对于不需要回复的买家信息，平台在每条买家信息的底部提供了"不需要回复"按钮，如图 3-50 所示，卖家需要单击此按钮，该信息才不会被统计在内。

图 3-50　处理是否需要回复

(4) 在卖家与顾客的沟通中，严禁添加自己的联系方式，包括邮箱、网址、电话等信息，严禁引导顾客绕过平台进行线下交易，卖家一旦被系统识别到有此类行为，则可能导致账号被关闭。

3.3.2 平台客服沟通

基于亚马逊"以用户为中心"的理念，卖家作为亚马逊平台用户的一部分，也享有亚马逊提供的优质服务。

在日常运营中，卖家遇到任何与账号或运营相关的问题，都可以通过亚马逊提供的专属通道直接联系平台客服，具体联系通道如下所述。

登录卖家账号后，在卖家中心页面右上角有一个"帮助"（Help）按钮，如图 3-51 所示。

单击"帮助"（Help）按钮进入新页面，其底部有一个"联系我们"按钮，如图 3-52 所示。

单击"联系我们"按钮进入联系客服页面，如图 3-53 所示。

在"联系我们"页面，卖家可以就自己所遇到的问题，通过邮件或者电话的方式，向亚马逊客服寻求帮助，如图 3-54 所示。

图 3-51　卖家帮助按钮

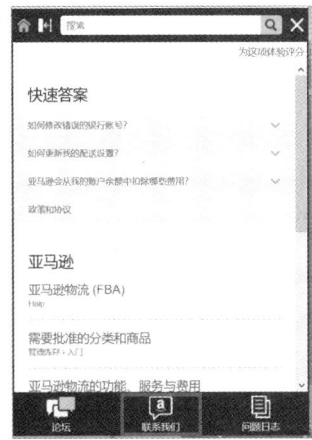
图 3-52　联系平台按钮

图 3-53　选择问题类型

图 3-54　问题描述

3.3.3　跟卖与防跟卖

在亚马逊平台上,基于"为消费者提供更丰富的选择"的理念,跟卖一直是一个独特的存在。

有人平价跟卖,系统调价,价格比原卖家低一分钱,凭借这一分钱的优势,牢牢地把持着购物车;也有卖家用以超低价格售卖同样的产品;还有人半夜偷偷跟卖,凌晨撤出,和原卖家玩着"猫捉老鼠"的游戏。

对于消费者来说，一件商品有多个卖家，可以通过对比优中选优，自然是好的。但对亚马逊卖家来说，看到自己辛苦打造的 Listing 被别的卖家跟卖，甚至可能因为跟卖者的产品质量问题而导致自己的 Listing 受到差评，着实不能让人开心。

亚马逊有自己的考虑，跟卖这一销售形式短期内应该不会被取消。作为卖家来说，当遭遇跟卖时，有必要针对性地采取应对方案，将损失降至最低。

1. 判断跟卖

具体来说，跟卖者的店铺往往呈现以下几种形式。

（1）店铺里跟卖的 Listing 都是以超高的价格跟卖。在这种情况下，跟卖者往往是为了评估被跟卖 Listing 的流量、销量等相关数据，并不期望产生订单，所以，卖家可以不理会这种跟卖。

（2）店铺里跟卖的 Listing 数量不多，甚至还有跟卖者自建的 Listing，其跟卖的售价一般同原卖家的价格持平或略低。出现这种情况，一般是对平台规则不太熟悉的新卖家所为，跟卖者认为自己有同样或类似的产品，期望通过跟卖来快速获得订单。对于这种跟卖者，我们可以采取发邮件警告的方式，告知跟卖者如果自己向平台投诉可能给跟卖者账号带来的不良后果，当跟卖者意识到自己的行为可能导致账号受限时，一般会停止跟卖。这类跟卖者还是比较在意自己账号的安全的。

（3）对于那种店铺里存在大批量跟卖，跟卖的 Listing 动辄几百上千条的情况，这种店铺的卖家专门靠跟卖为生。通常来说，即便发邮件警告，他们也会置之不理，甚至还会反过来威胁原 Listing 的卖家。

2. 应对跟卖

当自己的账号遇到跟卖时，我们可以针对不同的情况，采取不同的方法来应对。

（1）注册商标，做 GCID（全球目录编码）品牌备案并投诉。当自己的账号做了 GCID 备案，可以进行测试购买（Test Buy），然后提交订单号和产品差异的证据，向平台投诉，如果举证充分有力，亚马逊客服可能会协助删除跟卖者的 Listing。

（2）如果测试购买后投诉无效，卖家还可以以品牌方的名义向亚马逊投诉。作为品牌持有人，在投诉时既要向亚马逊讲明对方未经授权私自销售自己品牌商品的情况，也要告知亚马逊，如果不能有效做出处理，将可能采用法律手段，对平台的不作为提起法律诉讼。当然，在这种处理方法过程中如果能够以律师函配合告知则会更加有效。

（3）对于以超低价大批量跟卖的情况，无论卖家是否做了品牌备案，都可以直接向卖家绩效团队投诉。大批量跟卖、低价欺诈行为对卖家诚信和平台安全会造成很大影响，平台非常重视这类问题，绩效团队会在收到举报后快速做出处理，一般采取类似跟卖的账号会在被投诉后很短时间内被关闭。

3.3.4 产品选择

在亚马逊运营中，我们经常用"七分在选品，三分靠运营"来强调选品的重要性，道理人人都懂，可很多卖家依然处于"选了很多产品，依然做不好运营"的状态。其实详细分析一下就会发现，很多卖家之所以运营做不好，很大程度上就是选品出了问题。要想选出热卖的产品，不仅要有好的选品方法，还要具备完善的底层思维。

1. 选品思维

为了确保选出来的产品在运营中更易于成功，在选品中必须具备三个重要的底层思维，它们分别是刚需制胜、田忌赛马和远离侵权。

1）刚需制胜

所谓刚需制胜，就是要求我们在选品的过程中要优先考虑所调研的产品是否属于刚需品，选择了刚需品，能够增加运营成功的概率。

那又该怎样定义刚需呢？是不是只要生活中的必需品就属于刚需品呢？其实不然。

日常生活中，我们离不开穿衣，可在很大程度上，衣服还真不属于这里定义的刚需品。原因在于消费者对服装的选择上。当消费者决定购买一件衣服时，他考虑的不仅仅是衣服的保暖特性，更多的可能是自己的偏好，如颜色、款式、材质、尺码等，满足这些偏好，再加上恰巧看到了某一件衣服而心生欢喜，于是下单购买。这是普通消费者购买衣服的过程。通过上述分析我们不难发现，其购买行为的发生更多的是因为消费者内心的那个"我喜欢"。

类似服装这样的产品，每个消费者的偏好各不相同，其选择也千差万别，在这种情况下，一个卖家要想卖得多、卖得好，就得提供足够多的款式、颜色、尺码等，需要备货的库存就会成倍增长，但销售的结果却未必令人满意，往往会以一大堆的滞销库存来收场。像这种消费者凭着"我喜欢"的感觉来决定购买的产品，笔者认为不属于我们讨论的刚需品。

与之对应的是，有一些产品，用户在购买时，往往是因为对其功能的需求，而不过多在意其外在的内容，这类产品更加容易吸引消费者，属于刚需品。

比如螺丝刀。试想，一个消费者在购买螺丝刀时，有什么诉求呢？一个可以拧螺丝的工具。至于颜色、款式等外在要素，往往不太在意。在这种情况下，无论卖家提供什么颜色的螺丝刀，基本上都在消费者可以接受的范围之内，一个产品几乎能够满足所有潜在消费者的需求。

基于上述分析，笔者对刚需产品的定义是，用户对产品的功能性的需求大于对其颜色、尺码、外观、款式等外在内容的追求的产品。

2）田忌赛马

很多卖家选品时总是一味地追求"最好的品质"，产品选出来了，却因为成本高只能高价卖，因为售价高，只能尴尬地面对没有订单的局面。问题出在哪里了呢？产品价格高已经把自己"置于死地"了。

虽然我们知道亚马逊的用户消费层次较高，对产品品质诉求高，几乎每个卖家也都期望能够提供优质的产品，让用户开开心心地买，然后留下好评，但必须明确的是，对于不同的产品，用户对产品品质的追求不尽相同。

比如买一部手机，如果手机屏幕上有一个小划痕，绝大部分的消费者是不接受的，但如果是买个洗脸盆呢？即便有几个划痕恐怕也无伤大雅。所以，同一个消费者对于不同的产品，其品质诉求是有差别的。

作为卖家，当我们选择一款产品时，一定要想明白消费者对该产品品质的潜在要求和期望，达到消费者的期望水平即可，盲目地一味追高只会因为成本高而增加运营的难度。所以，"刚刚好"的品质最合适。

选择了"刚刚好"的产品，怎样才能卖得好呢？卖家需要提供高质量的产品图片和极尽完美的产品详情页面。我们知道，网上购物的过程很大程度上是一个看图购物的过程。一条 Listing 展示出来，出色的产品图片，优秀的产品详情介绍，配合中等的产品价格，很容易促成客户下单。

3）远离侵权

很多卖家因为无知或者抱有侥幸心理，选择了侵权的产品，开头卖得很好，中途却被投诉了，然后 Listing 被删除，账号也受限了，资金被冻结，运营遭受很大的挫折，甚至还需要搭上前期的盈利，运营的信心倍受打击。

为了避免因为侵权而导致的运营中断，在选品的过程中，我们一定要提高认知，学习产品、平台和行业的基本常识，多向供应商求教，多和有经验的卖家交流，凡是涉及侵权或存在潜在侵权要素的产品，应坚决远离。只有这样，运营起来才会更通畅、更长久。

只要坚持了刚需制胜、田忌赛马、远离侵权的选品思维，选品成功的概率就会更大，把这些思维贯穿于具体的选品方法中，我们才能更快、更从容地选出适合在亚马逊上销售的产品。

2．选品策略

接下来介绍适合于亚马逊平台的经典选品方法。

当我们在进行市场调研和选品分析时，打开任何一条 Listing，在浏览产品详情的过程中，在产品描述页面底部的"Product information"栏中可以看到一个名为"Best Sellers Rank"（BSR）的栏目，如图 3-55 所示。这是亚马逊系统根据平台上不同的产品类目设置的销量排名。

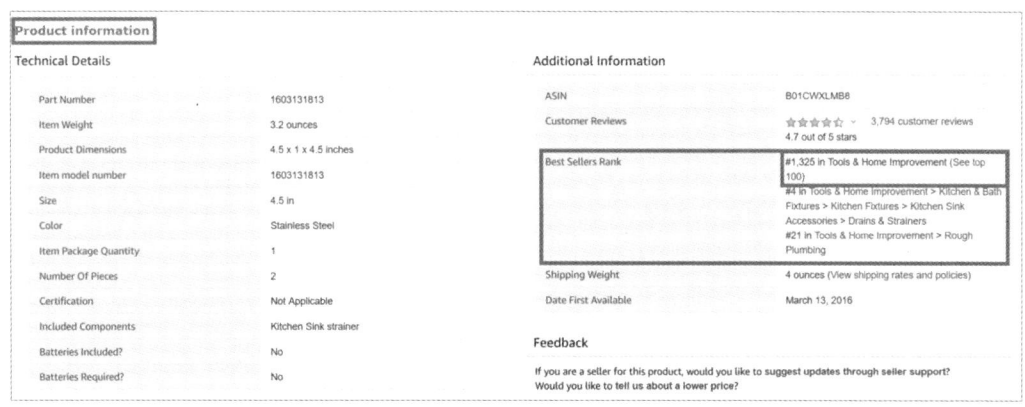

图 3-55　"Best Sellers Rank"栏目

单击 BSR 排名中的"See Top 100"按钮，我们可以看到当前平台上该类目下排名前 100 名的产品清单，如图 3-56 所示。

图 3-56　最畅销产品清单

对于卖家来说，这些产品都是经过市场检验的存在巨大市场容量的产品。卖家如果能够根据前 100 条 Listings 中的产品，结合自己的资金、资源等状况，同时考虑该产品是否属于刚需产品，是否存在侵权要素等，就可以较轻松地选出适合自己同时又符合市场需求的产品。而这样选出来的产品，因为已经经过其他卖家的销售验证，成功的概率会大很多。

但 Best Sellers 选品法的选择维度还不止于此。

亚马逊在提供了 Best Sellers 榜单的同时，还提供了其他几个维度的排名榜单：New Releases（新品热卖排行榜）、Movers & Shakers（销量飙升排行榜）、Most Wished For（最佳收藏排行榜）和 Gift Ideas（最佳礼品排行榜），如图 3-57 所示，单击各个按钮可以进入对应的排行榜。

由于 Best Sellers 榜单会被几乎所有的卖家关注，其竞争是最激烈的，相对于 Best Sellers 榜单的激烈竞争，其他的几个维度被关注较少，卖家如果能够切入，成功的概率会大很多。

如果卖家能够持续对以上五个维度（Best Sellers、New Releases、Movers&Shakers、Most Wished For 和 Gift Ideas）进行筛选和评估，并在第一时间发掘到新近出现在上述五个维度中的多个维度的产品，则很大程度上意味着选到了一款最新的平台级爆款产品。

如果卖家还想查看其他类目的热卖产品，可以单击左上角的"Any Department"（任一类目）按钮，如图 3-58 所示。依次浏览"Any Department"下面的各个类目，结合自己的资源优势和偏好，再加上上述平台反馈出的数据，卖家一定可以选到适合自己运营的产品。

图 3-57 分类排行榜

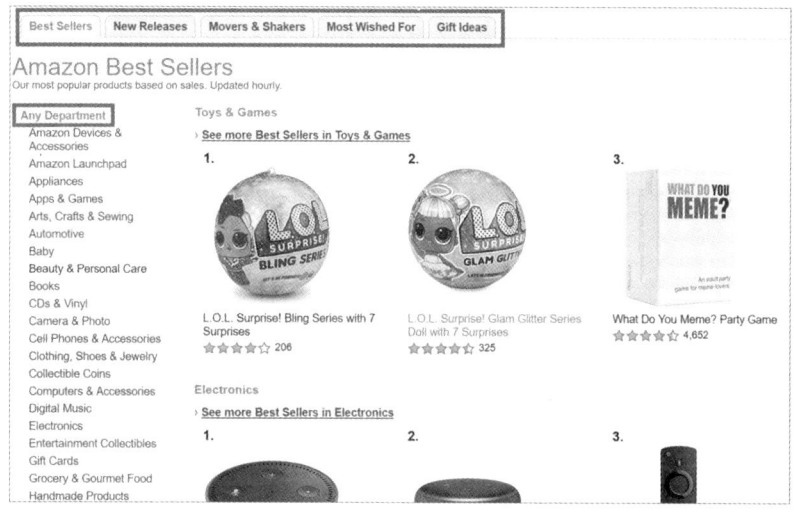

图 3-58 各类目热卖产品

通过上述的反复操作，即便没有选品方向的卖家也可以轻易地筛选出经过市场检验的平台上最热卖的产品。但这仅仅是 Best Sellers 选品法的第一阶。

当我们确定了一个产品方向以后，还需要对该产品及该产品的竞争状态进行深入细致的分析和调研来确保运营的成功。所以，在确定产品方向之后，我们还需要进入 Best Sellers 选品法的第二阶，即竞品分析阶段。

在"Product information"页面中，亚马逊除在"See Top 100"按钮处列出了该产品的大类目排名之外，同时还列出了该产品在其细分类目节点下的排名，如图 3-59 所示。

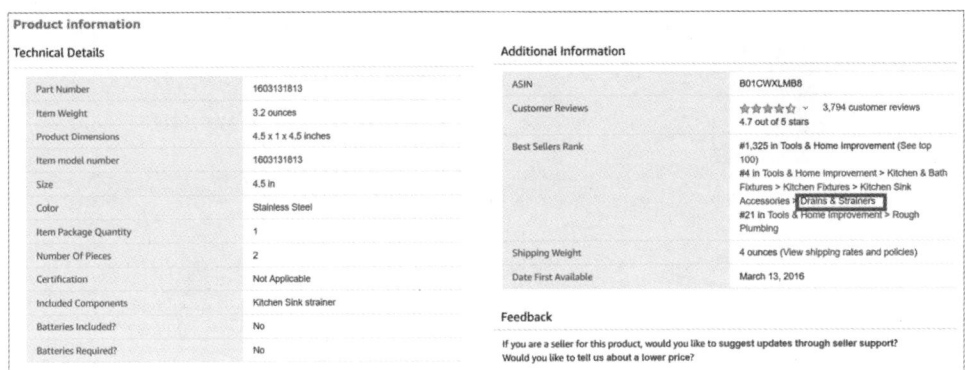

图 3-59　细分产品节点排名

单击图 3-59 中的细分类目节点按钮，我们可以看到图 3-60 所示的页面。

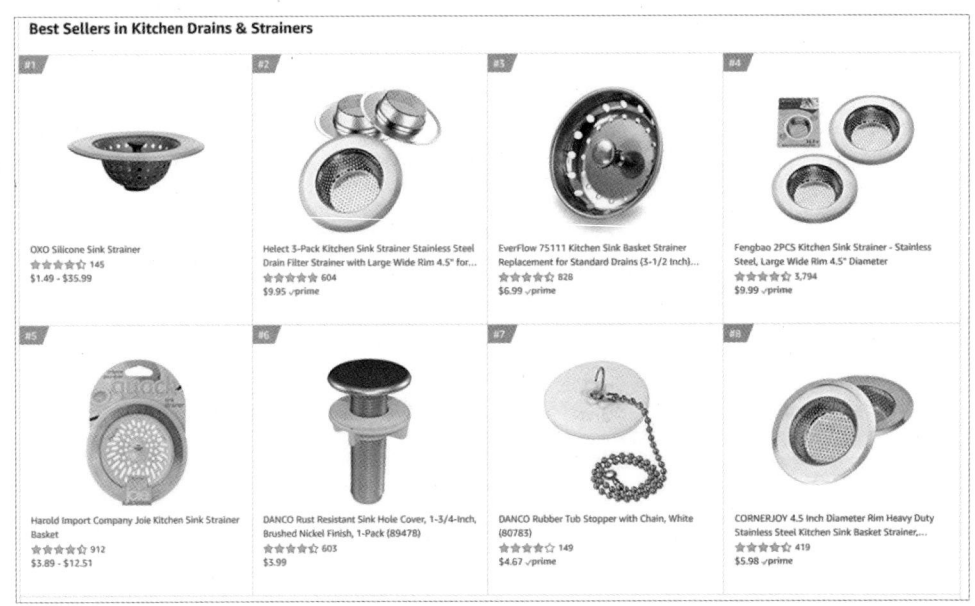

图 3-60　同类产品销量清单

亚马逊系统对同类的产品按销量排名，并把前 100 名的清单呈现给我们，方便我们分析出该产品主流的款式、销售方式、组合、价格等内容，获得精准的数据，从而评估该产品打造的难易程度。

总的来说，站内 Best Sellers 选品法是最适合卖家使用的一种选品方法，有利于我们基于真实的市场数据筛选出符合市场需求的产品。同时，在采用 Best Sellers 选品法时，我们一定要坚持把选品的两阶贯穿到底，用第一阶来选出产品，用第二阶来锁定学习标杆和竞争对手。有了产品，有了可参考学习的榜样，选品和运营的成功是必然的。

3. 优质店铺复制法

在用"Best Sellers 二阶选品法"进行选品的过程中，我们会接触到很多的 Listings。一条条排名靠前的热卖 Listings 都对我们充满吸引力，但同时我们也不要忘了，每一条 Listing 的背后，都是一个具有相对完整运营思维和体系的卖家，如果能够把热卖 Listing 背后的卖家纳入选品的调研中，就形成了优质店铺复制法。

竞争对手一直都是我们最好的老师，在亚马逊的运营中也是如此。亚马逊平台上竞争激烈，不乏优秀的卖家。在我们选品的过程中，与其自己因缺少经验没有方向而迷茫，不如找寻一家（或几家）优质的店铺进行全面的复制。

虽然"复制"这个词听起来不大好听，但对于一个新手卖家来说，全面的复制就是最大的创新。复制可以帮助你从不知到知，从知其然到知其所以然。找到优质的店铺，然后参考、学习、复制，便是最快的选品之法。那么，复制一家店铺具体该如何操作呢？这还要从我们在 Best Sellers 选品法中所查看的产品详情页面开始。我们打开任何一条热卖的 Listing 详情页面，都可以看到卖家的店铺名称，如图 3-61 所示。

图 3-61　查看卖家店铺

单击店铺名称，进入卖家的店铺页面，如图 3-62 所示。

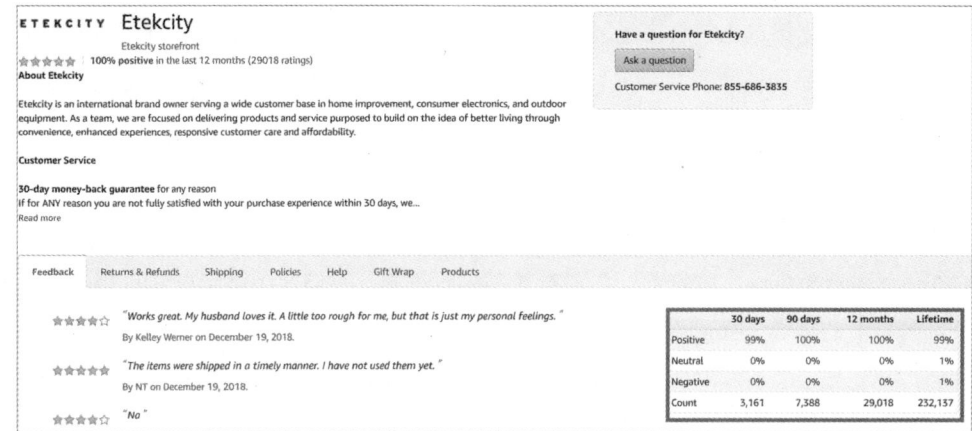

图 3-62　查看店铺 30 天内反馈

在店铺 Feedback（反馈）页面中，可以看到该店铺最近 30 天的 Feedback 数量，我们要重点关注 Feedback 数量多的店铺。以亚马逊美国站为例，根据实际经验，按照当前亚马逊平台上的店铺反馈率来算，一个店铺最近 30 天 Feedback 数量的 3 倍，大概相当于当前该店铺的每日订单数量，比如图 3-62 中的店铺，我们可以计算出该店铺日均订单数量约为 9500 单。

单击图 3-63 所示的店铺首页按钮进入店铺，可进一步查看和评估该店铺的运营情况。如果一个店铺 Listing 数量很多，那么其与亚马逊平台所倡导的"精品化运营"的理念相悖，运营负担较重，占用资金多，不值得我们借鉴。但如果恰巧是一家产品数量不多、30 天 Feedback 数量很多的店铺，我们不妨试一试。

在图 3-64 所示的店铺产品页面，亚马逊系统是根据产品销量的多少对其进行排序的，排名越靠前的产品，意味着销量越高，越值得我们重点关注和分析。

在一个卖家的店铺里，按照销量从高到低的顺序，逐个对这些产品进行调研分析，包括这些产品是否属于刚需产品、市场容量怎样、竞争是否激烈、利润空间是否足够等，这些分析都是在原店铺的选品论证和销量验证的基础上进行的，具有较强的参考性。

任何卖家在选品调研过程中都不会只看到一个产品、一家店铺，当能够做到对多个优质店铺进行分析调研，优中选优，一个店铺选出两三款产品，并将三五个店铺的选品进行汇集，自己所期望的产品群便形成了。

图 3-63 评估店铺运营情况

图 3-64 店铺产品展示

优质店铺复制法可以让我们节省更多的时间。

当然，这里的"复制"不是指"抄袭"，其目的是借助于标杆店铺的销量证明，增强我们对某个产品的信心。在选定某一款产品后，需要持续对其进行市场调研分析。毕竟，脱离了对具体产品的市场调研分析，店铺复制法就会显得非常盲目。

4．1688 跨境专供选品法

随着跨境电商行业的日益壮大，作为国内最大的网上商品批发平台——1688 也针对性地推出了"跨境专供"的栏目，而这也为亚马逊卖家提供了一条新的开发产品的渠道。

打开 1688 首页，可以看到在其一级导航栏中的"跨境专供"按钮，如图 3-65 所示，单击该按钮可进入跨境专供页面。

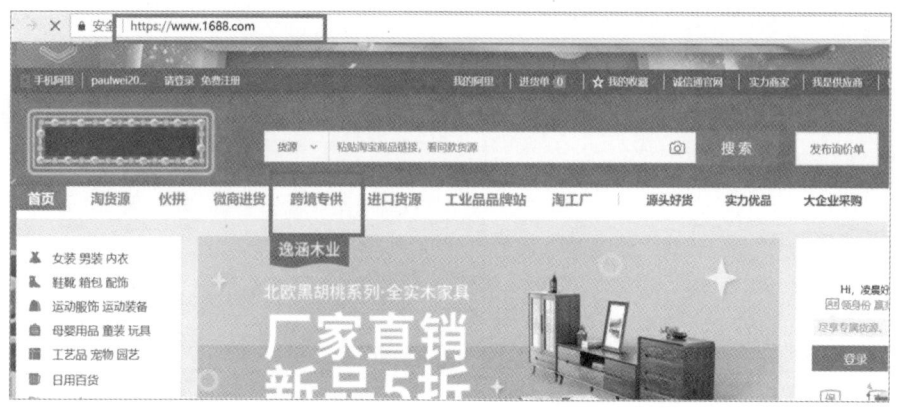

图 3-65　跨境专供下拉菜单

在跨境专供页面，1688 对其平台上所有针对跨境电商卖家供应的产品进行了分类，如图 3-66 所示，卖家可以根据自己的偏好、资源等，选择感兴趣的类目。

图 3-66　跨境专供产品分类

随着选品调研的继续深入,卖家可选择自己感兴趣的类目进入类目页面。1688 对相应的类目再次进行了细分,将有代表性的细分产品罗列出来供卖家选择,如图 3-67 所示。

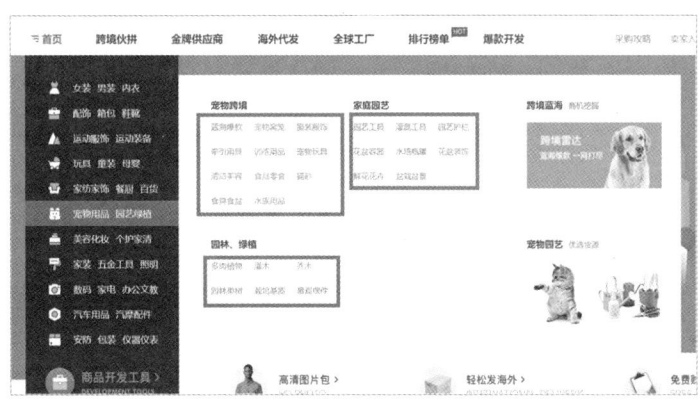

图 3-67　选择分类

卖家可选择感兴趣的产品模块。1688 将呈现出对销量、好评等要素综合考量后的产品列表,如图 3-68 所示。

图 3-68　产品列表展示

在 1688 所呈现的产品列表中,可以对具体的产品进行进一步的调研和论证。1688 从采购端告诉卖家热卖的产品是什么,而对于跨境电商卖家来说,可以在亚马逊平台上搜索这些产品的关键词,通过搜索结果来判定该产品的市场容量、竞争热度、利润空间等要素,判定是否将该产品纳入自己的选品范畴。而一旦某个产品被正式纳入选品，则需要继续沿着 Best Sellers 选品法和优质店铺复制法的思路和方法，对其进行深入的论证调研。

1688 跨境专供选品法从供应端逆向导入产品选择，卖家从供应端平台（1688 平台）提供的产品入手，进行产品选择，然后放到亚马逊平台或者其他拟售卖的平台进行试卖，论证产品是否具有销量。这一方法也同样适用于新手卖家。

亚马逊选品的方法有很多，每个卖家在不同阶段所采用的也不尽相同。如果卖家能够以三个选品的底层思维为基础，结合上述三种选品方法，一定可以快速高效地选出易于打造的产品。

3.3.5 极致的 Listing 优化

选到了好的产品只是运营的第一步，只有把产品卖得好，运营才算圆满。可是怎样才能把产品卖好呢？这就要用到 Listing 优化。

亚马逊为网上购物平台，在消费者购物的过程中，卖家无法和消费者进行面对面的交流沟通。为了提高转化率，获得更多的订单，必须有换位思考的意识，既要了解平台规则，又要想消费者之所想，而这些思想就体现在 Listing 优化的各个细节中。要想做好 Listing 优化，先要了解消费者的购物过程。

消费者在购买商品时，一般会先用关键词来搜索，以获取自己想要购买的产品清单，只有具备了该关键词的 Listing 才会被系统地展示在搜索结果中，所以对卖家来说，关键词是 Listing 优化必须考量的一个重要因素。

当一系列的搜索结果展示出来时，亚马逊系统会根据产品所在类目，按照相关性和匹配程度把各个类目展示出来，以便于消费者在搜索结果中做进一步的筛选，如图 3-69 所示。一般来说，相关性高的类目会优先展示，所以在发布产品时要尽可能选择精准的类目。

如图 3-70 所示，在搜索结果中，Listing 的主图、标题、价格、产品评论（Review）等内容都会成为消费者购买过程中关注和考量的要素，所以，这也是卖家在 Listing 优化中必须进行的内容。

当消费者打开一条 Listing 时，详情页面的每个信息都将成为消费者关注的对象，包括产品图、标题、五行特性和产品描述，只有充分考虑消费者的心理并针对性地将自己产品的特点和卖点展现出来，才能够吸引消费者下单购买。概括地说，一条 Listing 的优化包含类目选择、关键词、产品图、标题、五行特性、产品描述等内容。

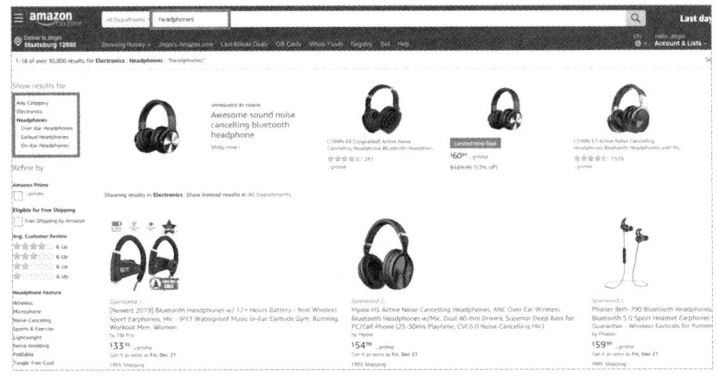

图 3-69　关键词搜索

图 3-70　相关性较高的一些产品展示

1. 类目选择（Category）

亚马逊的产品类目很多，对于同一个产品，往往也会有多个类目节点可供选择。有些类目和产品匹配程度高，属于精准类目；有些类目稍有偏颇，但可能卖家数量少、竞争较小。

对于卖家来说，在发布产品时，一定要选择精准类目，因为只有这样，Listing 在亚马逊系统内的权重才可能更高，产品才能得到更多的展示和推荐。当然，如果由于对产品不熟悉而无法判定产品所对应的精准类目，卖家可以参考同行卖家中销售排名靠前的 Listing 所对应的类目。

2. 关键词（Keywords）

在 Listing 优化中，一定要特别注意产品关键词的收集整理，并将其恰当地应用在 Listing 详情中。

产品关键词要优先考虑放置在两个位置：标题和后台 ST（Search Terms）。标题中的关键词权重最大，所以应尽可能将产品的核心关键词放置在标题中，一般来说，结合标题语境，放置两三个核心关键词即可；后台 ST 中可以放置多个关键词，只要不超过 250 个字符即可。

关于产品关键词的选择，我们要考虑两方面内容：和产品相关，和消费者相关。关键词是对产品的表达，同时又是消费者在搜索产品时使用的词语，只有充分考虑这两方面的要素，才能够精准选择和自己产品一致的关键词。

3. 产品图（Picture）

网上购物的过程在很大程度上是一个看图购物的过程，产品图的优化在 Listing 优化中具有举足轻重的作用，产品图的好坏直接影响着转化率的高低。

一条 Listing 中一共可以展示七张图片，一张是主图，另外六张是副图。在产品图优化方面，按照亚马逊的要求，产品主图需要用纯白底图片，又因为主图是 Listing 中最重要的两个要素之一（另一个是标题），为了让主图更吸引人，主图一定要呈现出三维立体的感觉；六张副图可以从产品细节、实物对比、应用场景、内核拆解、产品包装等角度来展示。

由于图片是产品信息的感性传递，为了避免出现消费者对图片内容理解偏差，卖家可以在六张副图中添加简短的文字描述。

4. 标题（Title）

标题是 Listing 最重要的两个要素之一。一个好的标题应达到两方面的功效：第一，能够被消费者搜索到；第二，能够提高转化率。要想标题被消费者搜索到，标题中需要包含产品关键词；要想提高转化率，标题中应包含能够打动消费者的美感修饰词。

一个优秀的标题应该包括五个方面的要素：品牌名、产品名称（核心关键词）、功能词/特性词/属性词（能够吸引消费者的产品特性和差异化亮点）、美感修饰词（比如 Professional、Premium、Upgrade 等可以起到"种心锚"作用的词语）和标点符号。

为了让标题显得美观大气，标题中每个单词的首字母应大写。对于批量销售型的 Listing，还应突出标题中的数量词以吸引消费者的关注，促使消费者下单。

5．五行特性（Bullet Point）

五行特性的优化要从两个方面着手：格式和内容。

在格式上，每个特性可以以词语或短语的形式放在句首，总括产品的一个特点，后面用简短的一句话对其进行解释和说明。在这种情况下，句首的词语（短语）可以全部大写，每个特性不要太短也不要太长，一般来说，以两行半或三行半的长度为宜。

在内容上，要从消费者的角度考虑，在体现消费者关切的内容的同时，尽可能通俗化、视觉化地呈现出产品的特性。

6．产品描述（Description）

产品描述是对五行特性的延伸和补充，具有更大的灵活性。产品描述的撰写同样要从格式和内容两个方面考虑。

格式上，产品描述要做好段落分隔，多用加粗和空行，确保整个描述页面美观大气。同时，产品描述的内容不要太长，也不要太短，一般在 20 行左右为宜。

内容上，产品描述同样也要从消费者的角度出发，设身处地地思考消费者的关切点，言简意赅且精确地将产品信息讲述给消费者。可采取四段式产品描述结构法。

（1）讲述一个品牌情怀故事。感性的故事可以拉近消费者与卖家的距离，如果能够获得好感和同感，就大大提高了下单购买的概率。

（2）在描述产品的特色、展示产品独特的功能、列举产品简单的参数时，要做到准确、易懂，同时所有内容都要和消费者相关。

（3）品质保证和承诺。在网上购物的过程中，用户对产品看不见、摸不着，同时对卖家的情况也不了解，在这种情况下，要想获得消费者的信赖，增强其购买的决心，品质保证和承诺就是助推器。

（4）包装信息。消费者在浏览产品页面的过程中，并不会对产品的每个信息都能做到精准记忆，为了强化消费者对其购买的产品（及数量）的印象，非常有必要在产品描述的最后再次强调产品的包装信息。带有包装信息的产品描述，对于批量销售和有免费赠品搭售型的 Listing 尤其有效。

3.3.6 爆款打造方法

在亚马逊运营过程中,我们一直强调"精品化选品,精细化运营"的策略。如果要达到以少量的SKU产生高销量的目的,就需要通过一番努力打造爆款产品。

为了高效、快速、低成本地打造出一个爆款产品,在运营实操的过程中,笔者总结出了一套比较有效的爆款打造方法——"螺旋式爆款打造法"。

首先,构建螺旋式爆款打造模型。玩过竹蜻蜓的人都知道,在手的助力下,竹蜻蜓往往是呈螺旋式上升的。从平面上看,竹蜻蜓旋转着上升,时高时低,有时一边高一边低,在盘旋的过程中飞向更高处。螺旋式爆款打造法正是借鉴了这种方法。

通常情况下,螺旋式的打造过程和步骤包括以下几个阶段。

(1)低价激活销量。FBA入仓、产品发布后,出单是第一要务,在这个阶段,出单的意义大于利润。

相信很多卖家因为缺少运营思路和方法,都有产品发布即滞销的经历,继而失去了对产品甚至运营的信心。

在螺旋式爆款打造过程中,我们是这样做的。当一个产品在FBA入仓、产品发布之后,我们会直接将产品售价设置为超低价,抓住消费者对价格的敏感性,凭借超低的价格来激活销量,打破该Listing零订单的僵局。

虽然这样的操作可能会导致暂时的亏损,但因为有订单,有效抓住了新品流量扶持期,Listing有了BSR排名,同时Listing在系统中的权重得到了提升。这对于一条新发布的Listing来说尤为重要。

从这个意义上来说,低价接单对于打造一款产品来说意味着流量、订单和排名。

(2)站内广告加持。对于流量不足的Listing,可以开启站内广告,以主动的方式导入更多精准流量,进而提升销量,获取更多的市场份额。

当前亚马逊平台的竞争非常激烈,在这样的格局下,对于一条权重不高的Listing来说,即便低价可能依然没有流量和订单。在这种情况下,我们就有必要开启站内广告,以主动引流的方式为Listing带来流量。一条Listing在低价阶段开启广告,可以形成"低价+广告"的双引擎结构,从而实现订单从无到有、从少到多。

站内广告的使用方法和技巧有很多,但对于处在螺旋式打造过程中的产品来说,我们应该关注的第一要素是广告所带来的订单数量,此时即便广告的ACoS(Advertising Cost of Sale)数值偏高，广告也应该持续投放。

亚马逊卖家的竞争说到底是在存量市场上的竞争，多接一个订单，就意味着某个竞争同行少了一个订单。随着 Listing 排名的上升（比如进入 Top 20 以内时），我们可以逐步降低广告的竞价和预算，此时产品单价也已经涨到了合理的利润区间，随着销售收入的不断提高，ACoS 数值也会逐步回归到合理区间。

从这个意义上来说，站内广告的作用在于——前期赚订单，后期赚利润。

（3）适当主动增评。配合订单，主动增评，为 Listing 补充口碑要素。

新品 Listing 发布时，产品没有 Review，消费者在购买时内心还是会纠结的，虽然我们在螺旋式打造的第一阶段通过超低的价格实现了消费者的心理破冰，但超低价毕竟只是阶段性的手段，所以随着销量的增加，产品 Review 就显得非常有必要了。

但由于亚马逊平台的属性和用户习惯等原因，平台上客户的自然留评率不足 1%。在这种背景下，一条新品仅仅依靠自发产生 Review，其过程就显得漫长了，为了更快速地获得产品 Review，卖家有必要采取主动的方式为 Listing 增加一定量的评论。这里说的"一定量"，不是指"很大量"，产品 Review 要根据销量多少而确定，对于新品来说，能够增加 3~5 个带 VP（Verified Purchase）的产品 Review 即可。

主动增评要在平台规则之内进行。我们可以通过联系已经留下五星 Feedback 的客户、在包装中放置售后服务卡等方式给客户适当引导。如果卖家刚好在 Facebook、YouTube 等社交媒体上有自己的粉丝群，也可以引导粉丝对产品进行测评。主动增评的行为一定要符合平台规则，如果滥用过度而被平台判定为刷评，就得不偿失了。

Listing 有了产品 Review，弥补了没有口碑佐证的不足，解除了消费者下单时心中的疑虑，订单转化率也会有所提升。在随后的运营中，卖家还需要随着订单数量的增长，维护产品的 Review 数量，使其成比例持续增长。当产品 Review 数量越来越多，同时保持着较高的好评率时，距离爆款的形成也就不远了。

在螺旋式爆款打造的过程中，产品 Review 呈现出的规律是，好评率较高，评价数量随着销量的增加而越来越多。

（4）销量、排名和价格的三位一体打造。三项结合且机动调整，形成螺旋上升通道。

基于前三个阶段的铺垫，正在打造的 Listing 开始形成下面的上升螺旋趋势：因为产品价格低，所以产生销量，销量为 Listing 带来排名，随着销量和排名的上升，配合站内广告的主动流量，Listing 将获得更多的流量，于是销量继续增长，排名上升，卖家开始逐步调高价格；如果提升价格之后销量大幅下滑，卖家要将价格调低，观察销量的变化，待销量稳定后，再进一步调高价格。

价格上调时要坚持"小步慢跑"的方式，即每次提价幅度要小，同时注意提价周期。提价之后，留出3~7天的观察周期，如果销量维持稳定或呈现上升状态，再进行下一次提价；而当提价之后销量开始大幅度下降时，说明价格正处在当前排名下的敏感区间，此时，卖家可以采取较大幅度的降价，再次以价格这一敏感要素来拉升销量、排名和转化率，这种状态下的降价，笔者将其称为"进四退三"和"一步到位"，即单次降价幅度要大，但同时降价之后的价格要高于上一轮的起步价。

这样经过一轮一轮的调整，产品售价逐步提高，直至接近预期售价，产品销量也在价格调整期间稳定增长；Listing 的 BSR 排名也在逐步上升，三位一体，相互作用，一条 Listing 从没有订单、没有流量、没有排名的状态，发展到销量稳定、排名稳定的状态，直至进入 BSR 排名的头部位置。

关于销量、排名和价格的三位一体，我们一定要确保两个稳定：销量稳定上升，排名稳定上升。

（5）排名卡位，这是打造爆款过程中最重要的参量。沿着上述的打造方法，我们可以让一款产品销量从无到有，直至成为畅销款，但要想成为爆款，让 Listing 的 BSR 排名进入 Top10，甚至成为 Best Seller，上述的打造方法就显得不够用了。

要想打造出真正的爆款，需要在上述方法的基础上，把排名卡位放在更加重要的位置来看待，即所有的阶段性成果都以排名高低来衡量。

同样的销量、排名和价格三位一体打造方法，但核心是排名，在某些阶段，可以为了确保排名上升而牺牲利润，当排名达到一定程度，再逐步调整价格。在排名卡位的过程中，小类目排名 200 名以内、100 名以内、20 名以内和 5 名以内是卖家需要面对的重要阶段，突破一个阶段，适当稳定一下，然后继续向上冲，所有的操作都围绕排名的上升进行。当排名跨过一个阶段，价格上调，观察销量，销量稳定的话，降价，冲击下一个阶段，以此类推，直到排名进入了小类目的前 5 名，甚至成为 Best Seller。

当 Listing 站在头部，有了稳定的流量，消费者对价格的敏感度也下降了，这时候我们可以逐步调高价格，直到预期价位。

但即便 Listing 排名进入头部，依然需要确保自己的价格在 1~10 名中具有竞争力，只有这样才能够维持销量、排名和价格的稳定。一条成为 Best Seller 的 Listing，少则每天可以带来几十单，多则可能会是几百单。

（6）库存不断货。爆款打造的必要保障。在螺旋式爆款打造过程中，因为销量是处于持续增长状态的，最忌讳的就是库存没有跟上销量，导致运营中途断货。

相信有太多的卖家都经历过断货之后的 Listing 销量下降、排名下降、广告成本成倍增加的情况。在亚马逊 A9 算法体系中，断货对 Listing 权重的影响是非常大的。卖家在爆款打造的过程中一定要做好销量评估，储备足够多的库存，宁可备货多一点，也不要出现断货的情况。

在很大程度上，确保库存不断货绝对是爆款打造的必要保障。

（7）全力以赴。爆款打造说到底是比拼谁在单品上投注的心力最多。每个卖家的店铺都会有多款产品存在，每个卖家在运营中会考虑各个产品的运营，这就意味着在运营中，我们需要分心，将心思、精力和时间分配给店铺里的多款产品，但这样的分配会造成我们在一款产品上的投入不足。当然我们会为自己找理由：我还有其他的产品卖得很好，我的店铺整体销量还不错。但多个产品的销量累加并不代表一款产品的成功，即便对于一个 Best Seller 的产品也是如此，卖家在为自己的 Best Seller 兴奋的同时，还会分散精力去打造店铺里的其他产品。

在运营中，每一个爆款的打造都需要卖家全力以赴。卖家应阶段性地将自己的全部身心投注在一款产品上，促成这款产品的销量上升、排名上升，直至这款产品稳定在 Best Seller 的位置，再顾及其他，这才是爆款打造过程中应有的姿态。

本章习题

1. 亚马逊站内广告的形式包括哪些？
2. 在日常客服沟通过程中，如果客服回复信息时已经超过了 24 小时，应该怎样应对？
3. 亚马逊 Listing 优化的内容都包括哪些？

第 4 章

跨境电商平台：Wish

4.1 Wish 介绍

4.1.1 平台简介

Wish 平台成立于 2011 年 9 月，是一个基于移动端运行的跨境电商平台，母公司是 ContextLogic，专注于信息关联（Information Relevance）领域。Wish 就是源于信息关联的一个平台，前期专注于图片社交，用户可以在平台创建自己的愿望列表，类似于 Pinterest，但是原理和 Pintrest 略有不同，ContextLogic 更希望 Wish 可以通过机器学习和自然语言处理技术来处理信息。2013 年 3 月，Wish 加入交易系统，正式踏入电商领域，基于中国良好的电商氛围和强大的制造业基础，在上海设立了分公司，大规模招商，目前是全球第六大互联网电商平台。Wish 的 Logo 如图 4-1 所示。

图 4-1　Wish 的 Logo

Wish 的开发者是 Peter Szulczewski 和 Danny Zhang，前者是 Wish 的首席执行官，曾经任职于谷歌，参与 Machine Learning Group，带领团队参与了著名的 Google AdWords/AdSense 等项目，非常擅长研发机器自主学习算法的技术。后者大学毕业后在雅虎担任技术要职，后来任职于 AT&T，这位来自中国的技术狂人，在计算机科学领域拥有 9 项专利，特别是在机器算法领域颇有见解和建树。

Wish 刚刚成立就取得了不错的成绩，2014～2017 年连续四年被评为硅谷最佳创新平台。在两位创始人的带领之下，Wish 成为全球第五家四年内 GMV 超过 30 亿美元的互联网公司。

4.1.2 用户群体及市场

Wish 的流量 99%都来自移动端，PC 端仅有 1%。由于顺应了移动互联网的全球快速普及，Wish 的发展非常迅速，特别是在美国和西欧的覆盖面非常广。在 Wish 平台上，用户可随时随地浏览购物，Wish 的界面非常简洁，用户一般用碎片化的时间就可以完成一次购物，比如在等公交的时候、在车上休息的时候、在吃午餐的时候，都可以用 Wish 完成一次非常快速并且愉悦的购物。Wish 弱化了传统电商搜索的功能，更多通过机器学习和演算，用个性化推送的方式把商品呈现给用户。Wish 会根据用户在社交媒体留下的浏览痕迹来判定用户的喜好，然后将准确的产品通过"千人千面"的方式呈现到客户面前，所以每个人的 Wish 界面都大不相同。

Wish 的用户结构发生了明显的变化，2017 年以前的 Wish 主要针对的是 18～25 岁人群，2017 年以后 Wish 用户的年龄结构扩大为 18～40 岁。出现这个现象的主要原因是 Wish 算法和推送及目标用户有了明显的改变。截至 2018 年，Wish 的用户超过了 4 亿个，日活跃用户 1200 万人左右。Wish 的商户主要来自中国，只有一小部分商户来自海外，这是因为中国商户具备更强大的供应链。Wish 由原先的单一的 Fashion 类平台发展为具有 3C 数码、母婴、家居、美妆等全品类的平台。针对不同的用户，Wish 推出了 Geek、Mama、Cute 和 Home 四款垂直类购物 App，让更多用户有了更多的选择，也顺应了 Wish 的标语"Shopping Made Fun!"，让购物充满愉悦和趣味。

Wish 的主要市场是欧洲和北美，Wish 也是苹果应用商店和安卓应用商店最受欢迎的生活类应用之一，把商品和用户标签化是其特色之一。Wish 通过不断记录用户的浏览点击行为和购物消费习惯，结合大数据和人工智能算法，适时地给用户推送感兴趣的商品，让用户体验个性化、方便快捷的全球购物过程。

4.1.3 App 界面

图 4-2 所示是 Wish 的买家端界面，非常简洁，在上方的导航栏可以随时切换想浏览的内容。

图 4-3 所示是 Wish 旗下的子 App——Geek 的获取界面，这款购物 App 主要针对极客和数码产品爱好者。

图 4-4 所示是 Wish 旗下的子 App——Home 的获取界面，主要针对购买家居产品和园艺设计类产品的消费者。

图 4-5 所示是 Wish 针对母婴产品开设的垂直 App——Mama 的获取界面。

Wish 旗下还有一款针对女性时尚和美妆的 App——Cute，产品非常丰富，性价比也非常高。

Wish 为了丰富在线产品，专门开设了四款垂直类的 App，有的放矢，让买家下载最适合的 App。在算法上可以更加精准地给买家推送想要的产品。在浏览体验方面，通过垂直的 App，买家可以轻松找到自己喜欢的产品和与之关联、类似的产品。Wish 这样做的最终目的其实就是突出它的标语"Shopping Made Fun"，让购物更加有趣。

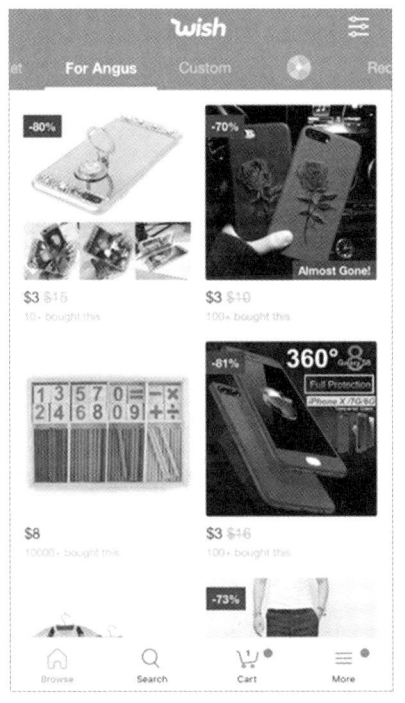

图 4-2　Wish 的买家端界面

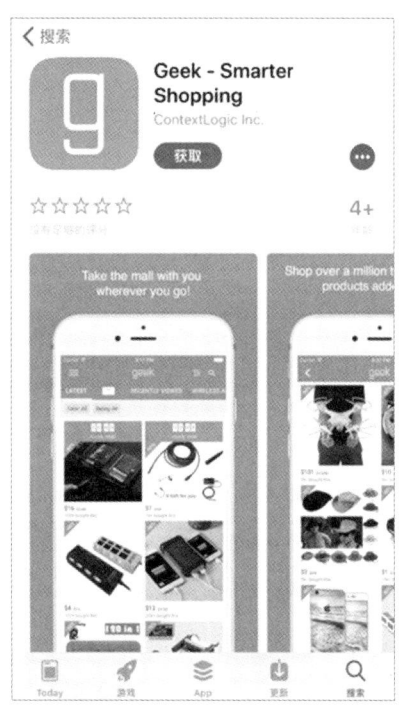

图 4-3　Wish 旗下 Geek 的获取界面

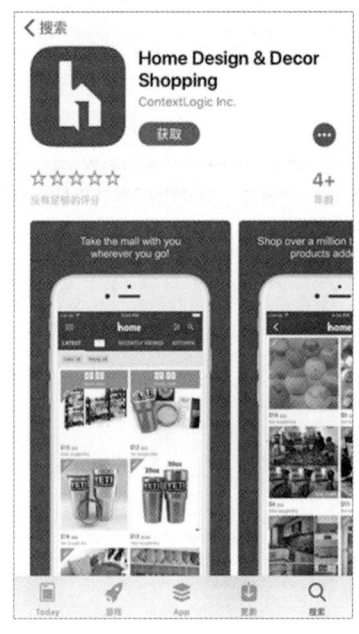
图 4-4　Wish 旗下 Home 的获取界面

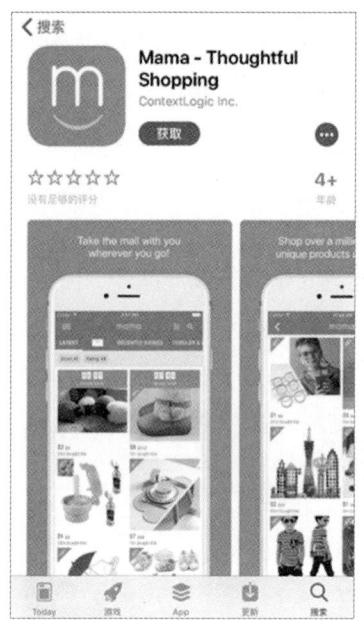
图 4-5　Wish 旗下 Mama 的获取界面

 4.1.4　开通店铺

卖家可以免费注册 Wish 账号，进行资讯订阅、信用卡使用、商品发布和促销推广，Wish 将收取一定的佣金（订单金额的 15%），产品没有发布数量限制，卖家可以获取 Wish 提供的相应的数据和支持服务。在 2018 年 Wish 推出了账号绑定微信号的功能，商家可以随时随地监测店铺的数据和信息。注册流程如下。

单击"立即开店"按钮。

根据提示的信息，填写注册邮箱、密码、手机号码、图像验证码，以及手机验证码，如图 4-6 所示。

阅读 Wish 与商户协议，单击"同意已选条款"按钮，如图 4-7 所示。

接下来会收到 Wish 发来的验证邮件，我们需要登录邮箱去激活 Wish 的认证，如图 4-8 所示，在认证邮箱后，即可成功注册店铺。

图 4-6　Wish 的注册界面　　　　　　　　　图 4-7　Wish 的商户协议

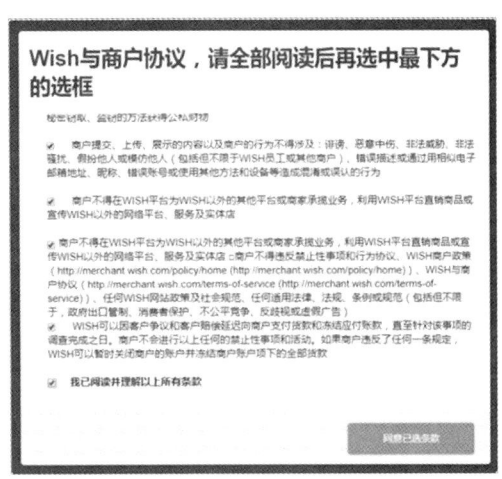

图 4-8　Wish 的开户界面

如图 4-9 所示，输入店铺名称，注意不能带"Wish"的字样，不能有知名品牌和名人的字样，一旦确定无法更改，还要输入卖家的真实姓名、办公地址及邮编。

然后进入实名认证的环节。Wish 提供了两种认证方式，一种是个人账号实名认证，一种是企业账号实名认证，如图 4-10 所示。从本质上讲，个人账号和企业账号在流量上并没有太大的差异，企业账号的优势是，在后期店铺规模扩大以后，更容易得到 Wish 平台和招商经理的扶持。

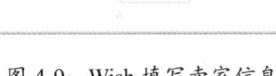

图 4-9 Wish 填写卖家信息　　　　　图 4-10 Wish 注册认证

如果卖家注册了个人账号，以后想升级企业账号也是没有问题的。卖家可以给 Wish 写邮件，只要提供注册邮箱、用户名、QQ 号、店铺法人姓名、店铺法人身份证号、公司名称，以及营业执照注册号即可，大概需要 3~5 个工作日实现。个人账户实名验证界面如图 4-11 所示。

图 4-11 个人账户实名验证界面

接下来进入认证环节。我们需要准备拍照工具、身份证、深色笔和一张 A4 白纸，在光线充足的地方，将验证码写到 A4 纸上，将身份证和 A4 纸置于胸前。保证验证人正脸、手肘和上半身全部清晰地出现在镜头前。认证环节是 Wish 注册最关键的环节，一个信息传递错误就容易导致账号注册失败。可以使用数码相机或者像素较高的手机，确保拍照的效率和准确性（整个认证过程必须在 15 分钟内完成），如图 4-12 和图 4-13 所示。

第 4 章 跨境电商平台：Wish | 149

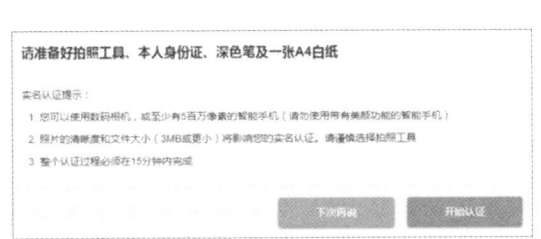
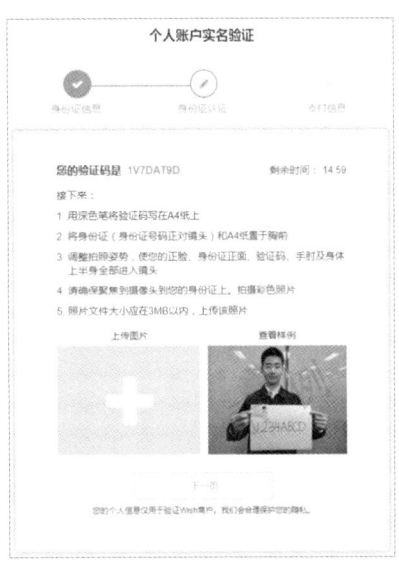

图 4-12　Wish 注册认证环节　　　　　图 4-13　Wish 注册的规范

信息填写完毕以后，我们就可以进行支付信息的设置，根据自己的情况来选择收款渠道，常用的有 PayPal、PingPong、Payoneer 和 PayEco 等，如图 4-14 所示。支付信息填好之后，需要等待 Wish 的审核，审核时间一般是 3 个工作日，如图 4-15 所示。

图 4-14　Wish 注册的支付平台选择

图 4-15　店铺审核

企业账号的注册和个人账号非常类似，需要提供营业执照的扫描件和统一社会信用代码，其他的步骤基本类似，如图 4-16 和图 4-17 所示。

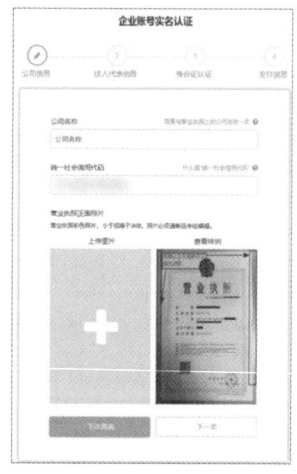

图 4-16　Wish 企业注册步骤

图 4-17　Wish 企业注册身份证认证

有一点要强调的是，从 2018 年 11 月开始，新注册的 Wish 商户需要缴纳 2000 美元的保证金，注销账户时，若商户没有违规行为，保证金可退还。这项规定是 Wish 为了保证商户的质量而实施的，提高了 Wish 创业的门槛。

Wish 平台的规则是，每一个实体只能拥有一个账号，如果公司和个人拥有多个账号，则多个账号有可能被暂停。个体工商户是不可以注册企业账号的。

4.1.5　后台界面

在登录 Wish 后台之后，我们可以看到几个重要的部分。首先是在页面左边的平台通告、更新和站点地图等内容，方便我们查阅平台的最新消息和内容的更新。在页面中间的部分，可以看到店铺新产生的订单、Wish 的官方客服联系方式、诚信店铺的状态及 Wish Express 的加入计划，如图 4-18 所示。

图 4-18　Wish 登录的主界面（一）

通过图 4-19 所示的平均订单评级，我们可以了解到目前客户对于店铺的满意程度。从图中还能看到店铺将收到的金额及还未确认收货的订单金额。这里要注意，Wish 账户余额是不可以马上提现的，要等 Wish 定期打款到卖家的美元账号才可以，Wish 的打款时间是每个月的 1 日和 15 日。图 4-19 的下半部分是店铺的有效跟踪率、妥投率，是店铺的物流服务指标。

图 4-19　Wish 登录的主界面（二）

图 4-20 和图 4-21 所示是店铺的历史数据，包括总体浏览数、总销售额、过去 7 天浏览数和过去 7 天的销售额，卖家还可以看到数据的增长曲线。

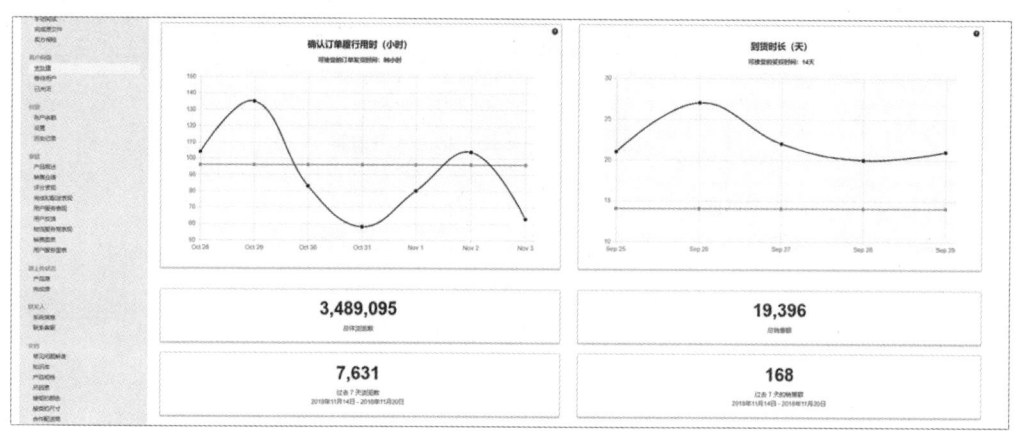

图 4-20　Wish 主界面的数据（一）

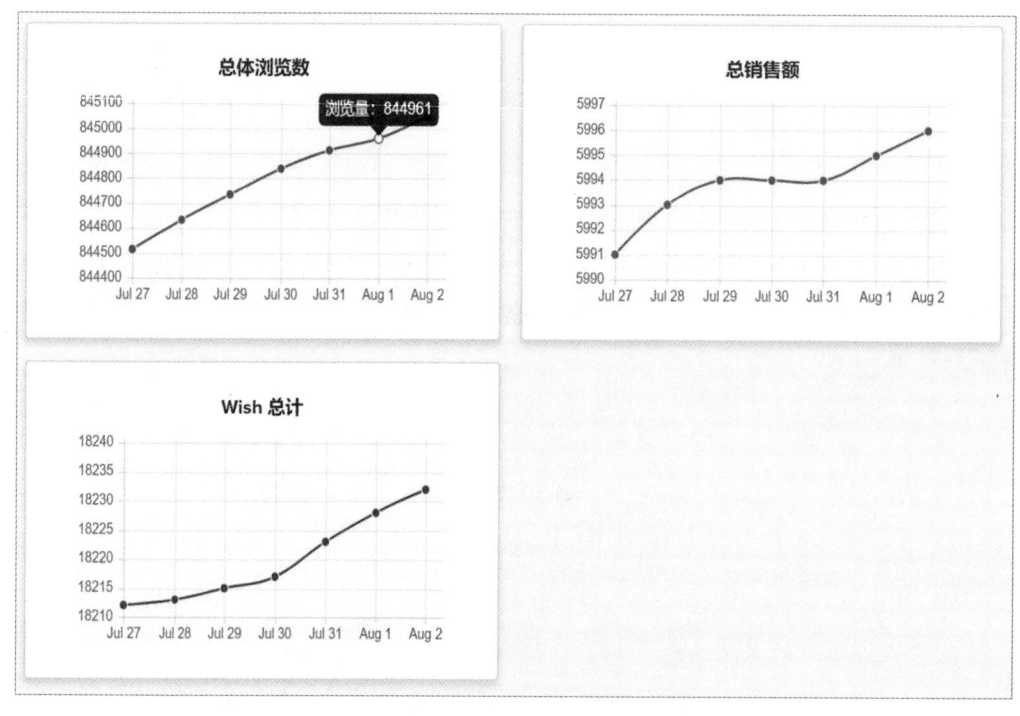

图 4-21　Wish 主界面的数据（二）

Wish 的产品管理界面包含了店铺里所有的产品，Wish 会根据销量对产品进行排序，排在最前端的就是店铺销量表现最好的产品，如图 4-22 所示。

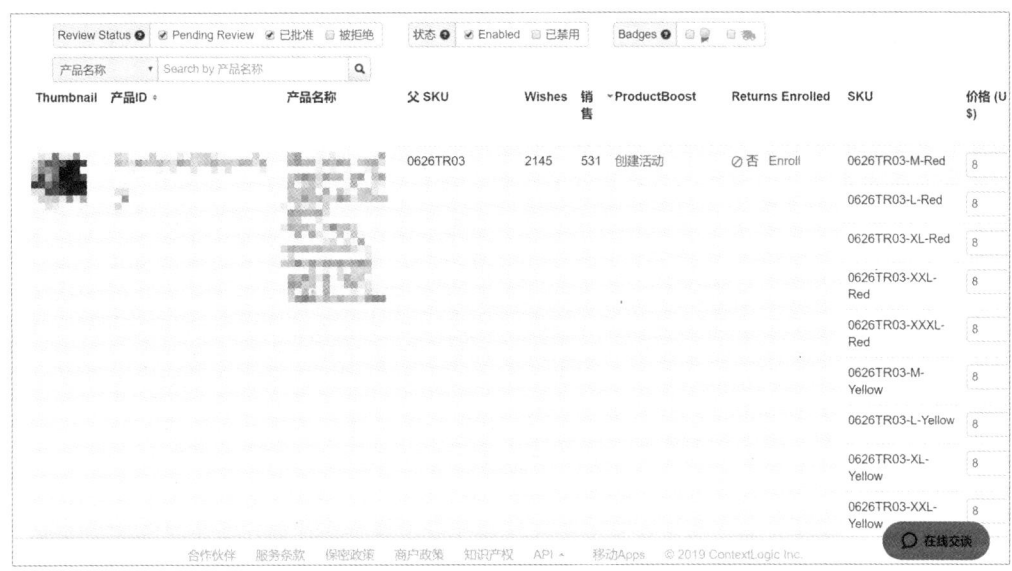

图 4-22　Wish 的产品管理界面

如图 4-23 所示，Wish 的库存和定价界面的最右端有一个"措施"按钮，单击此按钮可以编辑产品、修改产品的 Tag、修改库存、添加新的尺寸/颜色，以及编辑对应国家的物流，同时也可以查看此产品的表现和状态。一般在发布产品的时候就要非常谨慎地把各项属性都编辑好，在发布成功以后有很多状态是不能修改的，比如产品的主图、标题和描述等。价格只能下调，涨价有很严格的规则限制。如果要减少库存也要严格按照 Wish 的规则，所以建议卖家一次性把产品信息设置准确，避免以后运营出现麻烦。

如图 4-24 所示，在 Wish 的订单界面，我们可以看到店铺已经产生的订单、发货剩余时间、产品的价格、总成本等信息。

Wish 有严格的发货规定，卖家一定要按时发货和填写物流信息。如果买家要求更换配送地址，我们可以单击"措施"按钮来更改，也可以查看是否因为延迟发货产生了退款。如果有产品缺货，我们可以单击订单后面的"措施"按钮进行退款，如图 4-25 所示。

如图 4-26 所示，我们可以看到 Wish 的历史订单，有些是已发货的订单，有些是已退款订单。如果对订单有疑问或者想要联系买家，可以单击订单对应的"措施"按钮。卖家应确认好订单再发货。

图 4-27 所示为 Wish 的罚款界面，卖家一定要留意被罚款的订单，确认被罚款的原因并及时改进。如果不清楚问题出在哪里，以后的罚款会越来越多，亏损也会越来越大。众所周知，Wish 平台的规则非常严格，罚款很严重，卖家要多关注。

图 4-23　Wish 的库存和定价界面

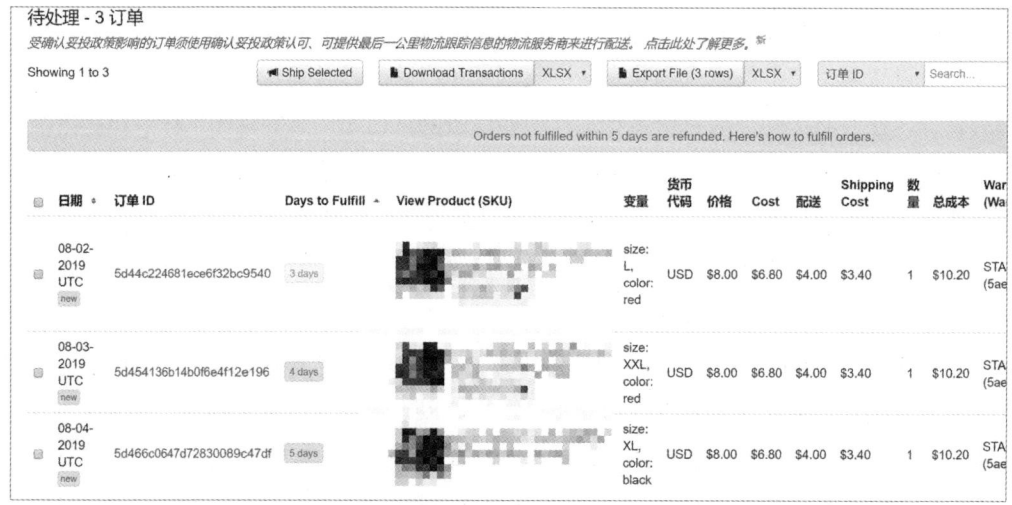

图 4-24　Wish 的订单界面

图 4-25　Wish 的订单管理界面

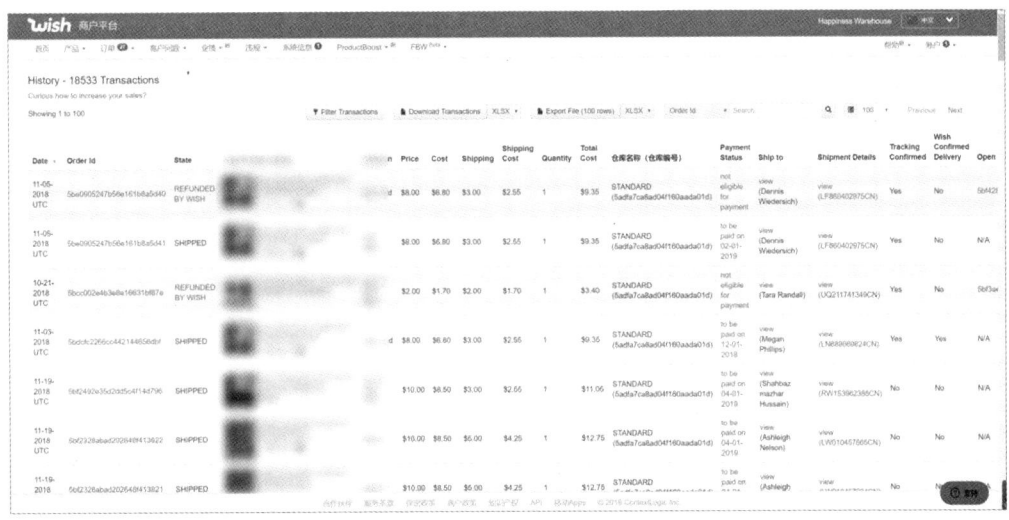

图 4-26　Wish 的历史订单界面

图 4-27 Wish 的罚款界面

如图 4-28 所示，在 Wish 的客户问题界面，主要集中的是客户对产品及订单的疑问。Wish 平台和其他平台最大的区别在于，Wish 的官方客服会协助卖家来解决客户的问题。有些问题甚至不需要卖家，客服就能解决。但是有些涉及产品和订单的问题，需要卖家来解决。Wish 的官方规定是，卖家要尽量在 24 小时内给客户回应。

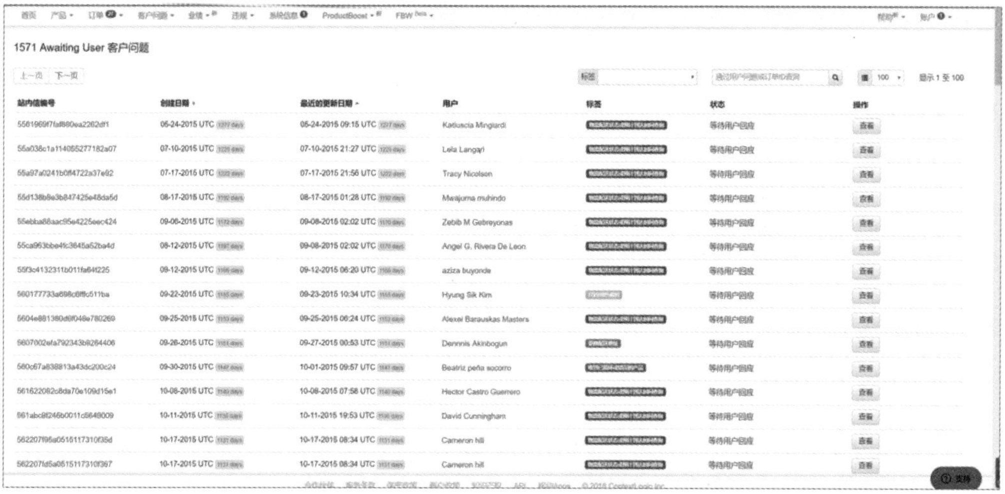

图 4-28 Wish 的客户问题界面

如图 4-29 所示，在产品业绩界面，可以看到每周的上架产品总数、SKU 总数、每个产品的 SKU 数量、平均价格、浏览数、成交总额等数据。通过这些数据我们可以大概了解过去一周店铺的总体运营情况、更新的产品及产生的交易额，方便我们做后续的分析。

Product Data Overview									导出 CSV
Time Period	Enabled Products With Inventory	Total SKUs	SKUs Per Product	Average Price	Average Shipping	Price to Shipping Ratio	Average Additional Images Per Product	浏览数	成交总额
07/22/19 - 07/28/19	72	835	11.60	$9.10	$3.40	2.68	8.42	75,920	$106.25
07/15/19 - 07/21/19	72	835	11.60	$6.67	$4.44	1.50	8.42	72,130	$85.00
07/08/19 - 07/14/19	72	835	11.60	$8.00	$4.00	2.00	8.42	40,084	$40.80
07/01/19 - 07/07/19	72	835	11.60	$5.00	$5.00	1.00	8.42	36,062	$8.50
06/24/19 - 06/30/19	72	835	11.60	$0.00	$0.00	0.00	8.42	489	$0.00
06/17/19 - 06/23/19	617	3,837	6.22	$0.00	$0.00	0.00	7.44	571	$0.00
06/10/19 - 06/16/19	618	3,838	6.21	$0.00	$0.00	0.00	7.43	588	$0.00

图 4-29　Wish 的产品业绩界面

图 4-30 展示了店铺最核心的数据。首先可以看到整个平台排名第一的店铺在过去的一周的表现，激励卖家进步。其次可以看到 Wish 运营里最重要的一组数据：产品浏览数、"购买"按钮点击率、购物车浏览数、结账转换率。其中最重要的就是"购买"按钮点击率和结账转换率，是我们日常运营店铺和考核店铺最重要的两个参考指标。

Aggregate View | Product View | Per Country Breakdown

Top Merchant

日期范围	产品浏览数	Buy Button Clicks	Buy Button CTR	Shopping Cart Impressions	订单	Checkout Conversion	成交总额	Product Breakdown
07/22 - 07/28	2,530,983,573	1,606,864	0.0635%	1,606,864	288,328	17.94%	$1,135,716.65	View Product Breakdown

Your Stats　　　　　　　　　　　　　　　　　　　　　　　　　　　　导出 CSV

日期范围	产品浏览数	Buy Button Clicks	Buy Button CTR	Shopping Cart Impressions	订单	Checkout Conversion	成交总额	Product Breakdown
07/22 - 07/28	75,920	35	0.0461%	35	10	28.57%	$106.25	View Product Breakdown
07/15 - 07/21	72,130	41	0.0568%	41	9	21.95%	$85.00	View Product Breakdown
07/08 - 07/14	40,084	31	0.0773%	31	4	12.90%	$40.80	View Product Breakdown
07/01 - 07/07	36,062	15	0.0416%	15	1	6.67%	$8.50	View Product Breakdown
06/24 - 06/30	489	0	0.0000%	0	0	0.00%	$0.00	View Product Breakdown

图 4-30　Wish 的销售表现界面

打造诚信店铺是 Wish 运营非常重要的一个环节，也是 Wish 店铺打造出爆款的基石。因此，卖家一定要把打造诚信店铺作为运营的第一要素，这样才可以博取 Wish 的信任，从而获取最大的流量倾斜。如图 4-31 所示，诚信店铺的考核有 5 个指标，分别是仿品率、有效跟踪率、延时发货率、30 天平均评分和在 63 天到 93 天内的退款率。如果这 5 个指标都达到了平台要求，店铺就是诚信店铺并且会有流量倾斜；如果有一个指标超标，诚信店铺就会被取消。

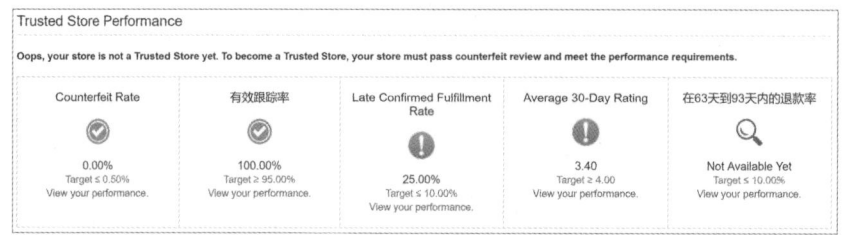

图 4-31　Wish 的诚信店铺表现界面

Wish 的销售数据曲线如图 4-32 所示，我们可以根据它来判断店铺在这个周期的运营状况。曲线可从三个维度来展示，分别是 Wishes（收藏数量）、Product Impression（产品曝光）和 Purchased（购买数量）。卖家也可以调整周期来观察曲线，周期可以是几天、几周。

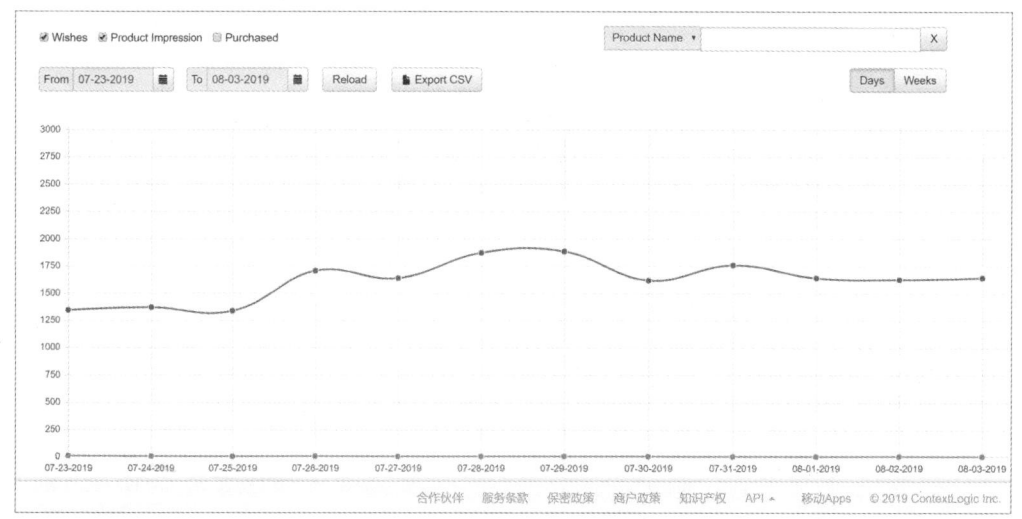

图 4-32　Wish 的销售数据曲线

如图 4-33 所示，Wish 的商户违规界面展示的是店铺的违规行为及侵犯知识产权的行为。众所周知，Wish 对于侵权零容忍，所以 Wish 平台对于侵权店铺的处罚非常严厉，有些店铺不以为然，结果遭到了 Wish 关店的惩罚。所以在发布产品的时候，千万不要有侥幸心理，一定要严把知识产权关，保证店铺不遭受不必要的惩罚。Wish 的平台规则也很严格，除了对知识产权的把控，对于违反平台规则、给平台和买家带来伤害和不良购物体验的卖家，Wish 也会给予非常严厉的惩罚。

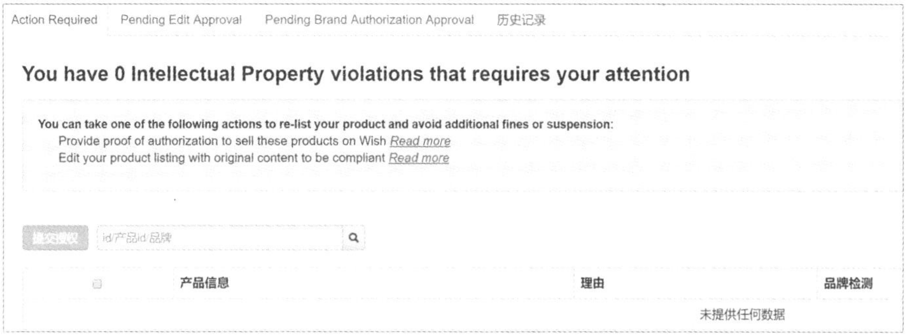

图 4-33 Wish 的商户违规界面

如图 4-34 所示，在违规历史记录里我们可以看到存在知识产权侵权的产品信息。如果出现二次侵权，Wish 会给予严厉的惩罚。

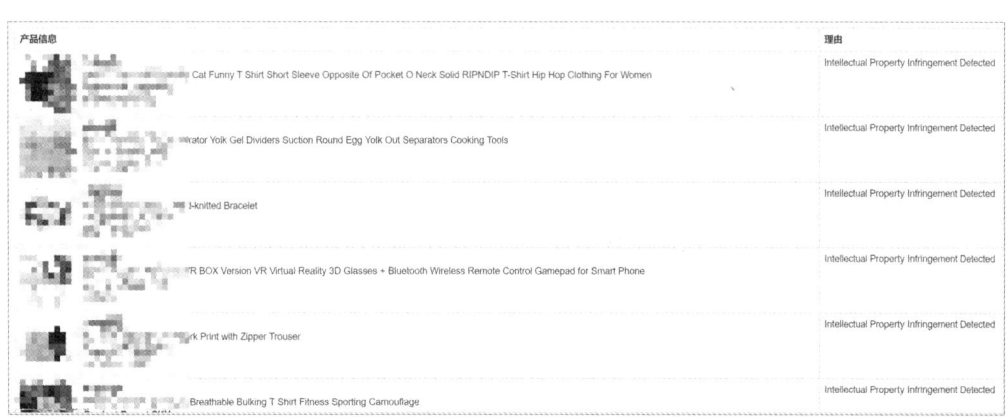

图 4-34 Wish 的违规历史记录界面

如图 4-35 所示，Wish 的系统信息界面是卖家获取平台通知的重要渠道，包括政策警告、付款、交易退款、待审核的订单等。几乎所有和平台的互动都会在这个界面体现，卖家需要每天查看。

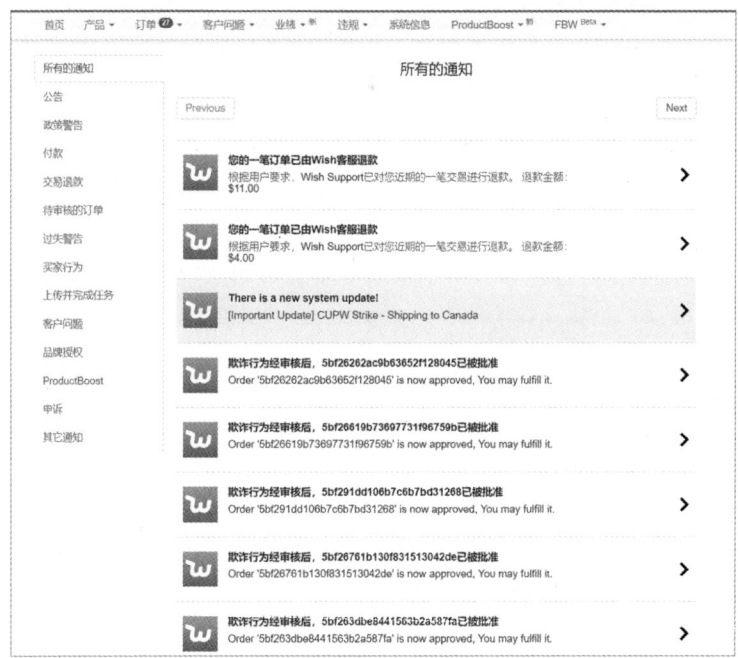

图 4-35　Wish 的系统信息界面

Wish 平台公告对卖家来说是重要的信息来源，平台的政策调整都会通过公告的形式来传递，如图 4-36 所示，包括一些重要的物流调整，以及平台的政策调整等。

跨境电商从开始到现在，经历了三个时代。跨境电商 1.0 时代是铺货的时代，大量卖家通过注册店铺和海量铺廉价的货物取胜。后来随着全球消费升级，这样的经营模式行不通了，跨境电商进入了 2.0 时代，实行品牌化战略，优质的产品蜂拥而出。但是随着亚马逊的全球扩张，更多人愿意接受更便捷的本地化服务和本地化物流，所以跨境电商 3.0 时代到来。大量的卖家为了顺应大势，开始开辟海外仓服务，提升客户体验。Wish 为了顺应这波潮流，开通了 FBW（Fulfillment By Wish）服务，即 Wish 官方海外仓服务，更加方便地把产品传递到客户手中，FBW 申请界面如图 4-37 所示。

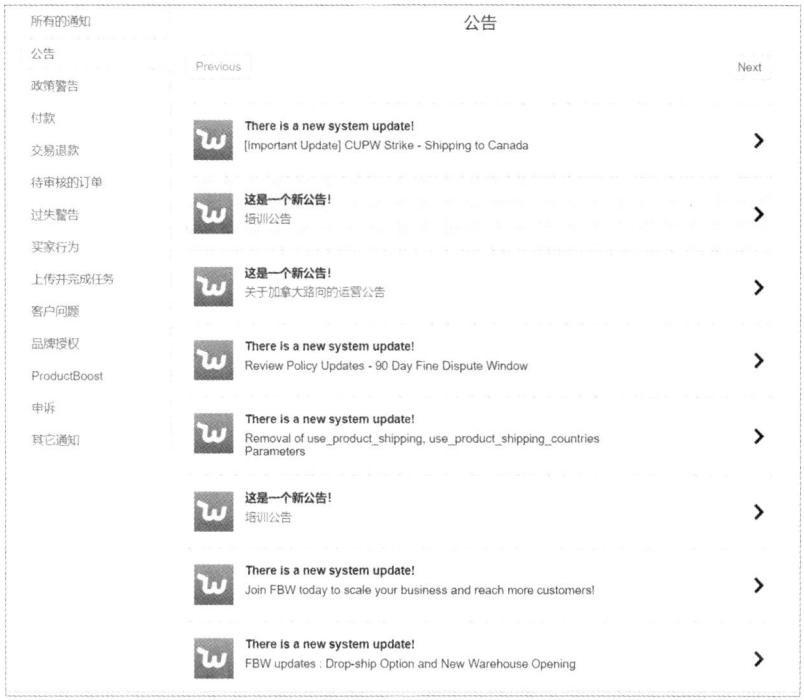

图 4-36　Wish 的系统公告

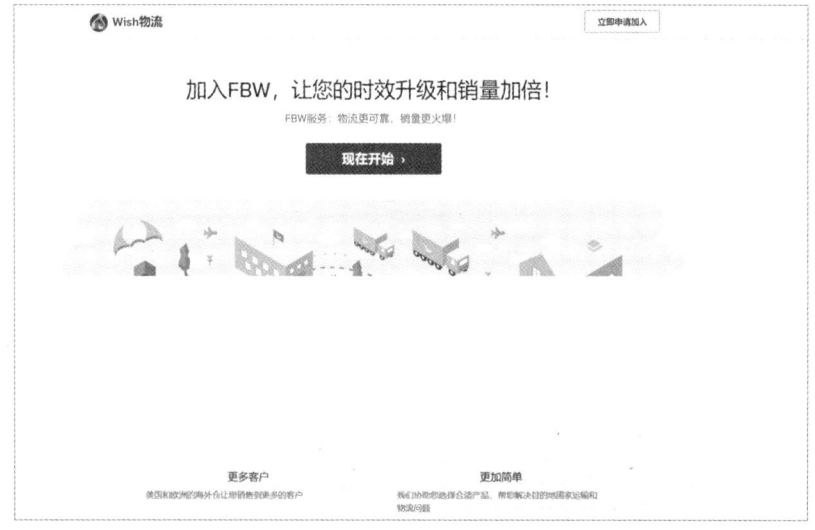

图 4-37　FBW 申请界面

目前 FBW 只支持美国和欧洲这两个 Wish 流量最大的区域，如图 4-38 所示。

图 4-38　FBW 的国家选择界面

选好区域以后，需要上传税表，如图 4-39 所示。卖家要根据当地的情况如实填写图 4-40 所示的表格。加入 FBW 的产品，Wish 会有大流量扶持，相对容易做出爆款，从而提升店铺的等级。当然做海外仓也会有风险：费用较高，并且需要备一些货在海外。卖家要理性选择。

在 Wish 主界面的右上角，有一个"帮助"按钮，里面有丰富的内容，包括 Wish 政策、系统更新及微信公众号等，可以帮助卖家解决运营中的问题，如图 4-41 所示。

"帮助"按钮旁是"账户"按钮（见图 4-42），可以进行配送设置、付款设置，查看付款历史记录、充值历史记录等，除非有非常紧急的需要更改设置的情况，一般不必改。

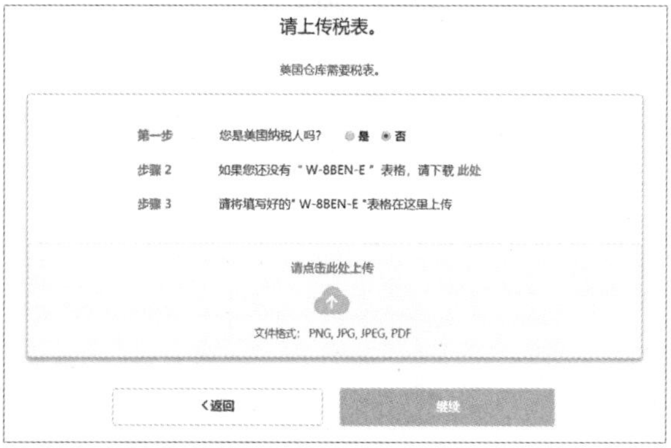

图 4-39　FBW 的上传税表界面

图 4-40　FBW 的表格填写

图 4-41　Wish 的帮助界面　　　图 4-42　Wish 的账户总览

Wish 的后台账户如图 4-43 所示，包括用户名、邮箱和密码等。这里要强调的是，账号必须绑定手机号和微信号，否则收不到 Wish 的打款。Wish 这样做主要是为了避免卖家大量注册账号扰乱市场。

图 4-43　Wish 的后台账户

Wish 的卖家账号信息一旦注册好是不能更改的，包括手机号和邮箱等。平台会收取 15% 的佣金，假如一个订单金额是 100 美元，Wish 会抽走 15%，卖家实际到手的金额是 85 美元，如图 4-44 所示。

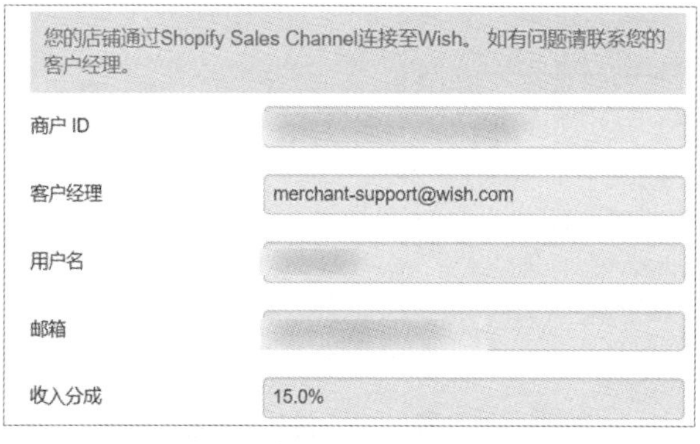

图 4-44　Wish 的 ID 和佣金介绍

Wish 的店铺名称可以随意选取，但是不可以把一些大品牌的品牌名放到店铺名字里，不可侵权。Wish 的店铺名称设置界面如图 4-45 所示。

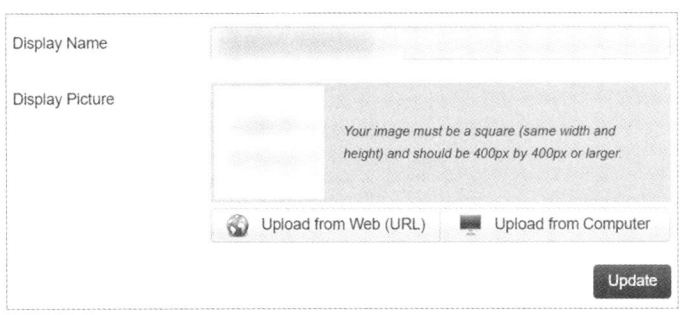

图 4-45　Wish 的店铺名称设置界面

Wish 的物流是所有跨境电商平台里最简单的，只认可官方的 Wish 邮（WishPost），卖家没有其他选择。但是 Wish 邮里包含的物流渠道有很多，卖家可以根据自己的情况，登录 Wish 邮后台去选择。Wish 的物流介绍如图 4-46 所示。ERP 的物流对接如图 4-47 所示。

Wish 的登录速度不尽如人意，所以更多的卖家选择用 ERP（Enterprise Resource Planning，企业资源计划）来管理店铺和产品，提高经营效率。PingPong、店小秘、Mangoerp 都是支持的，如图 4-48 所示。

如果卖家想要注销账户，可以从后台来实现，但是 Wish 有一些强制性的规定（见图 4-49），只有符合后台的规定才可以注销账户。账户关闭之后，如果店铺没有违反 Wish 平台的规定，将收到之前预缴的 2000 美元注册费。

图 4-46　Wish 的物流介绍

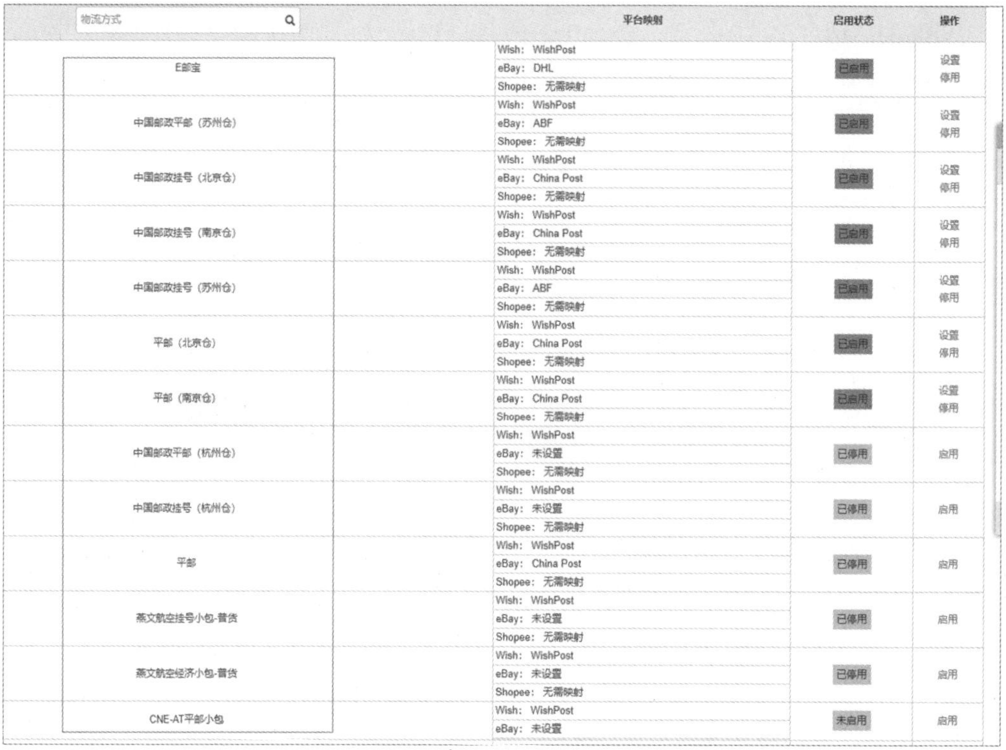

图 4-47 ERP 的物流对接

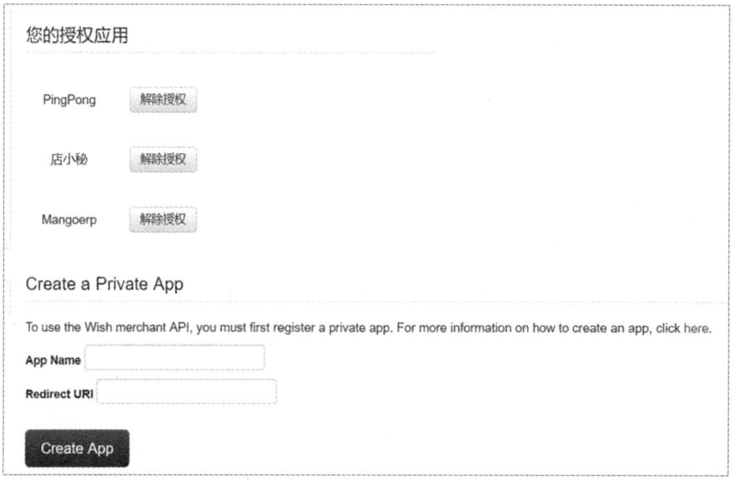

图 4-48 Wish 的授权 ERP 界面

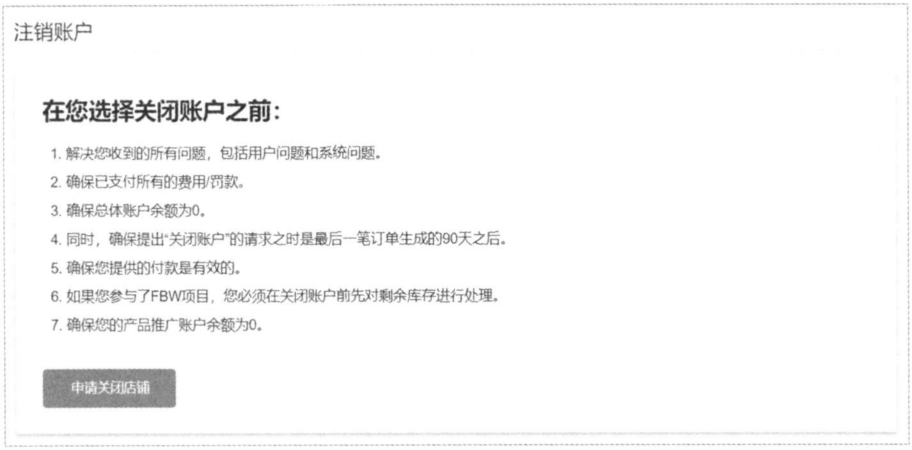

图 4-49 Wish 关闭账户界面

4.2 Wish 卖家政策解读

4.2.1 注册账号

注册 Wish 账号的时候一定要注意以下几点。

（1）提供的资料不准确会导致账号注册失败。

（2）一套资料只能注册一个账号，如果用同样的资料注册多个账号，会导致账号被暂停。

（3）新注册账号需要缴纳 2000 美元注册费，同时，长期不活跃的账号也需要缴纳 2000 美元店铺预激注册费，具体见图 4-50。

图 4-50　Wish 注册账户的政策说明

4.2.2　产品发布

在发布产品之前，请仔细研读 Wish 大学的课程和 Wish 的品牌列表，避免发布的时候侵权，导致店铺被罚。

发布产品时需注意以下几点。

（1）产品图片、标题和描述的信息必须和售卖的产品相吻合，否则店铺会被暂停或者罚款。要用正确的信息引导客户下单，而不是靠欺骗，避免出现货不对板现象。Wish 的发布产品规则如图 4-51 所示。货不对板案例如图 4-52 和图 4-53 所示。

2. 产品清单

最近更新于：2018年8月15日

2.1 产品上传期间提供的信息必须准确

如果对所列产品提供的信息不准确，该产品可能会被移除，且相应的帐户可能面临罚款或被暂停。

2.2 Wish 严禁销售伪造产品

严禁在 Wish 上列出伪造产品。如果商户推出伪造产品进行出售，这些产品将被清除，并且其帐户将面临罚款，可能还会被暂停。

2.3 产品不得侵犯他人的知识产权

产品不得侵犯他人的知识产权。这包括但不限于：版权、商标和专利。商户有责任确保其产品没有侵犯他人的知识产权，并且在刊登产品前积极进行知识产权检查。如果商户反复刊登侵犯他人知识产权的产品，那么相关侵权产品将会被系统移除，商户账号也将面临至少500美元的罚款和/或被暂停交易的风险。

如果商家继续反复侵犯他人的知识产权，那么该账号将面临更高的罚款、被暂停交易和 / 或被终止交易的风险。

罚款可于生成之日起90天进行申诉和审批。但如果罚款未在90天内获批，其将不可再撤回。以上政策将于2018年11月12日起生效。

2.4 产品不得引导用户离开 Wish

如果商户列出的产品鼓励用户离开 Wish 或联系 Wish 平台以外的店铺，产品将被移除，其帐户将被暂停。

2.5 严禁列出重复的产品

严禁列出多个相同的产品。相同尺寸的产品必须列为一款产品。不得上传重复的产品。如果商户上传重复的产品，产品将被移除，且其帐户将被暂停。

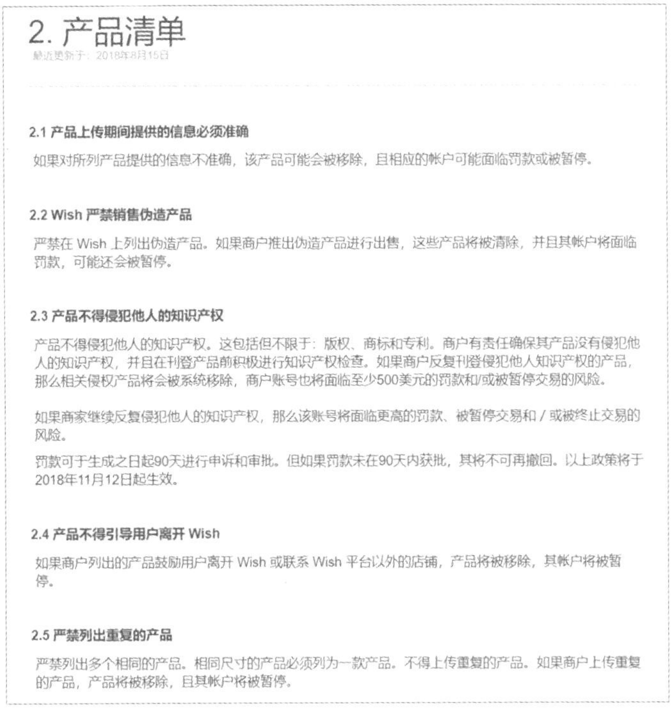

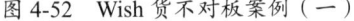

图 4-51　Wish 的发布产品规则

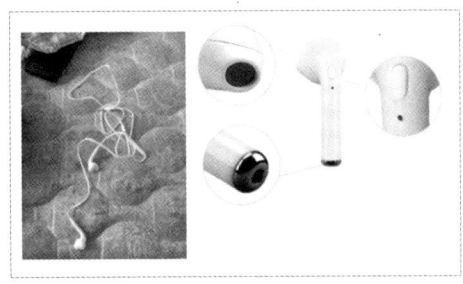

图 4-52　Wish 货不对板案例（一）

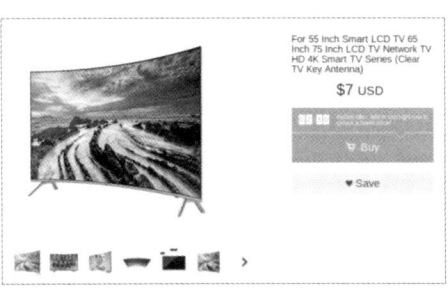

图 4-53　Wish 货不对板案例（二）

（2）不可以发布侵权产品。

（3）不得重复铺货，也不可以引导客户离开 Wish 平台进行交易。

（4）在 Wish 平台不可以将现有产品更新成一个全新的产品，否则会被罚款 100 美元或者暂停交易。也就是说，已经发布的产品是不可以更换成其他类似产品的，如果有必要，可以重新发布。

（5）不可以销售禁售品，如药材、枪支弹药及化学药品，具体可以查看 Wish 后台的禁售列表详细信息。

（6）SKU 要和产品主体有强关联，不能是差异太大的产品，如产品的配件。

（7）不可以发布具有误导性的产品，比如图 4-52 中卖的是无线耳机，而客户收到的是有线耳机，将无线耳机卖成有线耳机，这样的行为就是属于误导客户，如果这样欺骗客户，每一笔订单将罚款 100 美元。再比如，图 4-53 中，一台 55 寸高清电视的价格是 7 美元，完全不符合市场价格，因为按照常识判断，一台电视的价格是远高于 7 美元的，这就会被归类为欺诈行为，误导了客户，同样每一笔订单罚款 100 美元。

4.2.3 产品促销

在 Wish 平台，一旦产品进入促销，其主图左上角会出现一个黄色的钻石。卖家只能更改促销中产品的标签、价格和库存等，其他的属性理论上都不可以改动，只能在可接受的范围内微调。具体来看，促销原则有以下几条。

（1）不可以对促销产品提价。

（2）可以在可接受的范围降低库存，具体来说，在 14 天内，可以至多减少 50%或者 5 个（取数额较大者）促销产品。

（3）不可以下架或者禁售热销产品，否则店铺可能被罚款。

（4）不可以对促销产品进行编辑，可以优化标签和提升库存数量。

（5）不可以给促销产品增加新的变体。

4.2.4 履行订单

Wish 对发货的要求较高，卖家必须要保证发货质量。一般在订单生成以后，5 天以内一定要履行，如果没有履行，会被罚款 50 美元，产品也将被下架。如果对于爆款产品因为疏忽没有发货，被下架后，推送权重会快速下降，这对于店铺来说，是非常致命的打击。Wish 对于退款率的把控也非常严格，一定要把握好产品和物流，尽可能降低退款率。如果退款率过高，账户将会被暂停。

很多卖家为了避免违规和罚款，经常会优先填写快递单号。其实 Wish 对于物流信息的抓取也有非常严格的管控，卖家必须在客户下单后的 7 天内发布有效的物流信息，而且一定要用 Wish 平台认可的物流渠道，也就是 Wish 邮。如果达不到这个标准，卖家将会被罚款订单金额的 20%或者 1 美元（取最大），所以卖家一定要及时备货和发货。

如果使用虚假单号履行订单，卖家将会被处以全部订单金额外加 100 美元的罚款，如果无故取消买家订单，将罚款 50 美元，并且屏蔽产品 48 小时。

Wish 的退款政策也非常严格，配送时间过度延迟的订单，卖家户将承担全部退款；因为尺寸和颜色的问题产生的纠纷，卖家将承担全部退款；卖家参与欺诈活动的订单，卖家将承担全部退款；商品在配送时被损坏的订单，卖家将承担全部退款；商品与描述不符的订单，卖家将承担全部退款；商品如果被判定为仿品，卖家将承担全部退款；商品如果配送到错误的地址，卖家将承担全部退款；如果包裹被退回，卖家将承担全部退款；使用非 Wish 认可的物流途径发货的订单，卖家将承担全部退款。

更多详细信息可以参考 Wish 后台的规则。

4.2.5 账户政策

如果不遵守 Wish 的平台规定，卖家的店铺会处于暂停状态。Wish 平台暂停店铺有两种方式，一种是可申诉暂停，一种是永久暂停。可申述暂停状态下，卖家需要递交店铺被暂停的原因及将来的店铺改进计划，有申诉入口可以进入。而如果是永久暂停，Wish 是不提供申诉入口的，平台将在三个月后退还店铺余额给卖家。

4.2.6 付款政策

一般来说，在物流信息被物流商确认后，Wish 就会打款给卖家。但是有很多卖家使用的是平邮小包，其特点是只有出关信息而并没有妥投信息，这种类型的订单，卖家要在 90 天后才能收到货款。如果卖家没有开启店铺两步验证，没有绑定微信，Wish 也不会给卖家打款。所以要想获得 Wish 的打款，一定要严格遵守 Wish 的规定。

4.2.7 Wish Express 政策

很多卖家顺应跨境电商 3.0 时代的大趋势，开启了 Wish 的海外仓和本地化服务。但是海外仓也有相关的规定和政策，一旦违反，会起到适得其反的效果。例如，订单需要在生成之日起 5 个工作日内妥投，Wish Express 的订单在订单生成之日起 10 个工作日内确认妥投，才具备可支付资格。如果订单有延时，Wish 同样会处罚 20% 的订单金额或者 1 美元（取最大）。所以选择海外仓一定要谨慎，做海外仓不但在物流费和仓储费上会有较高的成本，而且对妥投也有较高的要求。

从以上规则不难发现，Wish 平台的相关政策和规定还是非常严格的。要想做好 Wish 这个平台，我们必须要仔细阅读平台的相关政策，并且严格遵守执行。之所以 Wish 在 2017 年出台了更严格的规定，就是因为之前很多卖家钻政策的漏洞，获取了大量的订单，深深伤害了本分经营的卖家及 Wish 平台。严格的法规使得所有卖家都可以在一个平等的环境中经营，净化了市场。

4.2.8 规避罚款的技巧

很多卖家都会隐隐担心被罚款，笔者给出了避免罚款的方法，如图 4-54 所示。

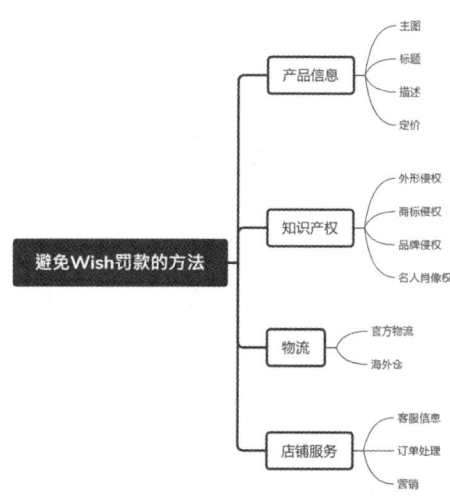

图 4-54　Wish 避免罚款的方法

（1）产品方面。在发布产品的时候，首先一定要撰写正确的标题并且选取准确的关键词，选取和产品关联度高的标签，保证产品获取的流量是准确的流量，这样买家看到产品不会困惑。例如，不能为提高曝光度而在男装中嵌入女装这种流量词标签。

（2）产品主图。主图的上传是 Wish 极为重要的一个运营环节，其反映了产品的主要信息。在发布产品的时候，主图一定是产品的真实体现，可以有一些装饰和美化，但是一定要在产品特性的基础上进行优化，千万不可以传递错误的信息，导致店铺被罚款或者暂停。如果是配件类的产品，一定要强调是某个品牌或者某些产品的配件，而不能将某个品牌的 Logo 和产品图作为主图来使用。有些卖家为了提升点击率，专门使用这样的主图来"蛊惑"买家，这样极容易使买家理解错误，导致货不对板。

（3）产品描述。产品描述是提升转换率极为重要的一个因素，也是传递产品信息的重要板块。很多 3C 产品卖家不注重描述，没有把科技产品的原理和使用时的注意事项在描述里体现出来，导致买家并不知道这个产品的具体使用方法，从而退款，这是非常不合算的。还有些卖家把明明没有的功能加入描述里来吸引买家下单，这样也是错误引导，将来会有惩罚。所以描述一定要体现出产品的真实属性和使用场景，切忌加入莫须有的功能和使用场景。

（4）产品定价。Wish 不允许一个产品拥有较大差异的 SKU 价格，比如一款童装，3 岁款卖 6 美元，4 岁款卖 20 美元，5 岁款卖 25 美元，这样的差异化是不合理的，并且是平台不认可的。所以在定价的时候千万不要为了引流将一款 SKU 定价极低，而将其他的定为正常销售价格。

（5）知识产权。知识产权问题是较为棘手的一个问题，有些卖家为了短期谋取巨大利润铤而走险，结果罚款和封号接踵而来。理论上讲，没有 100%安全的方法去避免侵权，因为有些小品牌目前没有注册成功，而注册成功之后开始大面积维权，就会牵连卖家。笔者建议，一定要多学习 Wish 品牌大学的课程，Wish 平台会不定期更新品牌，对于这些品牌我们一定要避而远之。抄袭和跟卖的做法不可取，避免侵权最好的办法就是，自己创立品牌，自己研发产品，这样做 Wish 的生意是最安心并且有成就感的。如果不小心侵权，则一定要及时检查店铺是否还有类似品牌的产品，要及时下架止损。因为如果二次侵权，那么罚款的力度要大很多。

（6）物流方面。Wish 邮是 Wish 官方唯一认可的物流，所以在选取物流的时候，选取离卖家最近的 Wish 邮仓库即可。物流罚款是 Wish 平台较常见的罚款。主要是配送时间过长导致退款,没有追踪号导致罚款和退款,延时发货率高导致了罚款和退款。所以对于每天有稳定出单量的产品一定要在仓库把货备充足,保证随时可以发货。发货以后,一定要及时填写物流信息,保证物流的上网率。

对于没有稳定出单量的产品,要保证出单以后第一时间进行订货和采购。选取供应商的时候,尽量选取周边的工厂,保证物流的快捷和方便。选取 Wish 邮仓库的时候,尽量选取离发货地近的。有妥投要求的国家,一定要按照 Wish 邮的要求来发货,这样才可以保证不因为物流而罚款。在做 Wish 客单价相对较高的产品的时候尽量选择快速稳定的物流来发货,比如 Wish 邮欧洲小包、Wish 邮 EPacket,以及 Wish 达等。在使用 Wish 海外仓的时候,一定要等货物到达仓库以后再选择海外仓的选项,避免达不到海外仓要求的发货指标,导致罚款和绩效指标不合格。在选择海外仓的时候,一定要选择有 ERP 的供应商,这样,当有海外仓订单的时候,我们就可以通过 ERP 方便地与海外仓进行沟通,并安排发货,从而保证我们的发货效率,有效避免罚款。

4.3 平台基础操作

 **Wish 的流量推送原理**

几大跨境电商平台中,速卖通的搜索机制和淘宝极为相似,同为阿里系的平台,以前速卖通也叫作国际版淘宝,两个平台的产品基本上是同一个"流水线"生产出来的。在搜索排名机制上,倾向于将转换率高的产品和与客户搜索匹配度高的产品呈现给买家。而亚马逊的平台算法更为复杂,其搜索排名被 A9 算法的模型控制着,在亚马逊平台上,影响排名的因素多达上百个,所以运营好亚马逊要考虑的因素更多。Wish 平台区别于其他跨境电商平台,淡化了搜索排名机制,通过科学的算法,把产品精准地推送到买家的展示页。所以,只要卖家选择的产品适合平台和目标市场,符合当下潮流,短时期就能打造爆款,实现日出千单。

Wish 平台喜欢把什么样的产品推送给买家?产品类似的前提下,什么样的店铺更能获得平台的青睐?解决这些问题需要了解 Wish 平台的流量推送原理,主要包含产品推荐、搜索推荐和关联推荐三方面内容。

1. 产品推荐

产品推荐是建立在同位流量的创佣值上的，即产品所在匹配流量包的流量水平。创佣值越高，Wish 给予匹配的流量就越高；创佣值越低，Wish 给予此流量包的流量就越低。主要体现在以下几个方面。

1）匹配人群

Wish 对人群的匹配是根据产品信息来进行的，产品信息包括标题、标签、图片和价格等。产品标签越精准、标题越详细、图片的呈现形式越好（通过点击率来体现）、价格越吸引人，得到平台匹配的流量就越多。

2）单品转换数据

单品转换数据主要体现在产品的收藏量、添加购物车的买家的数量、销量和成交额上，对于这些方面表现优秀的产品，平台一定会尽力倾斜更多的流量。产品拥有 Wish 认证标志，代表其已经经受过市场的考验，Wish 也会给予其流量倾斜。当然如果有些产品在海外有库存，并且有海外仓这个选项，即物流体验较好，那么 Wish 也会给予其流量的倾斜。

3）店铺的总体数据

诚信是优秀卖家的必备素质之一，同样的产品出现在不同的店铺，Wish 一定会优先推送诚信度高的店铺的产品，因为这样的店铺更加值得信赖。除此以外，在店铺的总体数据方面影响 Wish 推广的因素还有退款率、妥投率、仿品率及延时发货率。

4）店铺的活跃度

Wish 非常重视店铺的活跃度，如果卖家三天打鱼两天晒网，那么将不会得到太多的推送权限和流量倾斜。提升店铺活跃度的方法包括每日店铺上新、登录 Wish 后台、优化产品、补充库存、及时回答客户的问题、及时处理订单等，每一项做得到位都会给自己的店铺加分，从而得到更多的流量倾斜。

2. 搜索推荐

Wish 的搜索结果中也会有相应的推送，但是这类推送大都是 ProductBoost 广告。Wish 是淡化搜索的，所以这一部分的份额基本都给了付费流量。这里的推送权重主要取决于卖家设定的关键词和买家的搜索词的匹配程度，当然还取决于卖家的出价和产品的质量得分。还有一小部分推送流量是和自然流量相关的，主要为了照顾那些有精准需求的买家。

3. 关联推荐

和其他的平台不同，Wish 不仅仅靠精准推送来呈现产品，对关联产品也会给予非常大的流量，这也是 Wish 平台的特点之一。Wish 淡化了搜索，很多新产品都是靠关联曝光的，Wish 平台也是关联精准度做得最好的跨境电商平台之一。那么，什么样的产品会被 Wish 关联到目前平台卖得最好的产品上呢？笔者认为是：①平台稀缺的产品，同质化较低的产品；②和目前爆款类似，但是又有不同观点的产品，即同类不同款的产品；③海外仓的产品，这不难理解，海外仓的购物体验好，所以 Wish 一定会优先推广海外仓产品；④性价比高并且质量得分较高的产品，这里的质量得分体现在产品的评分、Listing 完整度、发货质量、退款率、转换率和销量等，这些维度表现越好，产品的质量得分越高。

要想得到Wish平台的青睐或者相应的流量扶持，首先，卖家必须要在产品上多下功夫，千万不要人云亦云，用跟卖的手段去获取流量是不可取的。平台运营的核心是产品，七分产品，三分运营，讲的就是这个道理，只有产品选好了，运营推广起来才能游刃有余；如果产品选不好，花再多的力气也是白费。其次，在选好产品的同时，也要选取合适的物流渠道，保证产品的妥投率，合理优化自己的发货流程，保证发货质量。最后，要做好服务，及时回复订单留言。如果有条件，可以做海外仓，提供更好的服务给客户。

4.3.2 解析机器模型算法

通过之前的学习，我们可以推演一下 Wish 的机器模型算法的基本概念。首先将人脑学习模式和机器的学习模式做一个对比。人脑的学习模式是，通过经历事件获取经验，继而总结归纳，获得规律。当有新问题进来以后，人脑会根据之前总结出来的规律，预测未来的行为。如果预测正确，那么将形成新的经验；如果预测错误，那么人脑将进行错误调整，然后重新寻找规律，如图 4-55 所示。

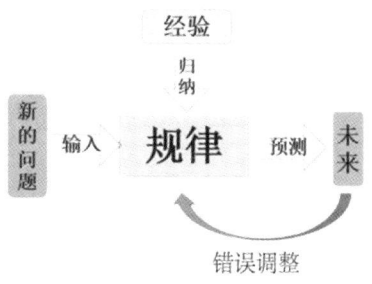

图 4-55 人脑的学习模式

其实,机器模型学习和人脑的学习过程非常类似。只不过机器是通过对历史数据的分析,逐步训练来形成一个学习模型的。当有新的数据导入的时候,机器模型会通过历史数据对新的数据进行分析和学习,进而预测新的未知属性。如果预测到的新的属性是正确的,那么机器模型就将其并入历史数据;如果是错误的,那么模型重新预测,得到新的未知属性。观察人脑学习和机器学习,有很大程度是类似的,不同的是,人脑是灵活的,可以通过经验灵活地掌握规律;而数据模型是死板的,只能通过历史数据来推算未来的属性。所以了解 Wish 平台的算法,一定要多关注 Wish 的历史数据。比如,在 2017 年的圣诞节前,有一款小白兔图案的毛衣销量持续增长,那么在 2018 年 Wish 选择推送产品的时候,优先考虑的就是 2017 年的增长数据,因为模型只能参考历史数据来推算未来的流行趋势。机器算法的根本就是,根据历史数据生成的模型,把更精准的产品推送给客户,如图 4-56 所示。

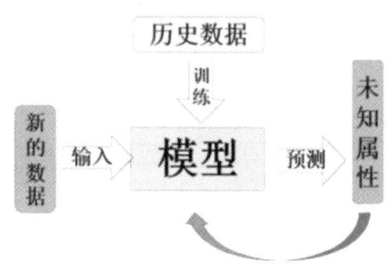

图 4-56 机器学习的模式

所以了解 Wish 的模型非常关键,这里的模型主要体现在两个方面,用户模型和产品模型。

1. 用户模型

首先,我们可以模拟一下新用户的浏览路径。当用户在浏览社交网络的时候,看到了价格非常有吸引力的产品，然后通过社交网络账号直接登录，成为 Wish 的注册用户。Wish 会根据社交网络的数据对用户进行分析，通过用户的基础属性和 AB 测试组，来初步设定用户的标签。然后根据用户的行为（包含浏览行为、点击行为和成交行为），来判断用户的购买喜好。当用户关闭 App 的时候，Wish 可以根据之前的数据，给用户推送 EDM 和 Google AdSense 的推广，然后继续深度学习用户的行为，更多地了解用户以后，就可以把更多用户喜欢的新品推送给用户，如图 4-57 所示。

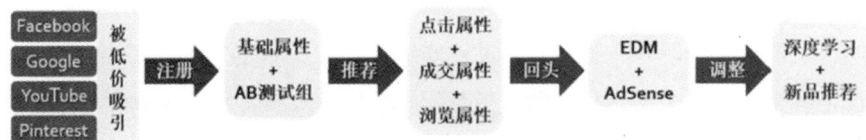

图 4-57　Wish 的新用户行为数据

1）用户基础属性

Wish 的用户特征数据极大影响着营销产品展现的核心权重，其具体内容如图 4-58 所示。Wish 会通过对用户行为的学习与分析，来产生推送行为。

图 4-58　Wish 的用户特征数据

2）AB 测试组

- 用两款产品测试用户的意愿，如果用户选择了 B，并且点击了 B，那么展现和 B 更多的类似的产品，淘汰 A 产品。
- 如果用户把 B 加入了购物车或者收藏夹，平台将持续跟进。
- 开启 AdSense 和 EDM 推送，加深用户对产品的印象。

- 开启关联营销,让用户反复看到他们喜爱的产品。

以上就是 Wish 的模型通过对用户行为的学习而产生的推送行为。

2.产品模型

Wish 对产品有着非常严格的把控,只有产品表现得足够好,才会触发产品模型的推送。一般来讲,Wish 平台产品模型是建立在六个维度之上的,如图 4-59 所示。

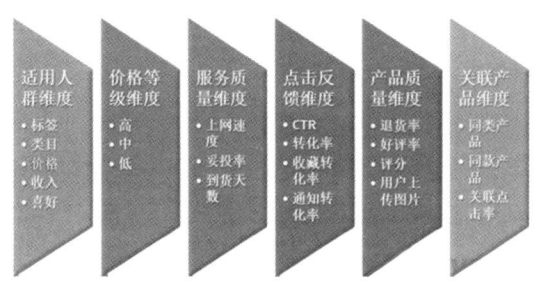

图 4-59 Wish 产品曝光的六个核心维度

(1)适用人群维度。Wish 会依次从标签、类目、价格、收入和喜好这几个维度来搭建模型。要特别注意的是,在产品发布之初就要锁定产品所在的类目,并通过标签来实现。标签一定要准确,因为初始标签越准确,机器测试结果就越准确。Wish 的人群曝光模型如图 4-60 所示。

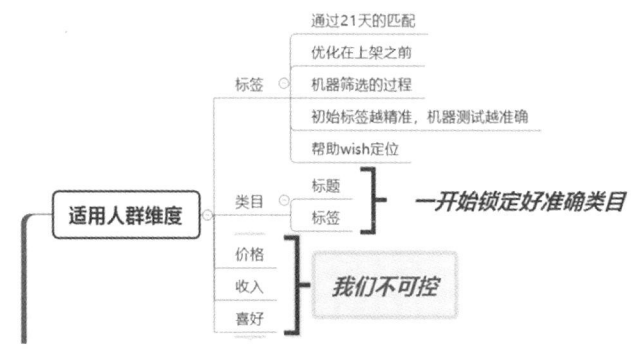

图 4-60 Wish 的人群曝光模型

(2)价格等级维度。Wish 会通过价格来分析产品。产品的价格有高有低,高低是相对的，不是绝对的。比如上班族用的杯子均价是 25 美元，我们卖 20 美元就是低价。但是家庭主妇使用的杯子均价是 10 美元，那么我们卖 20 美元就是高价，所以不同产品的模型是不一样的，尽量做好市场调研，设置合理的价格。Wish 的价格等级维度如图 4-61 所示。

图 4-61　Wish 的价格等级维度

（3）服务质量维度。服务质量主要包括四个维度，上网速度、妥投率、到货天数和客服响应，如图 4-62 所示。如果这四个维度表现得好，很容易被机器选中进行推送。

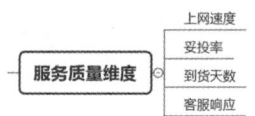

图 4-62　Wish 的服务质量维度

（4）点击反馈维度。点击反馈模型包括四个维度，分别是点击率、转换率、收藏转换率和通知转换率，如图 4-63 所示。这个模型大概以七天为一个检测周期，如果产品在七天内有非常好的点击反馈，就会被机器选中进行推送。

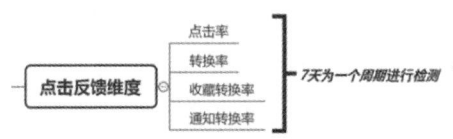

图 4-63　Wish 的点击反馈维度

（5）产品质量维度。如图 4-64 所示，产品的退货率、好评率、评分和晒单直接影响到客户体验，所以产品的质量是硬杠杆。

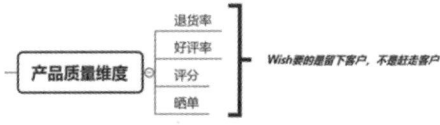

图 4-64　Wish 的产品质量维度

（6）关联产品维度。关联同类不同款产品是好的现象，代表 Wish 认可该产品，且该产品适应潮流。如果关联的是同类同款产品，Wish 给予的展示机会将变少。以 7~21 天为一个周期进行检测，Wish 的机器模型会决定推送哪些产品，放弃哪些产品。Wish 的关联产品维度如图 4-65 所示。

图 4-65　Wish 的关联产品维度

Wish 的机器模型算法是一个很复杂的数据算法，虽然它在不停变化，我们只能从宏观角度来分析 Wish 的算法，但是万变不离其宗，Wish 设立所有模型都是为了让买家可以迅速找到心仪的产品，让卖家更好地服务买家。

4.3.3　打造完美 Listing

在 Wish 平台发布产品需要进入 Wish 的卖家后台，单击"产品"按钮，选择"添加新产品"→"手动"选项，如图 4-66 所示。

图 4-66　Wish 发布产品

1．产品基本信息

首先要填写产品基本信息，包括产品标题（Product Name）、描述（Description）、标签（Tags）和产品特有 ID（Unique Id），如图 4-67 所示。

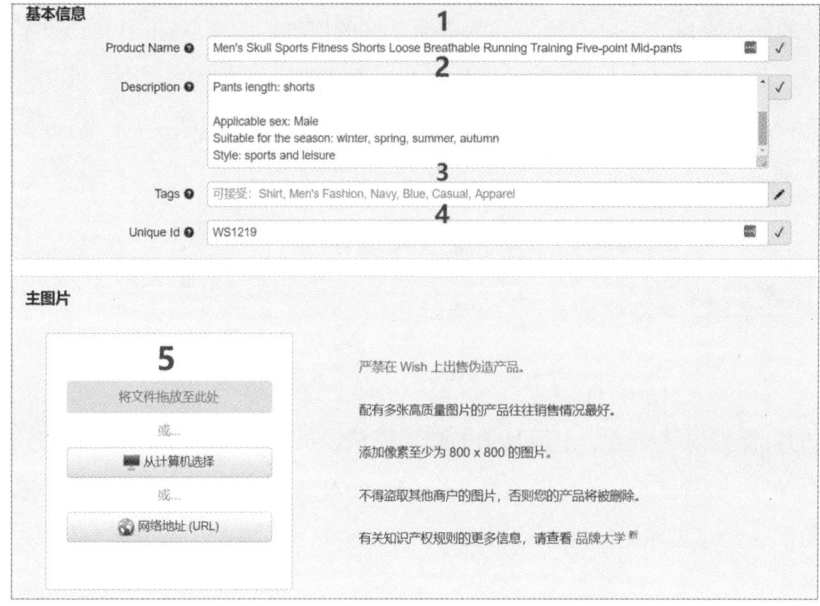

图 4-67　Wish 的产品发布

（1）产品标题。Wish 的标题并不像速卖通和亚马逊的标题那样对搜索流量和自然流量有主导作用，Wish 的标题更多的是一种给买家提供丰富的产品信息和提升转换率的工具。所以 Wish 的标题对于产品来说是很重要的。写好标题可以更好地让买家了解产品具体属性和使用场景。Wish 的标题的构成方式应该是核心词+类目词+属性和卖点，因为 Wish 的主要流量来自移动端，手机屏幕较小，所以应该把最关键和最重要的信息展现在标题中。这些信息包括产品所在的类目、产品的属性和卖点。如果我们要发布一条图 4-68 所示的短裤，首先要观察这个产品的核心词、属性词和卖点是什么。这是一条男士休闲短裤，那么核心词就是男式、训练（Training）、健身（Fitness）、短裤（Shorts），短裤的特点是具有热带花卉印花，符合国外买家追求个性的特点和度假需求，所以也要把印花加到核心词里。短裤的属性卖点是宽松、透气，使用场景是健身房训练、沙滩度假，所以这个产品的标题大致可以写成：

Men's Printed Sports Fitness Beach Shorts Men Clothing Loose Breathable Running Training Five-point Mid-pants

注意：Wish 的标题并没有很高的搜索权重，所以没有必要太长，只要解释清楚产品就可以了。

图 4-68　短裤的主图

（2）描述。Wish 并没有展示详情页的功能。所以需要在描述里把产品的参数及买家注意事项撰写清楚。描述的作用是添加产品的补充信息，提升买家的购买体验。针对这条短裤，我们可以描述更多卖点，如舒适、亲肤、四季皆可穿，以及可以机洗等。

（3）标签。标签是产品能否获取精准推送的关键，也是产品曝光的核心。所以能否写好标签也是能否做好 Wish 平台的关键。这里要强调，标签和搜索关键词有本质的不同。标签是写给 Wish 的机器模型来识别的，让机器能准确识别我们的产品，从而把产品推送给有需要的客户。而搜索关键词是写给平台的搜索买家的，通过学习买家的搜索习惯，指定合理的搜索关键词，得到精准的曝光。那么标签应该如何去写呢？针对这一条短裤，我们要分析，什么样的人群会喜欢这样的短裤。首先是爱运动的，其次是男性；产品的使用场景是健身房、沙滩；产品可用于跑步；特点是有印花。所以这个产品的标签可以这样写：Men Shorts、Training Shorts、Gym Shorts（这三个词表明产品是针对男性的运动健身短裤）、Fitness、Workout、Exercise、Running（这些标签主要体现产品的用途和使用场景）、Breathable、Printed、Elastic（表明产品的卖点和属性）。每一个标签不能写太长，2～3 个词即可，也不要写得过于精细化，容易让平台对这个产品产生误导，越简单越好。

（4）产品的 Unique ID 其实就是产品编码，可以自由填写。比如这条短裤，我们可以记为 WS1219，如图 4-67 所示。

（5）产品的主图和幅图。这是除标签以外最重要的环节，因为电商其实做的就是视觉营销，买家触摸不到产品，只能通过屏幕来看。主图作为产品呈现的第一步，尤为重要，直接决定了买家对产品的第一印象。目前 Wish 平台的主图同质化极为严重，很多卖家只是抄袭别人的主图和使用网络上的图片，很难让产品脱颖而出，从而影响了点击购买率。卖家需要在发布之初构思好产品的主图展示逻辑。Wish 平台卖家一般都会采用主图拼图的方式来呈现产品，如图 4-69 所示，这样买家可以一眼就看到这个产品的所有 SKU 和属性，节省了买家的时间。必要的时候，可以适当加入一些文字在主图中，方便买家理解产品。如果主图太过于繁杂就会影响购物体验。笔者的建议是，将核心卖点清晰体现在主图上，突出产品主体，图片大小在 200k 左右，低于 200k 会变得模糊，拍摄产品时光线一定要充足。

图 4-69　Wish 的合格主图

Wish 还允许我们上传附图，附图的作用是对主图进行解释说明，提供更详细的产品信息，提升转换率和展示更多的卖点。如图 4-70 所示，这条短裤的展示逻辑就是，首先展示这条短裤的平铺图，其次展示其他不同的款式，再次是短裤的上身效果，最后是产品的细节。看似简单，但是产品的特点、使用场景及卖点已经基本展示出来了。当然我们后面还可以加入这个产品的弹性好等卖点。附图用得好不好，直接影响产品的转换率，所以建议卖家尽可能地提供产品的图片信息，每一张都要不一样，每一张都要有意义，如果一直重复主图的话，效果是适得其反的。

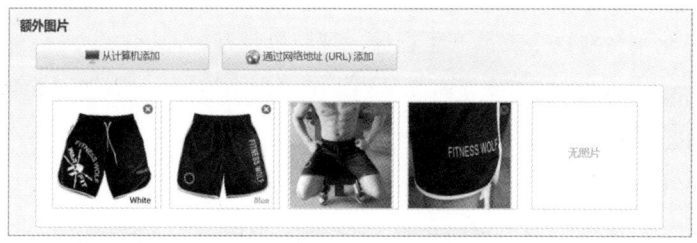

图 4-70　Wish 的主图上传

2. 设定价格、库存和物流时效

（1）如图 4-71 所示，首先我们选择货币为 CNY，Price 这一栏展示的是该产品的售价，单位是美元，下面的 Localized Price 其实就是这个产品的本地价格，后面的单位是人民币，也就是美元换算成人民币的价格。

（2）产品的库存。库存可以尽量设置得多一点，因为库存太少 Wish 会判定我们的产品库存不足，不给充足的流量，建议设置为 500 件以上，当然卖家也可以酌情而定。

（3）运费。Shipping 就是运费，以美元为单位。

（4）物流运送时间。Shipping Time 为运送时间，卖家可以根据自己的实际情况来填写。

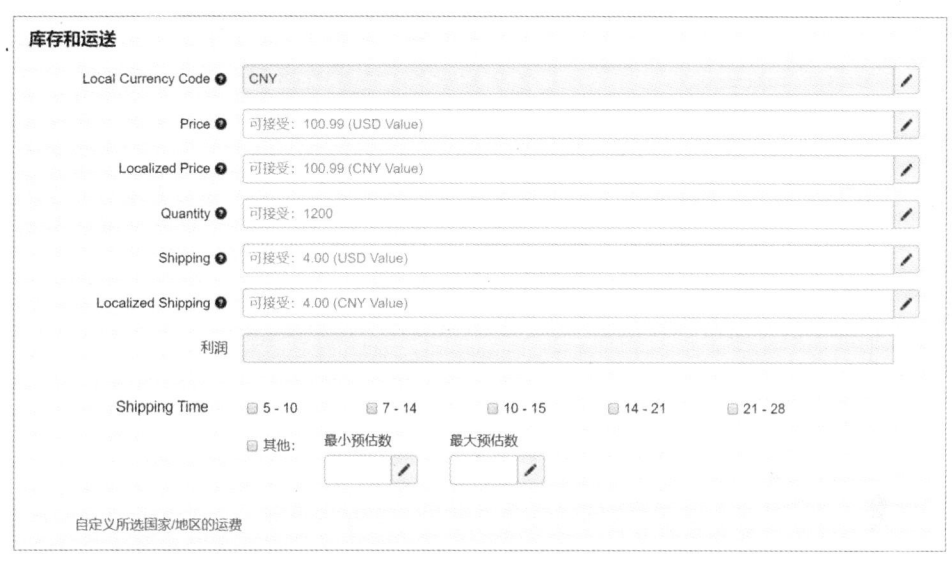

图 4-71 Wish 的定价和库存

（5）物流价格。如图 4-72 所示，Wish 很人性化地提供了自定义国家运费的功能，可以实现不同国家物流价格的差异化。卖家可以把物流方便、距离较近国家的运费设置得低一些，物流不便、距离较远的国家运费设置高一些，保证发出去的每一个订单都是有利润的。建议卖家研究一下 Wish 热卖国家的运费，制定详细的物流价格。

图 4-72 Wish 的选择性运费

（6）物流信息。物流信息可填可不填，但是填写完整对于产品的整体表现肯定是加分的。Wish 的物流信息如图 4-73 所示。

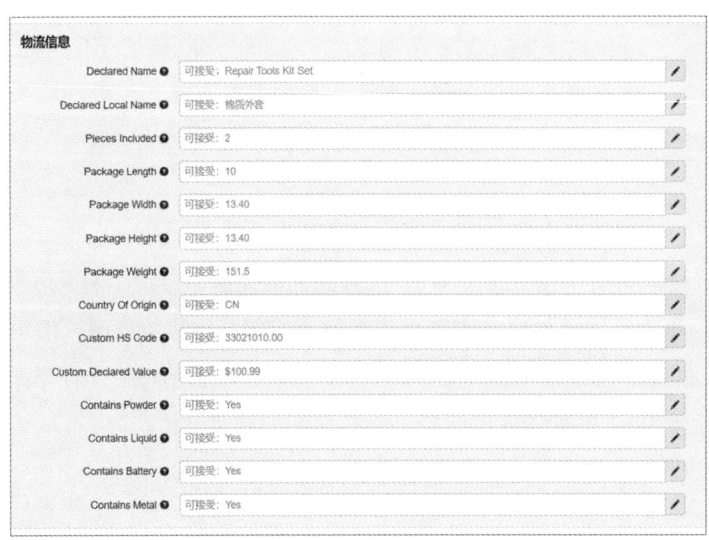

图 4-73 Wish 的物流信息

3. 产品 SKU 选项

（1）选择产品的颜色。如图 4-74 所示，如果可视选项里没有我们要选的颜色，可以在

“其他”里面搜索添加，只要能在 Wish 的颜色库里搜到此颜色，那么这个 SKU 就是有效的。

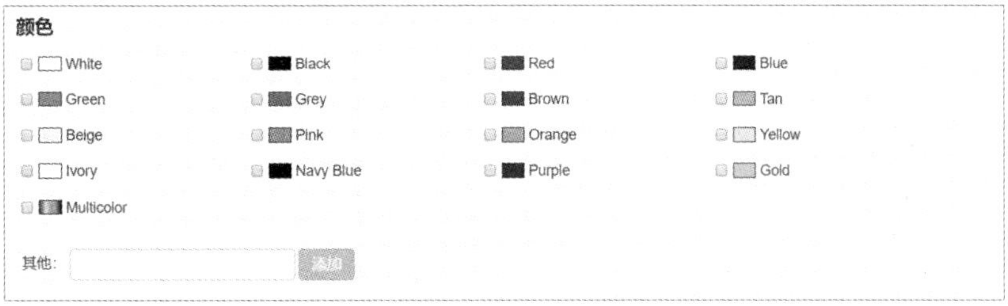

图 4-74　产品的 SKU 选择（一）

（2）产品的尺寸和其他信息。Wish 提供了丰富的选项，如果要选择大小的 SKU，我们可以选择 Length；如果是数字的选项，我们可以选择 Numbers，如图 4-75 所示。根据不同产品可以选择不同的 SKU 选项。

	Bust/Chest		Waist		Hip	
	厘米	英寸	厘米	英寸	厘米	英寸
XXS	80 - 83 (cm)	31.5" - 32.5"	60 - 62 (cm)	23.5" - 24.5"	86 - 89 (cm)	34" - 35"
XS	83 - 85 (cm)	32.5" - 33.5"	62 - 65 (cm)	24.5" - 25.5"	89 - 91 (cm)	35" - 36"
S	85 - 88 (cm)	33.5" - 34.5"	65 - 67 (cm)	25.5" - 26.5"	91 - 94 (cm)	36" - 37"
M	90 - 93 (cm)	35.5" - 36.5"	70 - 72 (cm)	27.5" - 28.5"	97 - 99 (cm)	38" - 39"
L	97 - 100 (cm)	38" - 39.5"	76 - 80 (cm)	30" - 31.5"	103 - 107 (cm)	40.5" - 42"
XL	104 - 109 (cm)	41" - 43"	84 - 88 (cm)	33" - 34.5"	110 - 116 (cm)	43.5" - 45.5"
XXL	110 - 116 (cm)	43.5" - 45.5"	91 - 95 (cm)	36" - 37.5"	116 - 123 (cm)	45.5" - 48.5"

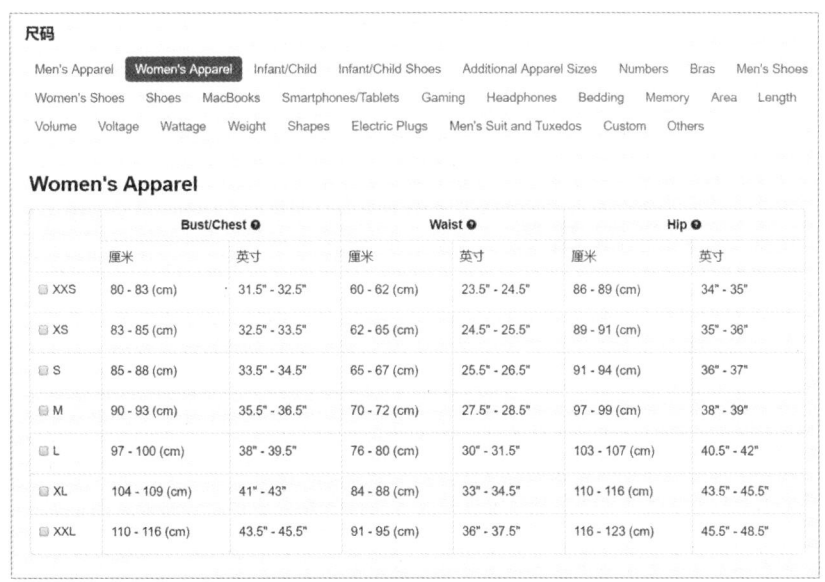

图 4-75　产品的 SKU 选择（二）

（3）变量的属性填写。如图 4-76 所示，需要填写每一个 SKU 对应的 SKU ID、定价和库存数量；物流一般都是按照之前定好的来填写。

图 4-76 产品的颜色 SKU 和履行天数

这些工作完成之后,我们的产品就成功发布到 Wish 平台了。这仅仅是第一步,后面需要做的工作还有很多。电商的运营只有细化再细化,才可以做到运筹帷幄,总览全局。

4.4 Wish 运营经验技巧

 产品选择

电商运营七分靠产品,三分靠运营。产品选得好,能极大减少运营的工作量,做到事半功倍。现阶段跨境电商平台的竞争非常激烈,一味地跟卖是走不远的,所以选品就显得格外重要。以下给出几个选品的方法供卖家参考。

1. 选品大方向

如图 4-77 所示,选品有几个步骤,要循序渐进。首先,选品是从大到小的过程,一开始我们要广泛选品,多品类做调研,不断发布产品,通过市场考验选定特定的品类之后,走专业化路线,并且在这个专业化类目中找到潜力款。其次,借助 ProductBoost 和其他营

销手段进行推广。最后，通过给用户画像找到精准的用户，然后上传类似的产品，从而提升客单价和销售额。很多卖家在开店初期不做拓展，而是固守在一个类目，不去优化和调整店铺，这样很难有突破。

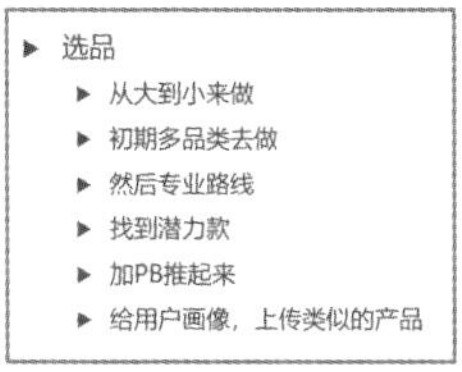

> 选品
> > 从大到小来做
> > 初期多品类去做
> > 然后专业路线
> > 找到潜力款
> > 加PB推起来
> > 给用户画像，上传类似的产品

图 4-77 Wish 的选品

2. 假日选品

国外过的节日和中国有很大的不同，我们可以针对国外节日进行选品，保证我们的产品在国外用户的热搜范围之内。这里提供一些节日选品的参考。

元旦，每年 1 月 1 日。选品建议：礼品、衣服、玩具、厨房用品、礼服和电子产品。

情人节，每年 2 月 14 日。选品建议：首饰、服饰、箱包和数码产品。

愚人节，每年 4 月 1 日。选品建议：恶作剧卡片、小玩具等。

母亲节，每年 5 月的第 2 个星期日。选品建议：饰品、箱包、服饰、厨房用品、家居用品等。

父亲节，每年 6 月的第 3 个星期日。选品建议：电子产品、园艺工具、汽车配件、服饰、服饰配饰等。

万圣节前夜，每年 10 月 31 日。选品建议：恶作剧玩具、Cosplay 的服饰、个性面具、舞会服饰等。

感恩节，每年 11 月的第 4 个星期四。选品建议：家居和厨房用品。

圣诞节，每年 12 月 25 日。选品建议：任何能作为礼物的产品。

3. 根据时间节点选品

- 1 月：冬装促销季。
- 2 月：以情人节为主，推荐珠宝、手表、箱包及春装。
- 3 月：推荐服装、美容化妆产品、园艺产品、户外用品。

- 4月：天气回暖，很多新人开始举办婚礼。推荐园艺产品、婚纱礼服、女鞋、装饰品。
- 5月：以母亲节为主，推荐时尚饰品、珠宝、箱包、贺卡。
- 6月：毕业季。推荐小电器、手机、消费电子、水上用品、户外用品。
- 7月：推荐家居用品、婚礼用品、夏装和户外用品。
- 8月：学生返校高峰期。推荐服装、鞋、手机、消费电子、办公用品、运动用品。
- 9月：户外活动偏多。推荐服装、美容化妆产品、户外用品。
- 10月：以万圣节为主。推荐体育用品、毛绒玩具、Cosplay 服饰。
- 11月：以感恩节和"黑色星期五"为主。推荐毛绒玩具、家用电器、美容化妆产品和电子产品。
- 12月：以圣诞节为主。推荐服装、鞋、园艺产品、取暖设备、时尚饰品、珠宝、手表、滑雪设备、消费电子。

4．根据国外买家购物习惯来选品

（1）宠物。宠物在国外的地位很高，外国人将其当作家庭成员之一，所以宠物类目存在非常大的市场，并且在跨境电商平台中上升很快。

（2）化妆品。在海外市场，化妆品的普及度远高于中国。美妆产品是女性的必需品，也是跨境电商热销品。

（3）健身产品。运动健身是国外的一种生活方式，所以国外买家对运动产品的需求量很大，同时运动产品的种类也很多，很容易找到突破口。

（4）电影。电影产业在国外很发达，抓住某些热门电影的相关产品，也能在短时间内打造出爆款。

（5）手工产品。外国人的动手能力很强，喜欢 DIY 产品，也非常享受制作的过程。所以不管是给国外客户定制产品还是提供定制产品的工具，都很受欢迎。

（6）特别的产品。外国人喜欢奇特的东西，喜欢冒险，如果我们有一些新奇并且实用的产品，是很容易迎合外国人的喜好的。

5．根据价格去选品

（1）价格区间。不建议选择超过 20 美元的产品，客单价太高的话，订单和销量会受到影响。建议产品价格以 5~10 美元为主，这是 Wish 平台主打的爆款价格区间。我们可以从爆款中获取灵感，找到卖点因素，然后融会贯通，开发出和爆款同类不同款的产品，这样做打造爆款的概率会比盲目选款大很多。

（2）参考平台强推产品的价格。如果有某些产品频繁出现在 Wish 首推的页面，那么这些产品就是目前 Wish 主推的明星款。如果这些产品和我们的产品类似，那么我们就可以拿这些明星产品和自己的产品做对比。如果价格相符，那么我们可以加大推广力度；如果价格相去甚远，就可以考虑换产品推广。

6．根据海外流行趋势去选品

（1）网红的潮流产品。社交网络的兴起带动了一批有影响力的人，我们称之为网红。这些人基本都是草根英雄、意见领袖，在自己擅长的方面有独特的见解，所以有一大批忠实的粉丝跟随，慢慢就形成了网红效应。随着影响力的提升，这些网红逐渐开始有自己的产品线，让自己的影响力变现。那么从这些网红的产品选款就变成了目前最有效的选品方式，但是有两点要注意：点赞数有一定数量级再去开发；产品要适合平台，客单价太高或者太小众的产品不考虑。

（2）社交网站流行图片。Facebook 是全球第一大社交网络平台，时常有一些大受欢迎的信息与内容。卖家可以结合 Facebook 上的流行信息与内容开发新的产品，进而提升产品的曝光度，满足买家的需求。比如加拿大著名歌手 Justin Bieber 的一首歌曲 *Love Yourself* 很流行，很多人把其中的一句歌词"My mama don't like you"印到了自己的产品上，从而提升销量，这种做法值得借鉴。但是切记，不要侵权。

（3）多浏览类似 Fancy 和众筹网站。Fancy 是一个集中了很多"新奇特"产品和高科技产品的网站，如图 4-78 所示，很多有才华的设计师和新兴品牌都会在这个网站发布自己的产品，这些产品多数在市场上并不多见，所以发展空间很大。卖家可以从这些产品吸取灵感，开发出自己的产品。

一些众筹网站也可以给卖家带来很多的研发灵感，比如全球最大的众筹网站之一——Kickstarter（见图 4-79）。该网站每天都有上百个有创意的商品上线，这对于卖家来说是莫大的福音。

图 4-78　Fancy 的主界面

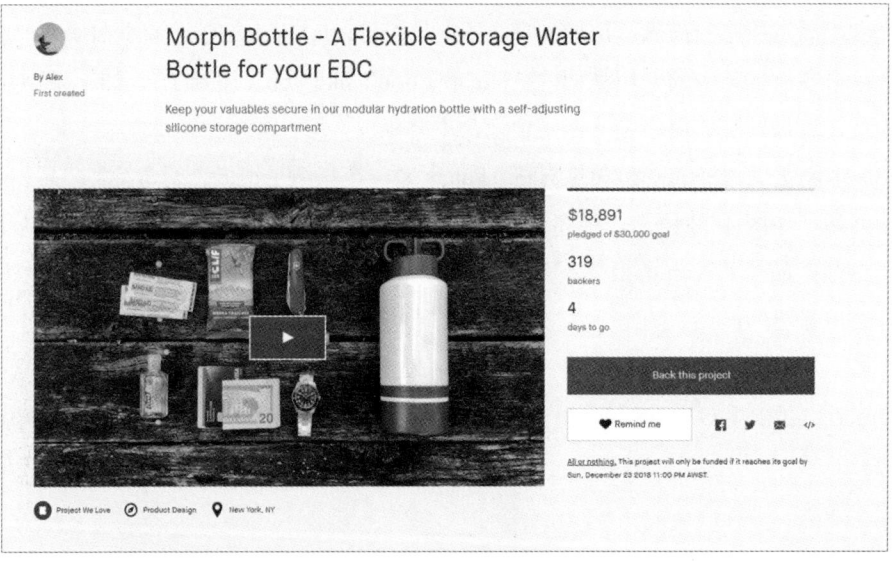

图 4-79　Kickstarter 的主界面

（4）基于流行趋势研发的产品。我们之前已经讲解过 Wish 平台的推送规律，Wish 非常青睐平台欠缺的产品，如果我们的产品是基于流行趋势定做的一些稀有产品，并且是大众消费类的产品，Wish 会通过大数据迅速将我们的产品锁定，并且提供相应的流量。所以研发产品的时候就要做好充分的市场调研，了解市场所缺，然后有针对性地开发产品。这就解释了很多卖家的问题：有些卖家做 Wish 运营两年多都没有爆款，每天寥寥几单，而有些卖家仅仅 3 个多月就能成功打造出 2~3 个爆款。其实差的不是运营能力而是选品能力。

7．从其他跨境电商平台去选品

目前主流的跨境电商平台有阿里巴巴的速卖通、老牌的 eBay，还有亚马逊，当我们绞尽脑汁找不到合适的产品的时候，不妨去这些平台看一下，了解一下目前这些平台的热卖品，然后通过数据分析找到合适的切入点，研发出适合 Wish 的产品。

1）速卖通选品

首先我们来看速卖通平台。速卖通平台是阿里巴巴旗下的跨境电商平台，已经有接近八年的历史了，所以速卖通平台的小二和运营者对于国际潮流和热门产品是非常敏感的。不难发现，速卖通和 Wish 的买家定位非常相似，在速卖通卖得非常好的产品在 Wish 平台打造爆款的概率也会很大。可以重点参考速卖通的搜索页，比如搜索"women dress"这个关键词，并按照销量对结果进行排序，就能清楚地看到目前哪些产品是卖得非常好的，如图 4-80 所示。

其次是速卖通平台活动。能参与速卖通平台活动的产品一定是近期在平台表现很好的产品，卖家可以多关注。如图 4-81 所示，是速卖通流量最多的 Flash Deals，为我们提供了非常好的选品参考。

最后为速卖通联盟营销网站（见图 4-82）。速卖通联盟营销的影响力很大，有很多大型的电商服务公司在帮助速卖通推广产品，这些专业公司都是通过大数据筛选产品的，所以联盟营销里热卖的产品一定是全球受欢迎度很高的产品。

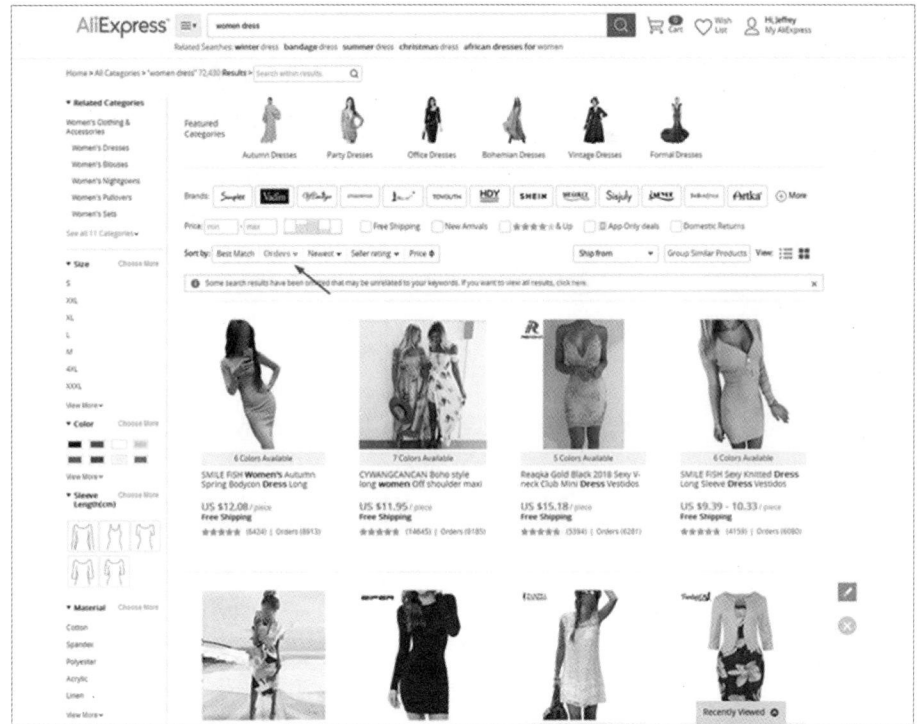

图 4-80　速卖通的搜索界面

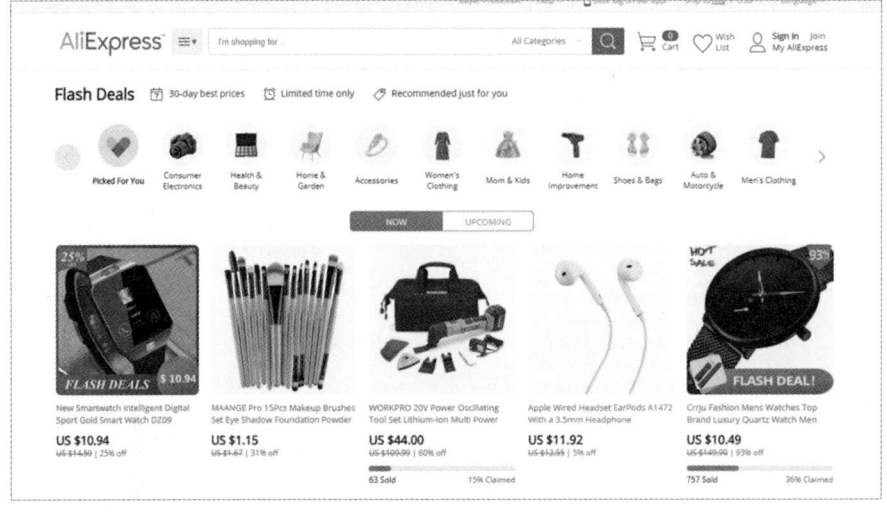

图 4-81　速卖通的平台活动

图 4-82　Best Aliexpress 的界面

2）eBay 选品

eBay 是老牌的跨境电商平台，有很多经验丰富的优秀卖家在继续经营，而且 eBay 的影响力大，覆盖面广，所以 eBay 也是非常好的选品参考平台。和速卖通的思路类似，我们需要快速发掘 eBay 的热销产品和近期销量上涨幅度较大的产品。这里需要借助一个网站——WatchCount，如图 4-83 所示，这个网站是专门做 eBay 爆款分析的网站，我们可以通过搜索关键词，快速找到该关键词类目目前卖得最好的产品。

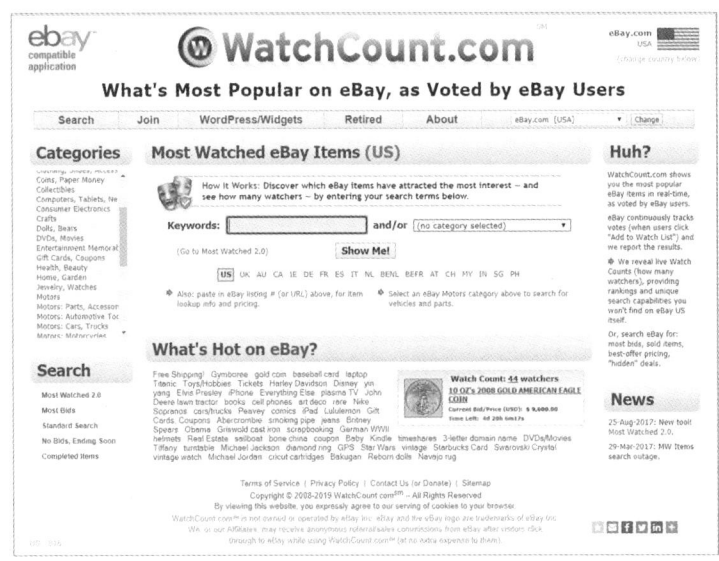

图 4-83　WatchCount 的主界面

在图 4-83 所示的界面输入关键词"men's hoodie"并进行搜索,可以看到在 eBay 平台销售和评价最好的男士卫衣(见图 4-84)。其他类目也适用,所以该网站为选品提供了非常好的思路。

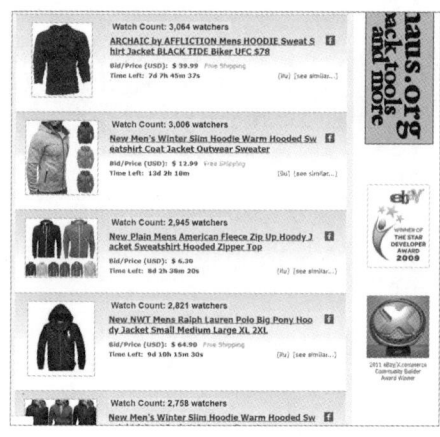

图 4-84　eBay 的搜索界面

3)亚马逊选品

亚马逊作为全球第一大电商平台,对于全球电商行业来说是有导向作用的,其主界面如图 4-85 所示。很多产品都是先在亚马逊爆发起来,然后开始在其他电商平台爆发。如果能在亚马逊找到刚刚兴起,并且其他平台还没有打爆的产品,那对于我们来说是莫大的优势。我们可以从以下几个维度来进行亚马逊选品。

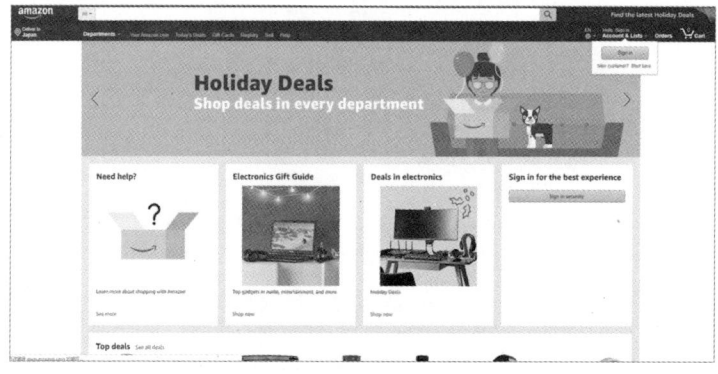

图 4-85　亚马逊的主界面

首先是热搜。我们搜索类目相关关键词，找到平台热卖的产品。比如输入"men's hoodie"，就能看到亚马逊平台该类目下销量最好的男士卫衣产品和品牌，如图4-86所示。

图4-86　亚马逊的搜索界面

我们可以通过浏览这些产品的详情和卖点来总结，为什么这些产品可以销售得如此好。在页面的下端可以看到亚马逊平台这个类目Top100的产品罗列，如图4-87所示。

图4-87　亚马逊的排名

然后我们就可以看到这个大类目的Best Sellers，非常值得参考，也许商机就埋藏在其中，如图4-88所示。

图 4-88 亚马逊的排名界面

在 Best Sellers 界面还有三个非常有意义的板块，分别是 New Releases、Most Wished For 和 Gift Ideas。如图 4-89 所示，New Releases 代表最近非常抢眼的产品，它们在发布之后，并没有经历很长的时间就排到了比较靠前的位置，是市场目前需求量比较大的产品，值得我们参考。Most Wished For（见图 4-90），顾名思义就是平台买家目前最有购买意向的产品，反映了平台目前的产品需求，也非常值得我们研究和研发。

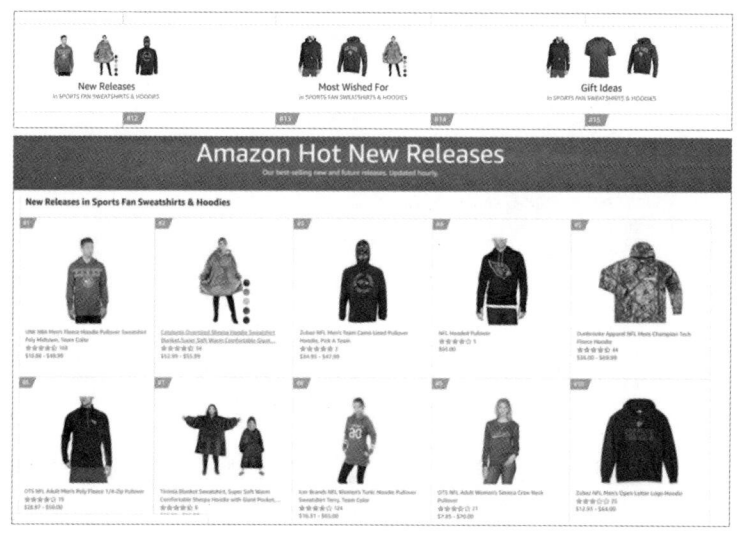

图 4-89 亚马逊的 New Releases

第 4 章 跨境电商平台：Wish | 199

图 4-90　亚马逊的 Most Wished For 界面

总之，选品对于卖家来说是至关重要的，只要灵活运用学到的知识，刻苦钻研，一定能找到适合平台的产品。一开始选品的过程相对比较漫长，但是随着对平台的了解逐渐加深，选品就慢慢游刃有余了。

4.4.2　打造诚信店铺

打造诚信店铺是 Wish 的日常运营中非常重要的一环，诚信店铺要求：店铺的所有订单有效跟踪率不低于 95%；店铺的订单延时发货率不超过 10%；店铺的商品综合评分大于 4.0 分；店铺的 63～90 天退款率小于 10%；店铺的仿品率不超过 0.5%。

由此可见，Wish 对于店铺的考核相对来说还是较为严格的，需要用心经营，才能达到诚信的店铺的标准。那么达到诚信店铺之后，店铺有什么优势呢？

首先，诚信店铺中的产品如果收到特别好的客户反馈，将被授予 Wish 的认证标志。客户在 Wish 浏览这些产品时能看到这一特殊的标志。另外，有 Wish 认证标志的产品销量将会增加。其次，诚信店铺是被平台认可的优秀店铺，平台对店铺的经营者会相对放心，乐意给予大量的流量扶持。

让未审核的产品处于销售状态，这一点非常关键。我们知道，当一个产品发布之后，Wish 平台要审核产品，但是因为平台的卖家数量很多，所以审核产品的时间也会较长，有时候需要 2～3 天，有时候需要 5～7 天。对电商运营来说，时间差很重要，有时候耽误一周就有可能错过一个打造爆款的机会，被别人抢先一步。但是诚信店铺可以避免这样的情况出现，只要产品成功发布，2～3小时就可以呈现在买家端，这对于打造单品爆款有很大的帮助。诚信店铺的呈现如图4-91所示。

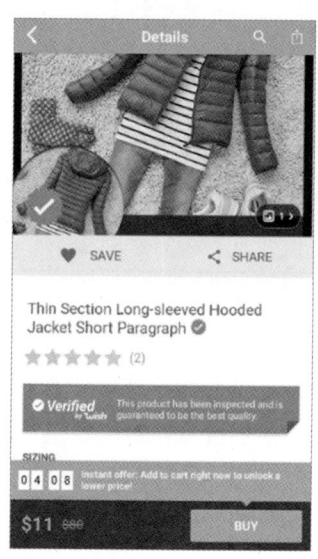

图4-91　诚信店铺的呈现

能否打造出爆款与产品所处的店铺有着非常大的关联，如果一个产品所处的店铺是非诚信店铺，那么这个产品成为爆款的可能性很低，因为从数据来看，店铺和产品不具备说服Wish店铺的能力。反之，如果产品所处的店铺是诚信店铺，已经取得了Wish的认证和青睐，那么这个产品成为爆款的可能性将很大程度上增加。那么打造诚信店铺，我们应该注意哪几个部分呢？

1．降低仿品率

如果7天之内查到店铺有仿品，那么这项记录会计入仿品率，仿品率不超过0.5%的店铺有机会成为诚信店铺。如果不确定产品是否为仿品，可以在发布之初进行仿品查询，方法如下。

（1）可以通过Wish后台的品牌大学查询，如图4-92所示。

（2）Google的搜索结果可以帮助我们判断某个产品是否是仿品，如图4-93所示，我们搜索一双运动鞋的图片，Google 很快给出这是匡威品牌的鞋子，那么我们就可以避免发布这样的产品。

图 4-92　Wish 的仿品品牌列表

图 4-93　Google 搜索品牌

（3）可以借助网站。卖家可以借助一些专业的网站来进行侵权检索，但是这些服务是需要付费的，这里就不赘述了。

2．保持有效跟踪

订单成立超过 7 天后，Wish 系统没有抓取到任何物流信息，那么该订单属于无效跟踪订单。在 5 天之内有物流信息的订单都是有效跟踪订单，Wish 的物流跟踪如图 4-94 所示。诚信店铺需要保持有效跟踪率不低于 95%，可以通过以下几点实现。

图 4-94　Wish 的物流跟踪

（1）合理备货。

（2）及时发货，尽量在 48 小时内发货。

（3）选择正确的 Wish 邮渠道，遵循就近原则。

（4）进入物流商官网确认物流信息的正确性。

（5）如果发现 Wish 后台没有抓取物流信息，建议重新填写一下，可能是系统的漏洞和延时导致的。

3．降低延时发货率

诚信店铺的延时发货率需要控制在 10% 以内，从客户下单到物流上网，超过 168 个小时即为延迟发货，延迟发货的订单数除以一周内具有有效跟踪信息的总订单数即延时发货率。为降低延时发货率，避免罚款，卖家要合理备货，及时发货。

4．保持评分 4.0 分以上

（1）客户一旦给出评价是无法更改的。

（2）平台会考核过去 30 天店铺的平均分，如果分数低于 4.0 分，卖家要在接下来的 30 天，认真优化产品和店铺，保证分数的提高。

（3）保证产品质量的同时，要保证发货质量和物流渠道质量。

（4）可赠送小礼物，提升客户购物体验的同时提升店铺分数。

5. 降低退款率

（1）产品质量是核心，没有好的产品，再好的营销也是徒劳。

（2）发货后 30 天左右退款的订单，80%都是因为物流而退款，所以如果发现这一时间段的退款订单数增加就要及时调整发货渠道。

（3）发货后 63～93 天退款，一般是产品导致的。所以要看客户留给我们的 Feedback，及时研究产品的问题出在哪里，及时优化产品。

（4）保证产品质量的同时，要保证发货质量和物流渠道质量。

（5）赠送小礼物。

店铺所有的数据都是波动的，要时时刻刻监测数据，及时补救，坚持做诚信店铺。

4.4.3 ProductBoost

Wish 平台并没有像速卖通和 eBay 那样提供多样的营销工具，在 2017 年，Wish 推出了 ProductBoost 这个营销工具，引起了很大的反响，这个工具填补了卖家流量购买渠道的空白，让 Wish 的运营更加丰富和富有挑战性。Wish 的 ProductBoost 增长曲线如图 4-95 所示。

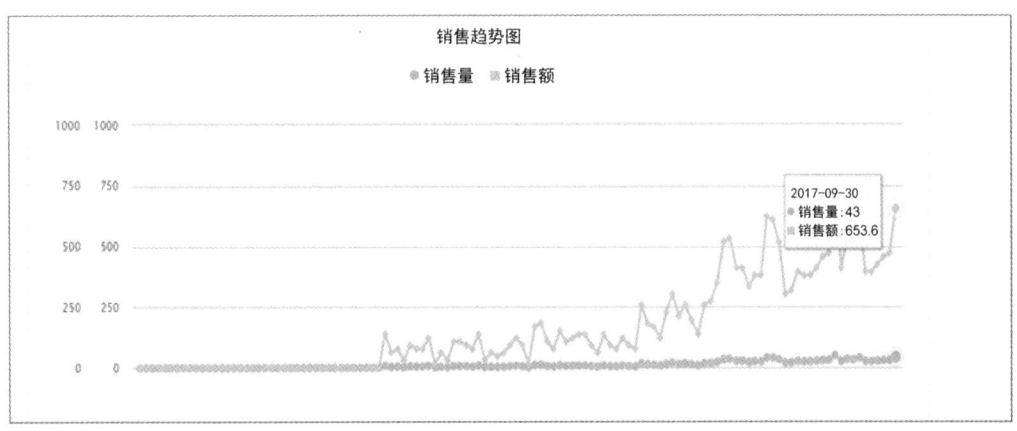

图 4-95　Wish 的 ProductBoost 增长曲线

1. ProductBoost 及其原理

ProductBoost 会根据商户端的数据与 Wish 后台算法，增加相关产品的流量。卖家需提交相关产品，参加为期一周的活动。参加 ProductBoost 的产品，如果和 Wish 客户需求有着高度的关联性，同时 ProductBoost 竞价较高，便可获得较靠前的产品排名。高质量和极具吸引力的产品会在活动期间获得更多的流量。

ProductBoost 运用的是 CPM（每千人成本）的展示方式。原理就是为产品选一组关键词，卖家集体为这组关键词出价，Wish 将客户搜索的关键词与卖家设定的关键词进行匹配，匹配成功的产品按照出价和预算的高低进行排序（排序越靠前，展现越多），产品每展示 1000 次（手机屏幕），扣除一次出价额的费用。在搜索流量足够的情况下，出价越高，预算越高，流量越大；在同等出价情况下，转换率越高，流量越大。

（1）ProductBoost 是快速引流的工具，我们要利用好它，给 Listing 带来高转换率。

（2）及时分析 ProductBoost 数据，并且做好对 Listing 的观察，关注平台是否加价，以及前端搜索关键词的排名情况等。

（3）在 ProductBoost 流量达到一定程度之后，降低出价，让自然流量给 Listing 带来转换率。

（4）配合日常的 Listing 优化，把链接的数据做到完美。

2. ProductBoost 的前台展示和后台操作

ProductBoost 的广告产品出现在 Wish App 前端的搜索端和关联端。如图 4-96 所示，主图右下角显示"ad"的，就是 ProductBoost 的广告产品。如图 4-97 所示，在关联营销界面也有 ProductBoost 的广告产品，其右下角同样有"ad"标志。

图 4-96　广告产品展位（一）　　图 4-97　广告产品展位（二）

3. ProductBoost 后台操作

在后台单击 "ProductBoost" 按钮，然后选择 "创建活动" 选项，如图 4-98 所示。

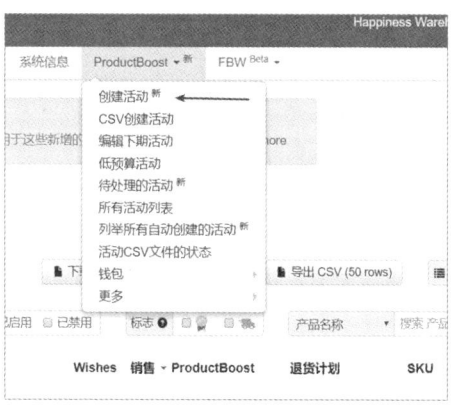

图 4-98　创建 ProductBoost

如图 4-99 所示，输入活动名称（活动名称只有卖家可以看到，买家是看不到的）；选择活动开始时间，一般来说，ProductBoost 活动的周期是 5~10 天；如果选择 "完成后更新" 选项，那么此次活动结束之后，系统会自动发起与此次活动的产品、竞价、周期、预算、完全一致的活动。

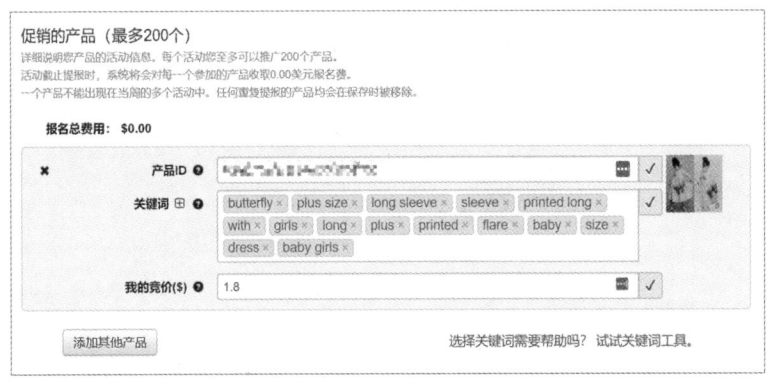

图 4-99　创建 ProductBoost 的活动名字

接着就可以添加想要推广的产品了。如图 4-100 所示，输入产品 ID、关键词（最好是产品的精准词，保证产品的精准曝光）和竞价。一般来说，初期需以低价提升曝光度，后期产品表现好了，可以适当提高竞价。

图 4-100　ProductBoost 填写关键词和出价

最后一步是设置活动的预算，卖家可以根据自己的实际情况来填写，如图 4-101 所示。单击"保存"按钮，一个 ProductBoost 活动就设置成功了。

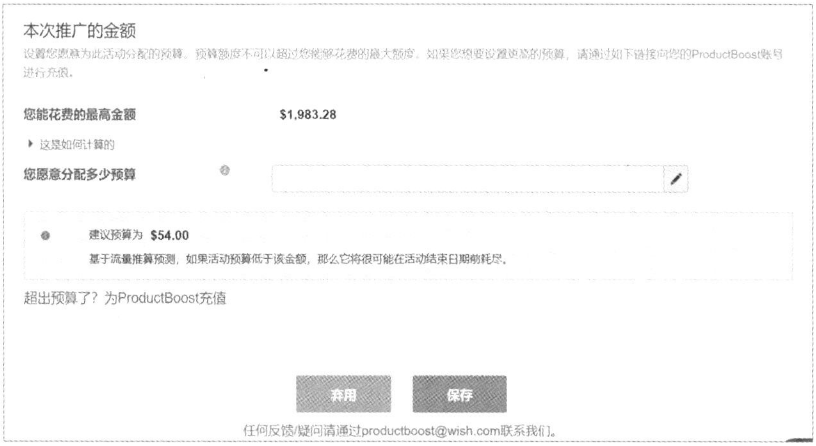

图 4-101　ProductBoost 的预算填写

填写完成后，在“管理您的活动”界面可以看到之前设置的历史记录，方便卖家统计数据和研究数据，如图 4-102 所示。

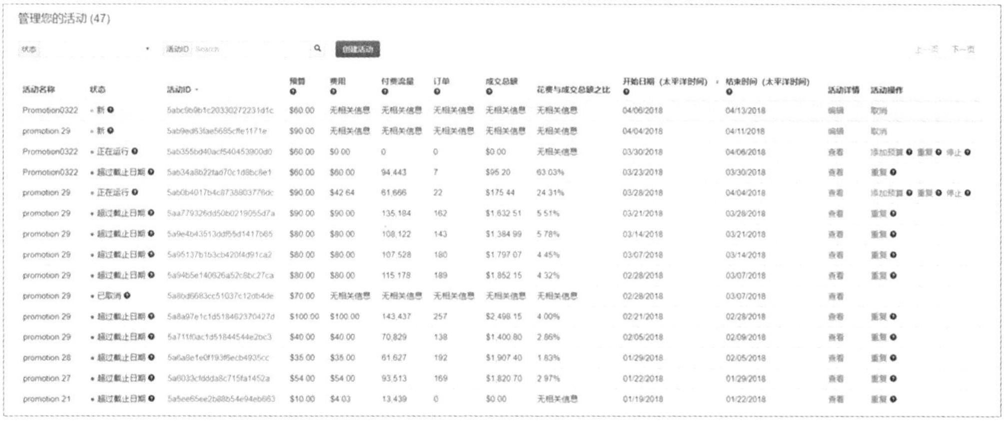

活动名称	状态	活动ID	预算	费用	付费流量	订单	成交总额	花费与成交总额之比	开始日期（太平洋时间）	结束时间（太平洋时间）	活动详情	活动操作
Promotion0322	新	5abc9b9b1c20330272231d1c	$60.00	无相关信息	无相关信息	无相关信息	无相关信息	无相关信息	04/06/2018	04/13/2018	编辑	取消
promotion 29	新	5ab9ed63fae5685cffe1171e	$90.00	无相关信息	无相关信息	无相关信息	无相关信息	无相关信息	04/04/2018	04/11/2018	编辑	取消
Promotion0322	正在运行	5ab355bd40acf540453900d0	$60.00	$0.00	0	0	$0.00	无相关信息	03/30/2018	04/06/2018	查看	添加预算 重复 停止
Promotion0322	超过截止日期	5ab34a8b22fad70c1d8bc8e1	$60.00	$60.00	94,443	7	$95.20	63.03%	03/23/2018	03/30/2018	查看	重复
promotion 29	正在运行	5ab0b4017b4c8738803776dc	$90.00	$42.64	61,666	22	$175.44	24.31%	03/28/2018	04/04/2018	查看	添加预算 重复 停止
promotion 29	超过截止日期	5aa779326dd50b0219055d7a	$90.00	$90.00	135,184	162	$1,632.51	5.51%	03/21/2018	03/28/2018	查看	重复
promotion 29	超过截止日期	5a9e4b43513ddf55d1417b65	$80.00	$80.00	108,122	143	$1,384.99	5.78%	03/14/2018	03/21/2018	查看	重复
promotion 29	超过截止日期	5a95137b1b3cb420f4d91ca2	$80.00	$80.00	107,528	180	$1,797.07	4.45%	03/07/2018	03/14/2018	查看	重复
promotion 29	超过截止日期	5a94b5e140826a52c8bc27ca	$80.00	$80.00	115,178	189	$1,852.15	4.32%	02/28/2018	03/07/2018	查看	重复
promotion 29	已取消	5a8bd6683cc51037c12db4de	$70.00	无相关信息	无相关信息	无相关信息	无相关信息	无相关信息	02/28/2018	03/07/2018	查看	
promotion 29	超过截止日期	5a8a97e1c1d518462370427d	$100.00	$100.00	143,437	257	$2,498.15	4.00%	02/21/2018	02/28/2018	查看	重复
promotion 29	超过截止日期	5a711f0ac1d51844544e2bc3	$40.00	$40.00	70,829	138	$1,400.80	2.86%	02/05/2018	02/09/2018	查看	重复
promotion 28	超过截止日期	5a6a8e1e0f193f6ecb4935cc	$35.00	$35.00	61,627	192	$1,907.40	1.83%	01/29/2018	02/05/2018	查看	重复
promotion 27	超过截止日期	5a6033cfddda8c715fa1452a	$54.00	$54.00	93,513	169	$1,820.70	2.97%	01/22/2018	01/29/2018	查看	重复
promotion 21	超过截止日期	5a5ee65ee2b88b54e94eb663	$10.00	$4.03	13,439	0	$0.00	无相关信息	01/19/2018	01/22/2018	查看	重复

图 4-102　“管理您的活动”界面

Wish 还提供了曲线图，方便卖家对比分析自然流量和付费流量，从而决定是否继续使用 ProductBoost 进行推广，如图 4-103 所示。

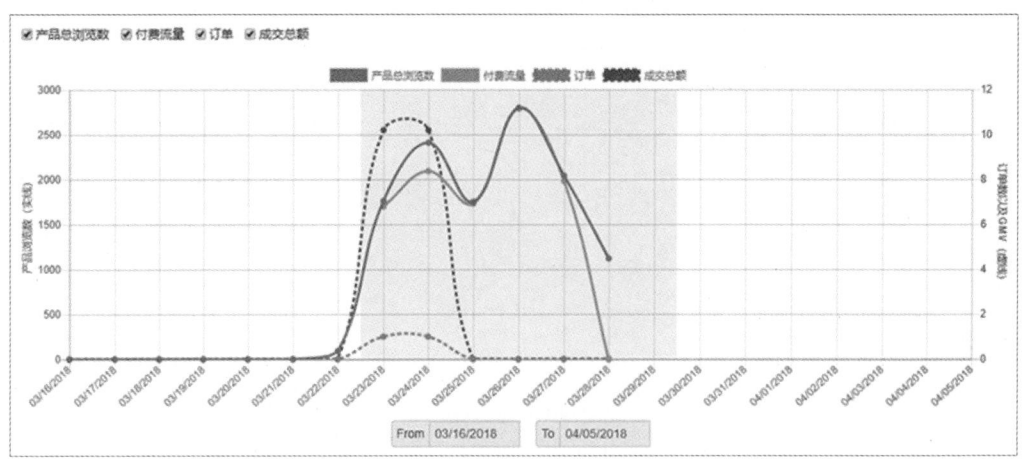

图 4-103 ProductBoost 的数据展示

如果不知道如何填写关键词，Wish 后台提供了一个非常人性化的工具——关键词工具，如图 4-104 所示，我们可以根据产品属性从中选择出平台搜索量大的关键词进行推广。

图 4-104 ProductBoost 关键词统计数据

对于新账号，Wish 提供了 200 美元的透支额度供卖家做 ProductBoost 互动，如果额度用完时卖出去的产品还没有回款，想继续做 ProductBoost 的卖家可以直接充值。ProductBoost 余额如图 4-105 所示。

图 4-105　ProductBoost 余额

ProductBoost 支持联动支付，我们选择微信支付就可以给账户充值，并进行推广了，如图 4-106 和图 4-107 所示。

图 4-106　ProductBoost 充值（一）

图 4-107　ProductBoost 充值（二）

同时，Wish 还提供了简易版的 ProductBoost，如图 4-108 所示。

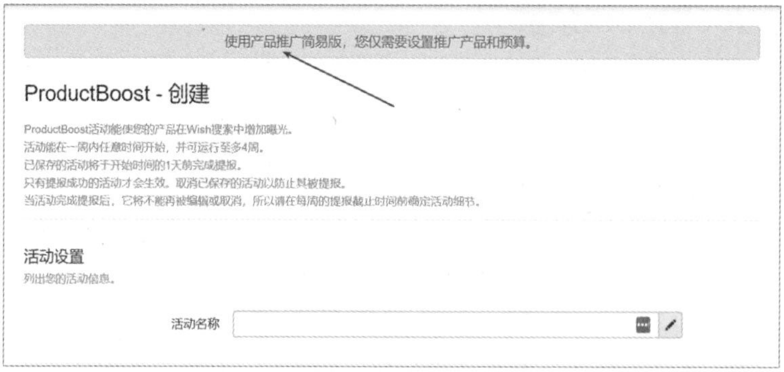

图 4-108 ProductBoost 简易版

有了 ProductBoost 的简易版，对英语不太熟悉的卖家只需输入产品的 ID 和预算，Wish 便会对产品进行分析，选择适合的推广路径，如图 4-109 所示。

图 4-109 ProductBoost 简易版预算界面

4.4.4 海外仓

Wish 提供两种海外仓授权，Wish Express 和 FBW。二者的区别是，使用 Wish Express，卖家需要自己寻找海外仓供应商，自己发货到海外；而 FBW 是 Wish 官方的海外仓，主要针对美国和欧洲市场，使用 FBW，全程由 Wish 来负责配送。在 Wish 的海外仓入口可以看到 Wish Express 的按钮，如图 4-110 所示。

图 4-110　Wish 的海外仓入口

单击之后会跳转到一个界面，该界面主要介绍 Wish Express 的优势——提供 10 倍流量、Wish 认证、优先曝光和更快的收款速度，如图 4-111 所示。

Wish 海外仓设置需要注意：①先发货，再开通海外仓；②如果要做美国的海外仓，需开通 US-WE；③最好开通标准发货和海外仓发货两种模式，以防海外仓断货；④在面积大的国家最好准备两个仓库，以保证商品 5 日达。

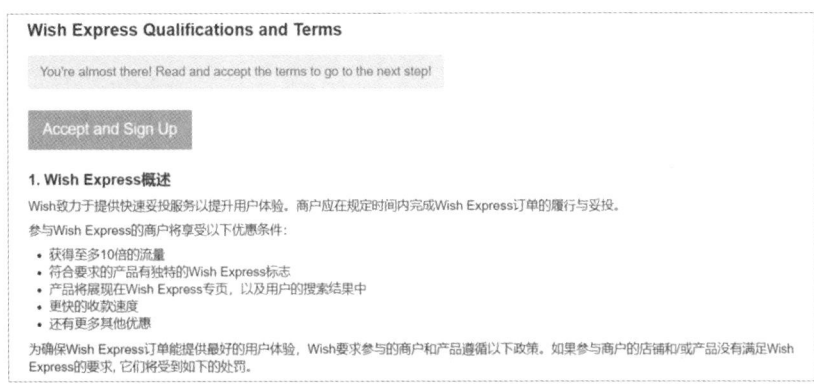

图 4-111　Wish Express 概述

Wish 对海外仓卖家的妥投要求如图 4-112 所示。

2. Wish Express 订单的妥投要求

Wish Express 确认妥投时间要求：自订单释放起 5 个工作日之内需确认妥投，以下国家按如下表格要求：

订单目的地国家	妥投时间要求(工作日)
法国 [FR]	6
瑞典 [SE]	8
澳大利亚 [AU]	7
意大利 [IT]	6
瑞士 [CH]	6
西班牙 [ES]	8
丹麦 [DK]	6
芬兰 [FI]	7
挪威 [NO]	8
波多黎各 [PR]	7

Wish Express 按时到达率的要求：95%

如果 Wish Express 订单未在妥投要求时间之后的 5 个工作日内由物流服务商确认妥投，那么此订单将不予支付。例如，美国的 Wish Express 订单必须在 10 个工作日内由物流服务商确认妥投。

图 4-112　Wish 海外仓的妥投要求

海外仓的物流考核：下单后 5 个工作日之内需确认妥投；有些国家是不需要 5 日达的，如法国、瑞典、澳大利亚、西班牙、丹麦等；连续三次不达标会被取消海外仓资格；如果海外仓被清退，14 天以后才可以再次申请加入；实施返利政策，即对于符合妥投政策要求的订单，平台将给予卖家订单金额 5% 的返利。

FBW 是 Wish 官方的海外仓，其申请加入界面如图 4-113 所示。

图 4-113　FBW 的申请加入界面

卖家可以根据自己的需求选择地区，如图 4-114 所示。

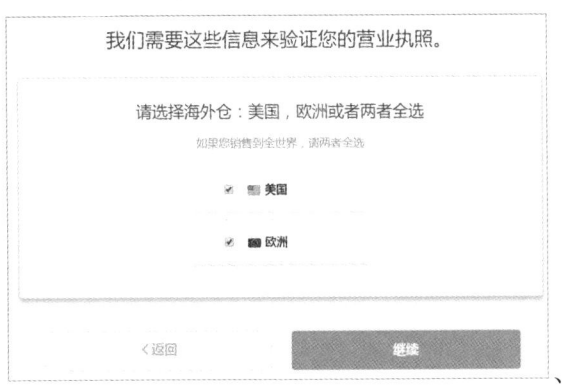

图 4-114　选择海外仓

然后根据提示下载表格，按照要求填写即可。

值得注意的是，如果要成功操作海外仓，以下费用是不可避免的：包装费、头程费、订单处理费、仓储费、本地派送费、税费、挂号费等。如果不把这些明细计算清楚，很容易造成亏损，所以选择海外仓的时候一定要谨慎，并且考虑到所有可能因素。

4.4.5 数据分析

数据分析是运营的核心，数据能够真实反映出店铺的经营情况，所以每周的数据统计是不能少的。Wish 的流量监控表格如图 4-115 所示。

wish产品流量监控						
时间	产品名称	parentSKU	目前的收藏量	购买的数量	当前的价格	调整后的价格
周一						
周二						
周三						
周四						
周五						
周六						
周日						

图 4-115　Wish 的流量监控表格

（1）产品流量记录。记录产品在过去一周中的表现，包括产品的收藏量、购买量、价格、转换率等。帮助我们更直观地去检测数据，发现爆款。

（2）ProductBoost 记录。为评估广告效果，我们可以制作图 4-116 所示的表格。

时间	PB曝光	PB花费	PB成单数	PB成交总额	PB花费与成交之比	花费较高的产品
周一						
周二						
周三						
周四						
周五						
周六						
周日						

图 4-116 Wish ProductBoost 监控表格

（3）Wish 后台数据。Wish 的理想数据模型主要包含两个重要的指标，"购买"按钮点击率和结账转换率。这些数据可以在 Wish 后台的销售业绩（见图 4-117）看到。如果"购买"按钮点击率的数据表现较差，那么我们就要优化产品的图片和价格。如果结账转换率表现不好，那么我们更应该关注产品的 SKU、描述、评价及价格，逐一优化。按照数据指标，准爆款的"购买"按钮点击率的及格线应该是 0.1%，结账转换率的及格线是 25%。如果店铺中某个产品的数据表现与之接近，那么我们就要重点关注，持续优化，争取打造出爆款。

"购买"按钮点击率	购物车浏览数	订单	结账转换率
0.0705%	516	138	26.74%
0.0642%	649	133	20.49%
0.0603%	525	110	20.95%
0.0591%	560	127	22.68%
0.0629%	587	154	26.24%
0.0437%	477	136	28.51%
0.0465%	423	108	25.53%
0.0564%	302	58	19.21%
0.0492%	286	53	18.53%
0.0588%	248	70	28.23%
0.0919%	495	120	24.24%
0.0665%	309	79	25.57%
0.0686%	367	70	19.07%

图 4-117 Wish 后台的销售业绩

（4）流量曲线。如果曲线平稳，则说明我们的产品曝光稳定，出单平稳；如果曲线落差较大，短时间流量下滑严重，那么我们应该确认产品是否最近差评太多，是否有侵权产品或者是否有其他卖家低价跟卖我们的爆款。如果产品流量暴增，代表平台在重点推广我们的产品，我们必须重点关照这样的产品，时刻关注产品的收藏量、转换率和加入购物车的买家的数量，争取借助平台的力量打造出爆款产品，实现业绩的突破。Wish 的流量曲线如图 4-118 所示。

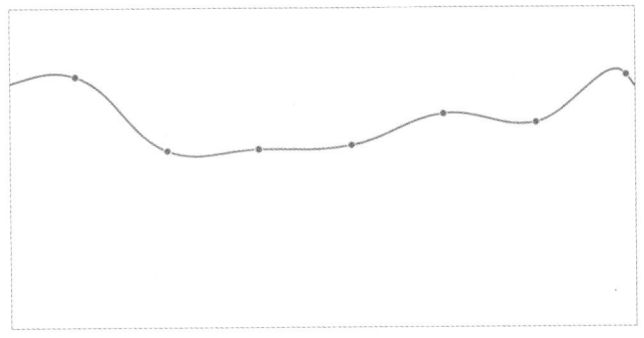

图 4-118 Wish 的流量曲线

Wish 平台是目前跨境电商较为特别的一个平台，它的日活跃用户很多，流量很大，算法却和其他平台有着天壤之别。其算法基于科学的数据模型。所以我们有理由相信，随着 Wish 算法的不断完善，给卖家的机会将会越来越多，只要勤学习，肯钻研，一定能在 Wish 平台做出一番成绩。

本章习题

1. Wish 平台区别于其他平台的主要特点是什么？
2. Wish 诚信店铺的条件是什么？
3. Wish 主要的推广工具是什么？推广原理是什么？

第 5 章

跨境电商平台：eBay

5.1 eBay 介绍

5.1.1 平台简介

eBay 是一家总部位于美国加利福尼亚州圣何塞市的跨国电子商务公司，通过其遍布全球的站点，促进 C2C、B2C 及 B2B 的销售。

eBay 由皮埃尔·奥米迪亚（Pierre Omidyar）于 1995 年秋季创立，其前身为在线拍卖网站。

1997 年 9 月该公司正式更名为 eBay。根据纳斯达克提供的信息，截至 2018 年 11 月，eBay 市值已超 270 亿美元（见图 5-1）。eBay 在全球 49 个国家与地区拥有分站点。每一秒钟，eBay 平台各站点都有大量产品成交。到 2018 年年底，eBay 已拥有来自全球 190 个国家和地区的 1.77 亿个稳定买家、11 亿个在线产品链接及 4.29 亿次 eBay App 下载安装。

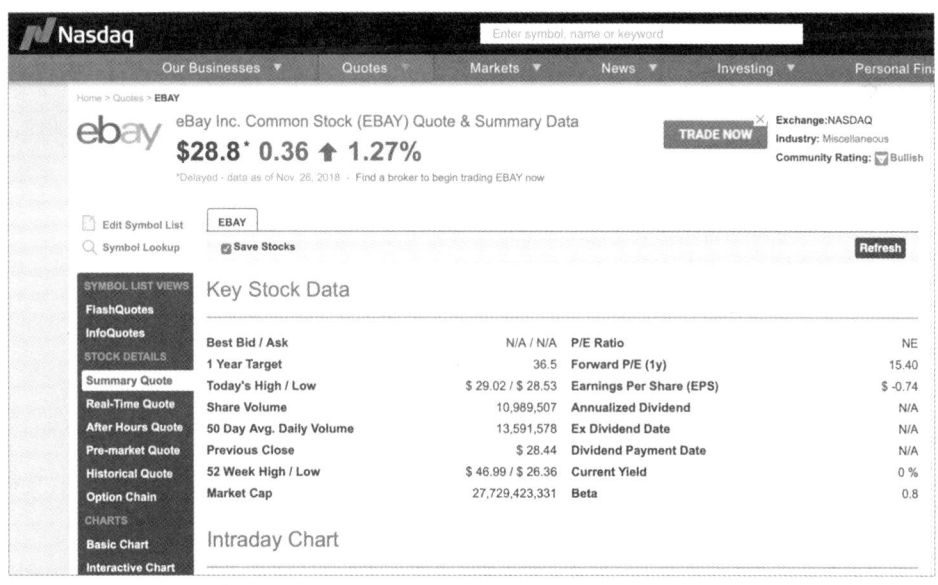

图 5-1　纳斯达克 eBay 证券信息

区别于其他电子商务平台，eBay 更专注于与卖家展开深入的合作，聚焦于做一个专业的交易市场,通过打造快速、移动和安全的产品体验,为买家和卖家建立更紧密的联系——这就避免了卖家在投入大量精力和营销费用打造出爆款产品后,面临来自电商平台的"平台自营产品"的竞争。

5.1.2 主要站点与优势品类

eBay 在全球 49 个国家与地区拥有分站点。其中最重要的站点位于美国、加拿大、英国、德国、澳大利亚。

1. eBay 平台主要站点介绍

美国站与加拿大站为 eBay 的大本营,为 eBay 平台贡献了巨额流量与成交量。

英国站和德国站作为 eBay 在欧洲最重要的两个站点,市场潜力巨大,同时具备各站点中最好的平均利润水平。

澳大利亚站是澳大利亚最大的电商平台之一。澳大利亚拥有 2520.9 万人口,高度集聚于 eBay 平台的买家为卖家提供了方便,同时澳大利亚普遍的高收入水平也为高客单价的产品提供了成长空间。

值得一提的是,在 eBay 平台注册一个卖家账号,即可在以上所有分站点发布与售卖产品,避免了冗长而烦琐的各站分别注册。同时,各站点之间相互独立,产品可分站点发布,不影响其地域专属性。

2. eBay 平台热门品类介绍

(1)电子产品类。电子设备多年来都是中国出口的主要产品,也是 eBay 中国卖家的传统优势产品。2017 年中国电器及电子产品的整体出口规模达到 6000 亿美元,回暖势头强劲,同比增长 14.2%。而根据平台的统计数据,eBay 每小时能够售出 273 只智能手表、1620 部智能手机、1172 台电脑与游戏主机、1380 个电脑配件。

(2)时尚类别。以 2017 年 eBay 时尚类产品交易额排名第一的美国站点为例,其运动休闲类服装、鞋及配饰,特别是男士服装的销量增长潜力较大,而珠宝首饰及手表,特别是高级首饰销量增长迅猛。

（3）汽车、摩托车配件类。eBay 作为全球最大的汽车、摩托车的整车及配件在线交易市场之一，致力于帮助中国汽车、摩托车配件的生产和销售企业将产品直售给数以亿计的全球消费者。当前，eBay 正在全球售卖超过 1 万个细分品类的汽车、摩托车配件，拥有全球超过 3 亿个汽车、摩托车配件的在线产品链接，涵盖了汽车、摩托车、全地形车、航空、船舶配件等产品，实现了全球 50 万种车型的全覆盖。借助强大的平台工具，买家可以在 eBay 快速搜索任意配件（Finders Everywhere）。同时，eBay 率先在欧美市场开放了线上购买线下安装服务（O2O），方便买家的同时大大提升了在线商家的线下服务能力。

中国卖家在 eBay 汽配行业具备成长潜力的品类有刹车盘片套装、轮胎、轮毂螺帽、摩托车轮胎、汽车排气系统与消音器、门外饰板及配件等。

（4）家居及园艺类。家居与园艺产品在 eBay 属于相对成熟的品类，特别是美国站和英国站的家居品类发展得非常成熟，从微小件的纺织、塑料产品，到需要海外仓当地派送的大型产品，都有大量中国卖家参与销售，并且取得了非常好的销售业绩。根据平台 2017 年统计数据，在 eBay 每 3 秒售出 1 件厨房用具，每 5 秒售出 1 件家电，每 4 秒售出 1 件手动工具，每 19 秒售出 1 件电动工具。在 2018 年和 2019 年，园艺产品、户外家具套装、帐篷、DIY 工具及材料、小家电都是平台热门且具有发展潜力的产品。

（5）商业和工业品类。当前形势下，B2B 业务加速向线上转移，eBay 平台上的 B2B 业务将快速达到年交易额万亿美元规模。据统计，美国 74%的企业有一半以上的采购项目进行在线检索，50%的企业认为，它们的部分盈利仅能通过在线方式获得，也就是说超过 50%商业和工业用产品，在线销售具有明显的价格优势。根据 2017 年 eBay 的统计数据，平台每 2 秒成交 1 件办公设备，每 5 秒成交 1 件医疗器械，每 8 秒成交 1 台检测仪器。eBay 商用产品成交规模的快速发展为广大中国企业提供了机会。

5.1.3 收款方式

eBay 支持多种在线收款方式，但在 2002 年收购由创业明星埃隆·马斯克（Elon Musk）创立的 PayPal 后，PayPal 成为当时 eBay 最主流，也是最受 eBay 安全政策保障的收款方式。笔者建议读者在实践中以平台即时的支付策略为准。

在注册完成 eBay 账号后，若想开始销售，必须在支付平台完成支付工具的注册与绑定。买家通过支付工具付款，卖家安排发货。值得注意的是，在一般情况下，eBay 和支付平台是不扣留卖家的销售所得资金的。也就是说，买家通过支付工具付款，在款项到达卖家的支付账户后，即可安排提现使用。既不需要等待货物签收成功，也没有十几天甚至一个多月的资金扣留期，这是 eBay 平台与其他平台的一个重要区别。

新注册的 eBay 账号会有 21 天的资金审查期，资金会被保留在卖家的支付账户上，以保证买家能够顺利收到新卖家售出的产品。这只是针对新卖家在销售初期的特殊规定，当在 eBay 的运营稳定之后，这一规定将被取消。

5.1.4 发展动向与机遇

进入一个平台，就从这个平台的发展方向寻找机会。eBay 平台近一两年提供给中国卖家最重要的商业机会是 eBay 的中国品牌智造千帆计划。

千帆计划是 eBay 平台针对中国高品质、潜力股的优质产品专门打造的在线国际品牌成长计划。从 2018 年起，该计划已帮助超过 1000 个中国品牌通过 eBay 的全球网络走向世界。这些品牌的品类包括家用电器、3C 电子、纺织服装、鞋帽配饰、运动户外、家居庭院、汽摩配件等。在这一计划之下，eBay 通过全方位的品牌化运营策略，对计划内的重点培育卖家赋能，给予专属流量、专属资金与专属服务。

专属流量。基于结构化数据的产品营销策略，参与千帆计划的品牌有机会出现在 eBay 站点的品牌导航区，而在品牌浏览页面和产品页面都设计了专属的优化方案，以方便客户浏览某一品牌的产品集合，提升购物体验。另外，参与千帆计划的品牌有更多机会参加 eBay 平台丰富的 deals（促销活动），包括 daily deals、weekly deals 及 featured deals 等。卖家可以集合每一季的销售热点，策划并参加平台的各种活动。

专属资金。针对参与千帆计划的品牌，eBay 平台提供一定时期内的成交费减免、推广费赞助，甚至对提供价格让利的重点品牌进行资金补助。

专属服务。针对参与千帆计划的品牌，eBay 将会提供专业的团队支持，实现一对一的服务，并为品牌量身定制在 eBay 平台的推广计划。

5.2 平台基础操作

5.2.1 开通店铺

eBay 的开店流程相对简单，主要包括两个部分，一是 eBay 账号注册，二是支付账号的注册与绑定。由于这两部分的操作均是在网站的引导下按步骤完成的，本书仅简要说明注册起始的位置。

1. 注册 eBay 账号的流程

eBay 设置的各站点功能不同，目前中国卖家注册 eBay 账号需登录 eBay 中国香港站点，而 eBay 中国官网主要提供 eBay 平台对卖家的支持服务与卖家培训。单击界面上的"注册"按钮（见图 5-2）。

图 5-2　eBay 账号注册入口

进入"建立账户"界面，按步骤填写相关信息即可，如图 5-3 所示。

图 5-3　开始填写注册人基本信息

2. PayPal 账户注册

在注册完成 eBay 账号之后，还需要注册一个支付资金账户，用于收取买家向卖家支付的货款，并对收到的资金进行提现、换汇等统一管理。本书以 PayPal 账户的注册为例进行讲解。进入 PayPal 官网，单击"注册"按钮，选择"商家账户（个体/企业）"选项，填写相关企业或者个人信息即可。PayPal 账户注册入口如图 5-4 所示。

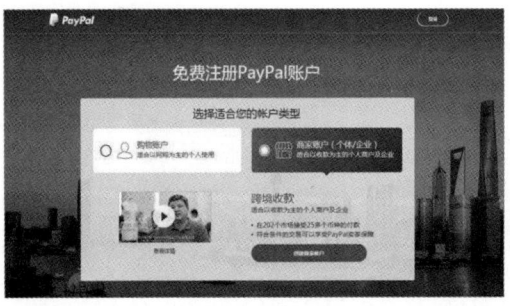

图 5-4　PayPal 账户注册入口

5.2.2　产品发布

1. 产品发布的基本步骤

在 eBay 平台发布产品的形式包括在 eBay 卖家后台的直接发布，以及使用第三方发布工具进行批量发布两种。在此，我们以在 eBay 平台直接发布为例，来说明发布产品的基本步骤与原理。

需要注意的是，注册一个卖家账号即可在 eBay 平台多个站点发布、销售产品——卖家只需要进入不同站点的网站（如美国站、英国站、德国站、澳大利亚站），单击右上方的"Sell"（销售）按钮即可开始，如图 5-5 所示。

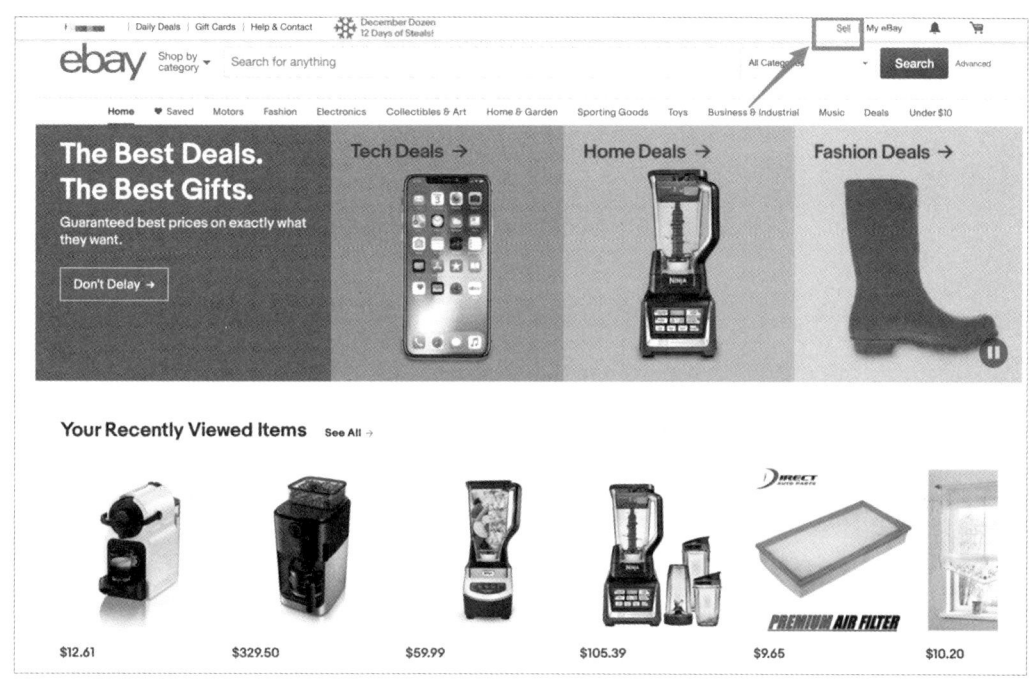

图 5-5　eBay 卖家后台入口

1）选择产品基础分类

如图 5-6 所示，在搜索框中输入产品关键词，系统会自动推荐最匹配的几个产品分类，选择一个分类，进入具体产品的信息编辑页面。注意，分类的选择非常重要。一方面，正确选择分类，系统会在卖家编辑产品时给出此类产品所需要的所有专业属性选择——这会帮助卖家编辑出更专业的产品信息；另一方面，正确选择分类能够帮助买家无论在搜索关键词还是浏览类目时快速找到产品。

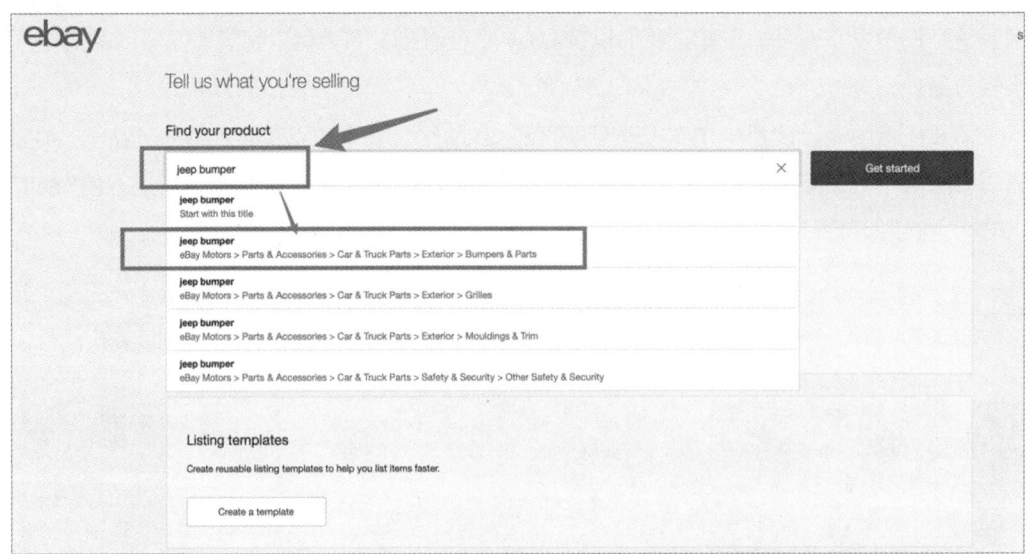

图 5-6　选择待发布产品的分类

一条 eBay 在线产品的主体信息包含三大部分：Product details、Selling details 和 Shipping details，如图 5-7 至图 5-9 所示。

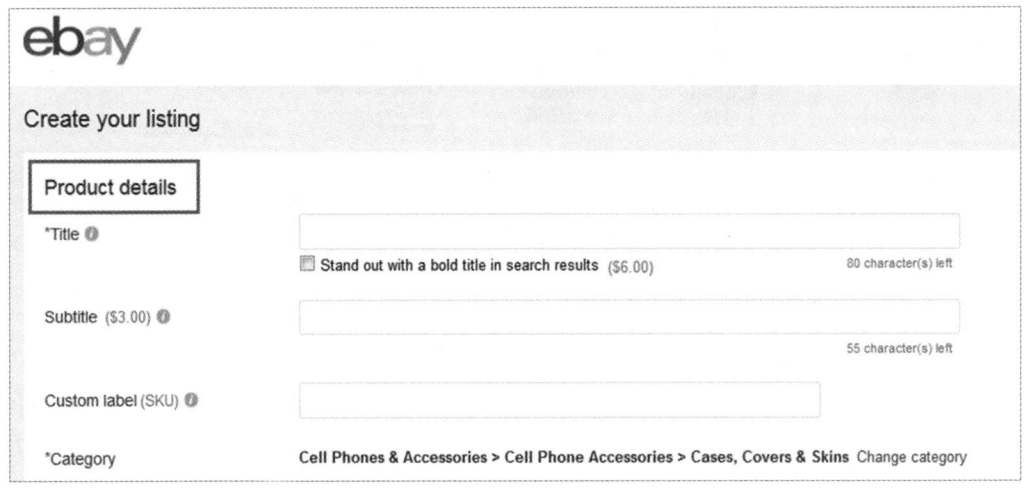

图 5-7　产品详细信息模块

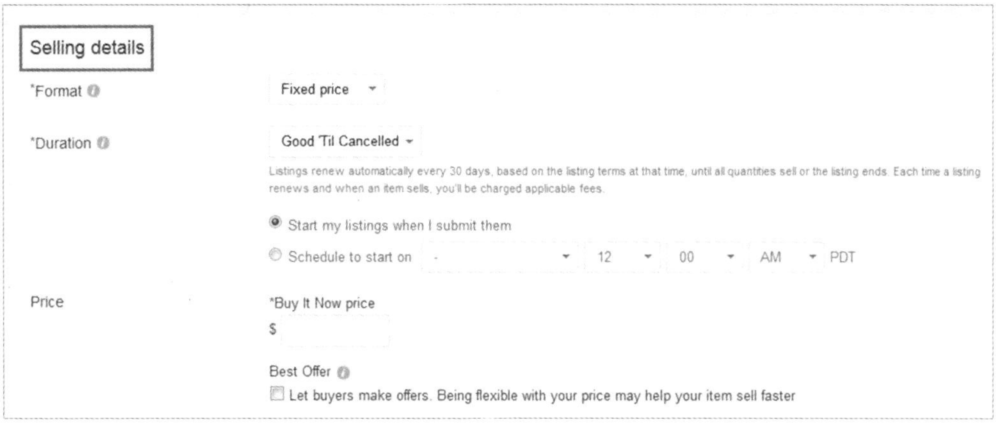

图 5-8　产品销售信息模块

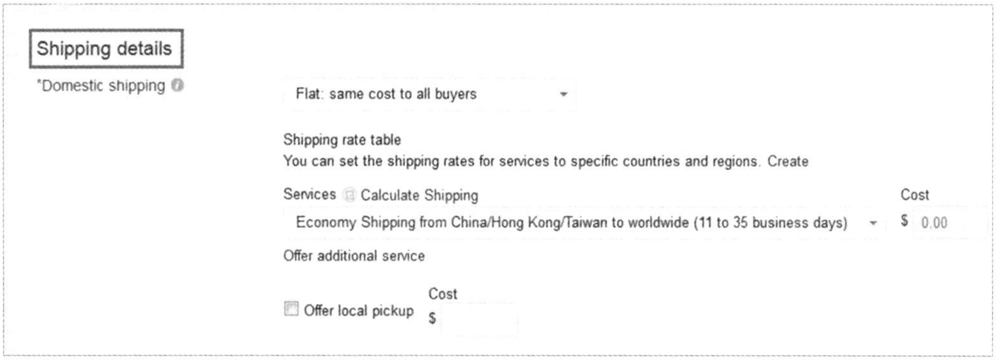

图 5-9　产品物流信息模块

2）产品信息

第一，填写产品的标题。标题涵盖了产品的主要信息，能够激发买家的购买欲。更为关键的是，当买家进行搜索时，标题是否准确充分，直接决定了买家能否找到我们的产品。

产品标题可输入 80 个字符，笔者建议尽可能地利用这 80 个字符将产品特征介绍给买家，让买家了解产品重要信息的同时，也增加产品关键词的搜索量和浏览量，从而带动销售。当然，如果觉得 80 个字符不足以覆盖产品所有重要的关键词，也可以支付一定费用，使用 Subtitle（副标题）来获取更多的与买家搜索词匹配的机会。产品链接的标题如图 5-10 所示。

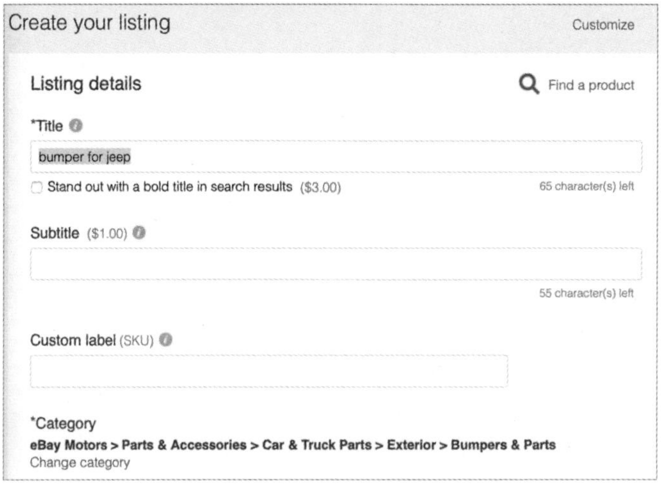

图 5-10　产品链接的标题

请卖家遵守以下 eBay 平台的规定（违反相关规定可能导致产品的下架，甚至账号的权限限制）：尽可能地充分利用平台允许的 80 个字符描述产品，提升关键词搜索率；不要在标题中添加无关的标注符号，标题中不得含有网址、电子邮件或电话号码，不得含有亵渎的语言；发布有品牌的产品时，产品必须是由品牌厂商生产的正规合法的产品；不得使用涉及侵权的关键词；确保标题中的单词拼写正确。

第二，创建多属性产品。创建多属性产品是为了方便某些有多种型号（或多种规格、尺码）的产品在 eBay 平台销售，如图 5-11 所示。

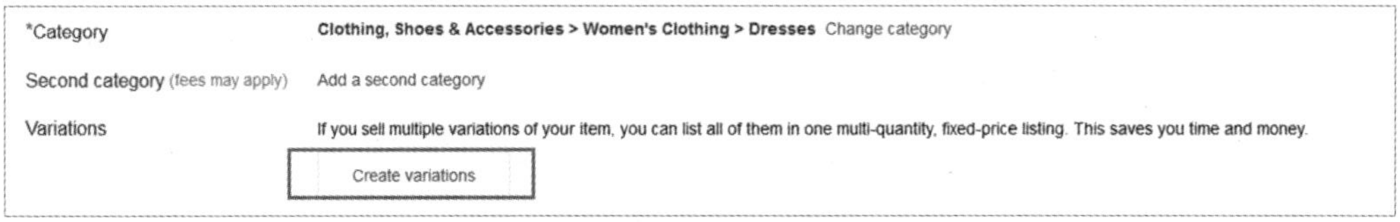

图 5-11　多属性产品的变参-SKU 种类设置

创建多属性产品后，其买家界面如图 5-12 所示。

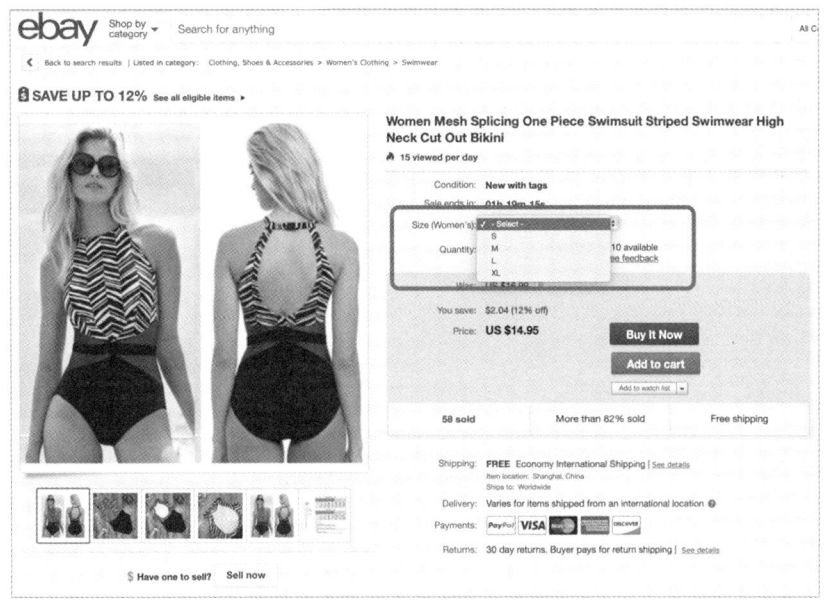

图 5-12　多属性产品的买家界面

需要注意的是，eBay 的产品发布方式分为拍卖式和一口价式两种（后文中会有更详细说明），而多属性产品的发布仅能用一口价式。

第三，填写 UPC 全球贸易项目代码（Global Trade Item Number，GTIN）。以 eBay 美国站为例，此处需要填写 UPC 通用商品码，通常其为 12 位数字，请确保填写的 UPC 通用商品码信息正确，若没有，请填写"Does not apply"。

第四，填写产品使用状态。如图 5-13 所示，卖家要按照实际情况填写产品的使用状态，包括全新、翻新或者二手。

图 5-13　产品使用状态

第五，上传图片。eBay 允许免费上传 12 张图片，如需展示更多细节，可以支付额外费用以获取更多图片空间，如图 5-14 所示。

图 5-14　eBay 链接的图片上传

第六,填写产品属性。填写产品属性是为了向买家快速、准确地传达产品的核心性能、规格等信息。这些信息在展示时简单明了,方便买家了解产品。另外,产品属性中的信息与出现的关键词占平台的搜索权重较大,仅次于产品标题中的关键词。因而,尽量详细地填写产品属性,也是提高产品与买家搜索词之间的耦合度、提高曝光量、获取流量的重要手段。

简要说明一下填写产品属性的步骤。

以 eBay 美国站为例。在选定产品的分类后,eBay 会自动把该分类下最常见的属性推荐给卖家。卖家需要尽量将所有属性都填满。当然,如果产品确实缺少某些属性的信息,也可以留空白不填,产品发布后这些留白属性会被隐藏。

如果有额外的重要属性需要向买家展示,可以单击"Add your own item specific"按钮来添加自定义物品属性,如图 5-15 所示。

第七,添加产品详情,提供完整准确的产品细节和图片。为了提升手机端买家的浏览体验,建议在设置完成后,同时在 PC 端和手机端进行查看,并对展示效果进行进一步的调整优化。

以 eBay 美国站为例,如图 5-16 所示,在产品发布设置界面中有"Item description"栏目,单击"Standard"按钮输入产品描述。如果需要添加更复杂的视觉效果,可以单击"HTML"按钮,将在 Dreamweaver 等网页编辑工具上撰写的 HTML 代码填入其中。

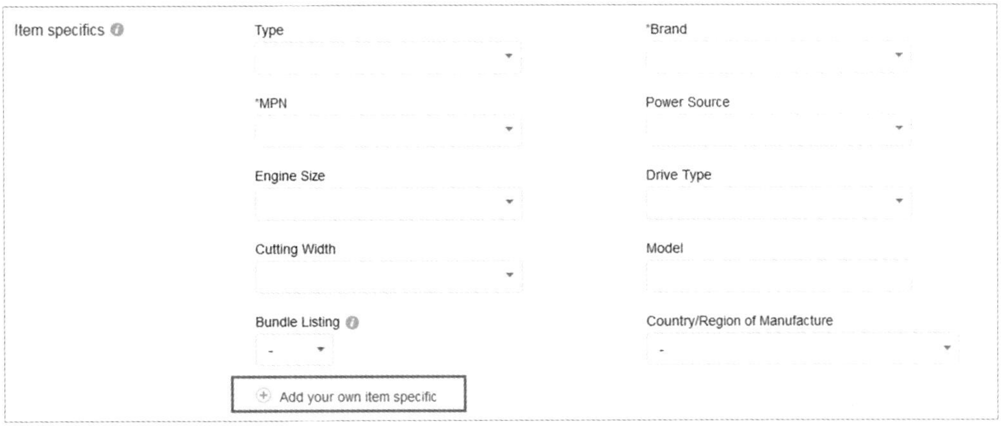

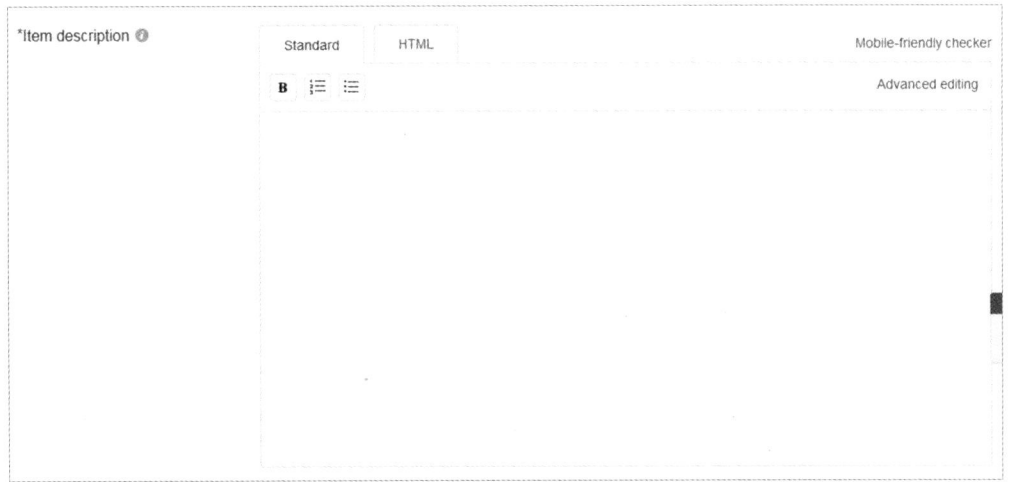

图 5-15　添加自定义属性

图 5-16　产品详情标准与 HTML 代码界面

填入 HTML 代码后，单击"Standard"按钮，可预览并编辑视觉效果。编辑中请注意以下几点：①尽量避免使用复杂的字体或过多的颜色；②提供常见问题的解答，解决买家在决定购买前可能遇到的问题，以便于买家充分理解卖家能够提供的服务与产品；③标明店铺为买家设立的"政策"（或者说"承诺"），如可以接受的付款方式、物流方案、退换货条款等；④说明卖家的工作时间（以当地时间展示），写明将在收到邮件后多久给予买家答复。

此外，eBay 针对产品详情做出了以下规定，对卖家行为进行规范。

填写任何误导买家的信息（如与物品无关的"关键字/Keywords"）是违反 eBay 产品发布政策的行为。实际操作中，部分卖家常常将类似于"hot sale""best""100% satisfied guarantee"等字眼填写到标题中，但实际上这种操作一方面不利于买家快速准确地寻找到我们的产品，另一方面，从严格意义上讲也是违反平台规则的行为。在产品描述中切勿包含禁止或受管制的内容（具体请参阅 eBay 的"禁售物品和管制物品列表"）及可能使买家不满的要求或说明。未经许可的情况下，不可使用品牌商标或抄袭其他卖家的产品描述内容。

3）发布产品的售卖方式

产品的发布方式包括拍卖式和一口价式，卖家可综合各种因素选择合适的发布方式。

一般来说，拍卖方式更适用于个人卖家对自己使用过的产品进行二次销售；而大部分的商业卖家会采用一口价的方式对全新的产品进行发布。采用拍卖方式发布产品往往也成为卖家测试产品的市场反应、获取先期流量的一种营销手法。

如图 5-17 所示，是一款产品采用拍卖的方式发布后买家所看到的产品界面，我们可以看到产品的价格是随着买家的出价不断变动的，并且在发布结束前，链接在不断倒计时。

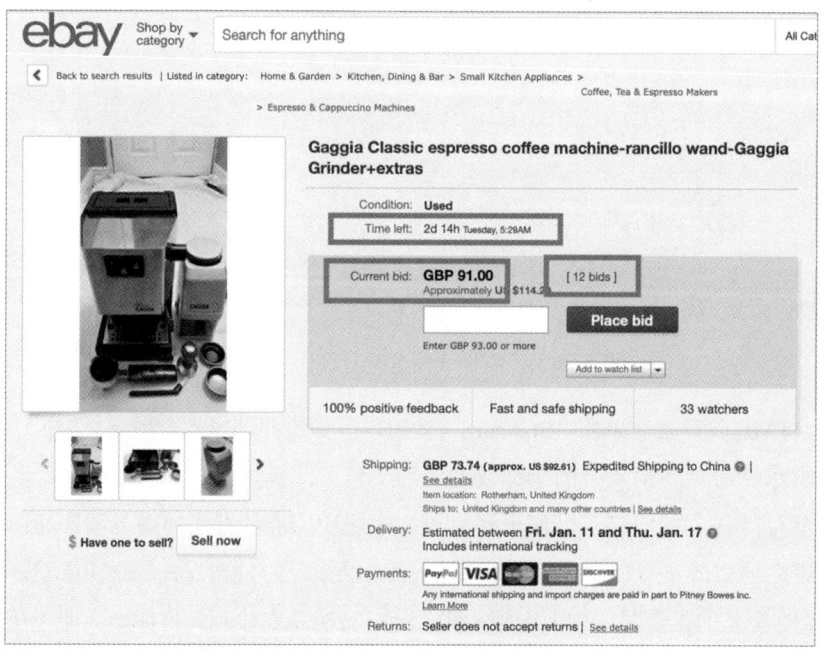

图 5-17 拍卖产品的买家界面

但是，由于拍卖的产品时效性强，特别是在拍卖即将结束时，产品的曝光优先级会上升，将被更多买家看到，所以拍卖也成了商业卖家增加曝光和流量的重要手段。特别是对于新发布的产品，卖家可以通过同时发布一个拍卖链接和一口价链接的方式，用拍卖链接引流、测试产品的市场反应，用一口价链接来长期承接流量，快速打造爆款。

因而对商业卖家而言，我们可以说，拍卖是在 eBay 平台上一个重要的引流方式。

如图 5-18 所示，有两种定价方式可供选择。

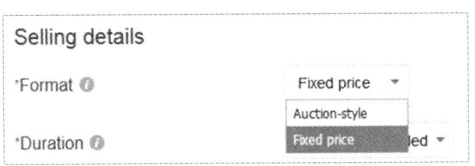

图 5-18　两种定价方式

设定产品的合理销售价格，可以保证卖家利润并提高买家对产品的认可度，对提升转化率有很大帮助。

设置以一口价方式发布的产品的价格，如图 5-19 所示。

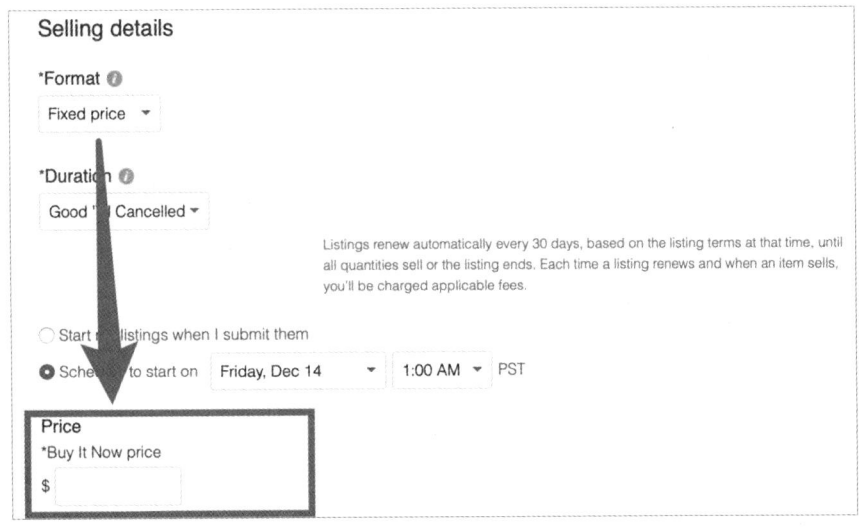

图 5-19　一口价的定价方式

设置以拍卖方式发布的产品的价格，如图 5-20 所示。

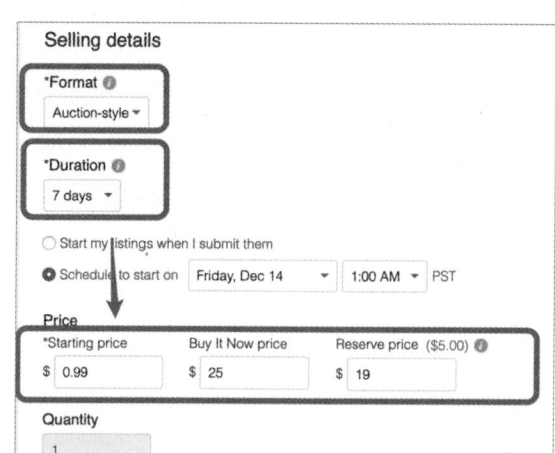

图 5-20 拍卖的定价方式

关于拍卖产品的定价，一般有两种方式：成本定价法和低起拍价定价法。成本定价法指的是起拍价格为产品的进货成本加物流成本。在拍卖中使用这种定价法不容易使卖家产生亏本。但是由于起拍门槛高，容易出现流拍或竞拍人数过少的情况。而低起拍价定价法指的是，设定一个极低的起拍价格，以吸引足够多的竞拍者，起到测试产品定价和为店铺引流的作用。当然，为了防止产品的成交价格过低，卖家可以设置一个保底价格——低于保底价格的竞拍将无法成交。

4）Shipping details 物流信息的填写

如图 5-21 所示，这一部分包含国内物流（Domestic shipping）和国际物流（International shipping）两大模块。在这两个模块中，卖家要选择具体使用的物流方案（Services）与对应的物流费用和接到订单后的包装、处理时间（Handling time）。

一般而言，物流费用越低、物流时效越快、处理时间越短，买家的购物体验越好，同时下单意愿也会越强烈。

若卖家能为多个国家的买家提供派送服务，就可以选择国际物流（International shipping）选项，并设置其中的具体方案，这将有效地拓宽买家范围，增加订单数量，如图 5-22 所示。

最后，在产品发布界面的末尾，可以看到此次产品发布所需花费的总费用，包含已经选用的一些需额外付费的增值功能，如 Subtitle（副标题）、Second Category（第二类目）等的费用。确认这一费用无误，即可单击"Preview"（预览）按钮，对产品进行效果预览。全部完成后，即可单击"List item"按钮，发布产品，如图 5-23 所示。

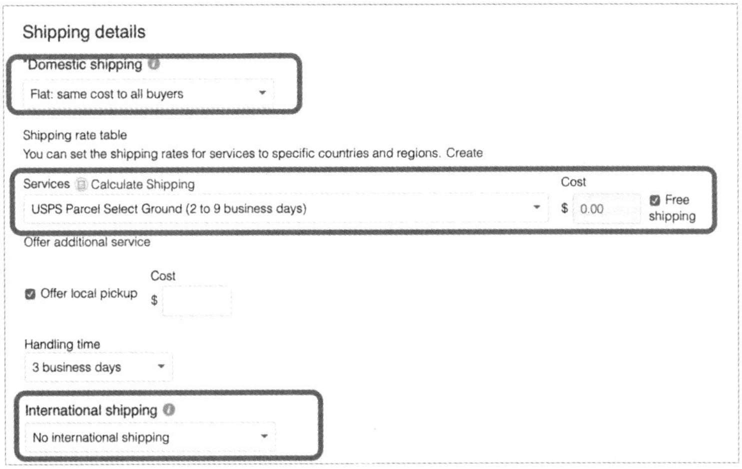

图 5-21 物流方式的设置

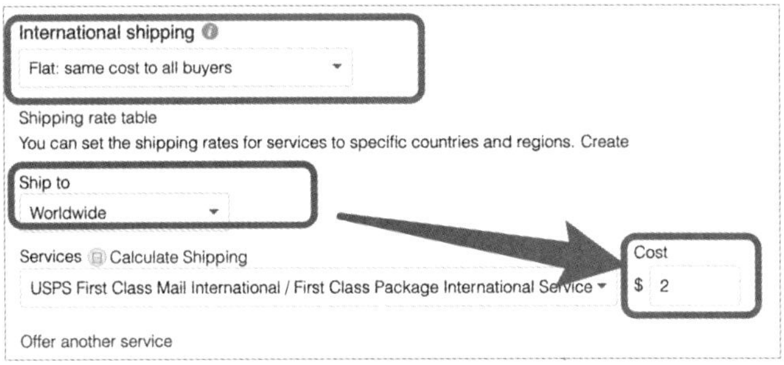

图 5-22 国际物流的设置

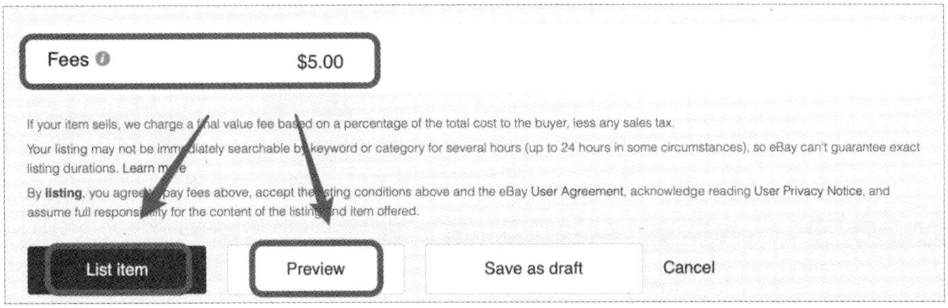

图 5-23 预览与完成发布

2. 发布产品的注意要点

发布产品的注意要点如下。

（1）产品标题中的关键词要覆盖到所有与产品相关的重要词汇。充分利用产品标题中的 80 个字符，让买家了解产品重要信息的同时，也增加产品关键词的搜索量和浏览量。请务必注意，关键词是买家寻找产品的重要途径。如果标题和副标题的空间都不足够填写，可以将多出的关键词填入"自定义属性"中，如图 5-24 所示。

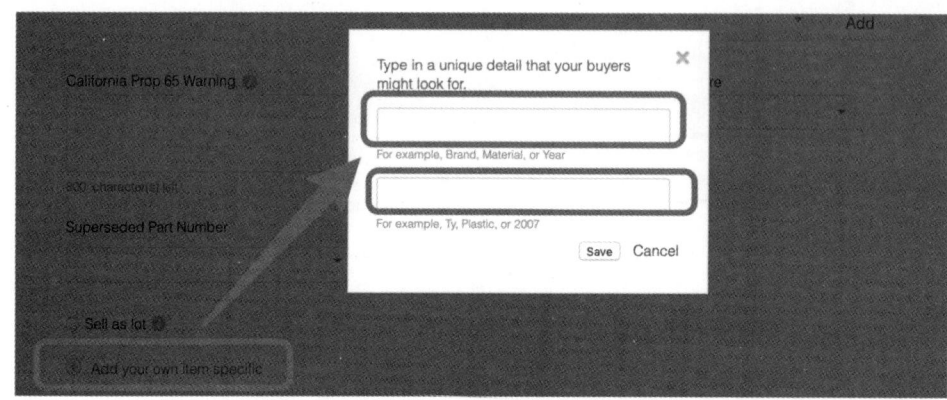

图 5-24　自定义属性的添加

（2）除关键词搜索之外，直接浏览类目也是买家寻找心仪产品的一种常见方式。类目浏览的买家界面如图 5-25 所示。

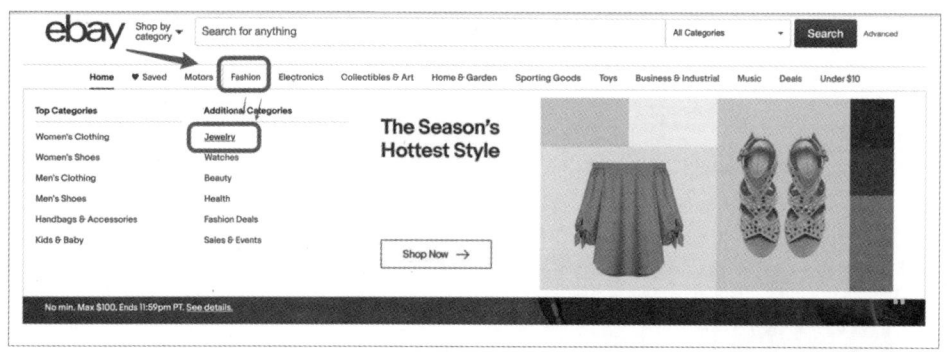

图 5-25　类目浏览的买家界面

正确选择产品类目有利于使买家找到心仪产品的链接。另外，也可以选择使用付费的第二类目功能来增加类目的浏览量。

（3）定价直接决定了产品的竞争力。但是并不是产品的定价越低越好。一方面，过低的价格使得卖家很难获得利润与业务的持续发展；另一方面，设定不合理的低价难以获取大部分买家的信任，有时并不能促进销售。因而，需要综合考虑产品市场定位、利润水平、广告营销预算、竞品价格对比、产品生命周期等一系列的因素来设定价格。

（4）产品所在地。这一属性的填写非常容易，填写的地址和产品实际储存、发货的地址一致即可。一般而言，针对刚刚涉足跨境电商的中国卖家，建议使用从中国本地进行发货的方式，这样可以在短期内测试产品是否能满足国外买家需求，并通过研究买家反馈的方式来改进产品。但是，一旦产品经过了初步测试，如果想要获得更多的流量，为买家提供更好的投递服务，那么，卖家将产品提前备货到海外仓库，进而在买家下单后提供当地派送服务就成了非常重要的业务升级方向。纵览市场的大体情况，当前在 eBay 平台上，主力卖家都毫无例外地使用了海外仓当地派送的服务模式。

5.3　eBay 运营经验技巧

以下将更深入地探讨如何获取更多的订单。首先给出一个公式：
$$付款订单量=店铺流量×流量转化率$$
进一步拆解，这个公式就变成
$$付款订单量=（店铺产品曝光量×曝光产品点击率）×流量转化率$$
店铺产品曝光量指的是我们在 eBay 上发布的产品，无论在搜索结果还是在类目浏览中被买家看到的次数；曝光产品点击率指的是所有被买家看到的产品链接中，被买家点击并查看产品详情页的链接所占的比例；流量转化率指的是当买家点击进入产品详情页后，下单购买的概率。

根据这个公式，店铺产品曝光量、曝光产品点击率和流量转化率就成为增加订单量的三个着手点。

5.3.1 站内流量提升

站内流量指的是在 eBay 平台内,买家通过关键字搜索和类目浏览发现并点击进入我们的产品页面而产生的流量。在此,我们介绍三个最常见的站内流量提升技巧。

1. 关键词充分覆盖

关键词充分、准确覆盖是帮助买家找到我们的产品、获取店铺流量的基础。以下将介绍一套完整的关键词收集与整理方法,我们可以称之为"逻辑关键词词库法"。先简单了解一下这一方法的原理——语言的基本逻辑,如图 5-26 所示。

图 5-26 语言的基本逻辑

实际上我们的母语是有一个基本逻辑的,那就是字词构成短语,短语组成句式,而大量句式的灵活运用有机地构成了段落与文章。这一基本逻辑在我们进行产品的标题与详情页编辑时也同样适用。无论什么语种,都可以使用这一逻辑迅速建立起某一产品的完整词汇库。关键词的基本逻辑如图 5-27 所示。

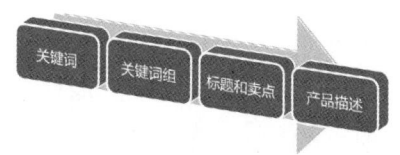

图 5-27 关键词的基本逻辑

从而,建立完整、准确的关键词库便成为写出好标题、好卖点、好描述的核心。

为了保证关键词充分覆盖,我们对所有产品相关词汇进行分类,如图 5-28 所示。

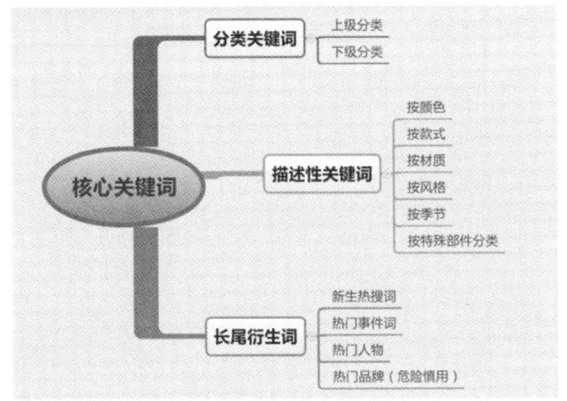

图 5-28 关键词分类与关键词树

核心关键词是属于这个产品最核心的那个词汇。分类关键词指的是用于标明这个产品在分类逻辑上与上级分类、下级分类的逻辑层次的界定词。描述性关键词指的是根据不同的产品属性，对产品的不同方面进行详细描述的具体词汇，是在整个产品词库中占比重最高、数量最多的词汇。为了方便我们整理调用，一般会按照属性的不同，比如不同的颜色、款式、材质、风格等，对这些词汇进行分类。长尾衍生词比较散乱，而且往往与产品本身的属性没有直接的关系。但是我们知道，一个热销产品往往是与某些热门事件、人物等产品之外的信息密切相关的，这时候，某些原本与产品无关的词汇，也可能为我们的产品带来非常有效的流量。

我们不妨试着建立一个具体产品的关键词库，以"比基尼"这一产品在美国市场的词汇库建立过程为例。

首先，其核心关键词很明显，为"比基尼"。

其次，分类关键词，"比基尼"的上级分类词为"泳装""女式泳装"，下级分类词为"1 piece bikini""2 pieces bikini""bikini top""bikini bottom"；而与"比基尼"同级的分类关键词为"tankini"。

再次，描述性关键词，围绕"比基尼"的描述性关键词非常多，我们可以进行分类归纳。

- 按颜色：白色、黑色、红色、纯色、象牙色、卡其色、青松石色、撞色、拼接色。
- 按款式：流苏、褶皱、蕾丝、绣花、钩织、国旗图案。
- 按材质：涤纶、氨纶、腈纶、氯丁胶。
- 按风格：波希米亚风格、美式、朋克风格、巴西风格。

- 按腰部高度（属于特殊部件）：高腰、中腰、低腰。

最后，我们整理长尾衍生词，一般而言其与热门人物或热门事件有关，如蕾哈娜同款、碧昂斯同款、Lady Gaga 同款。

利用这些词汇建立一个词汇库，如图 5-29 所示。

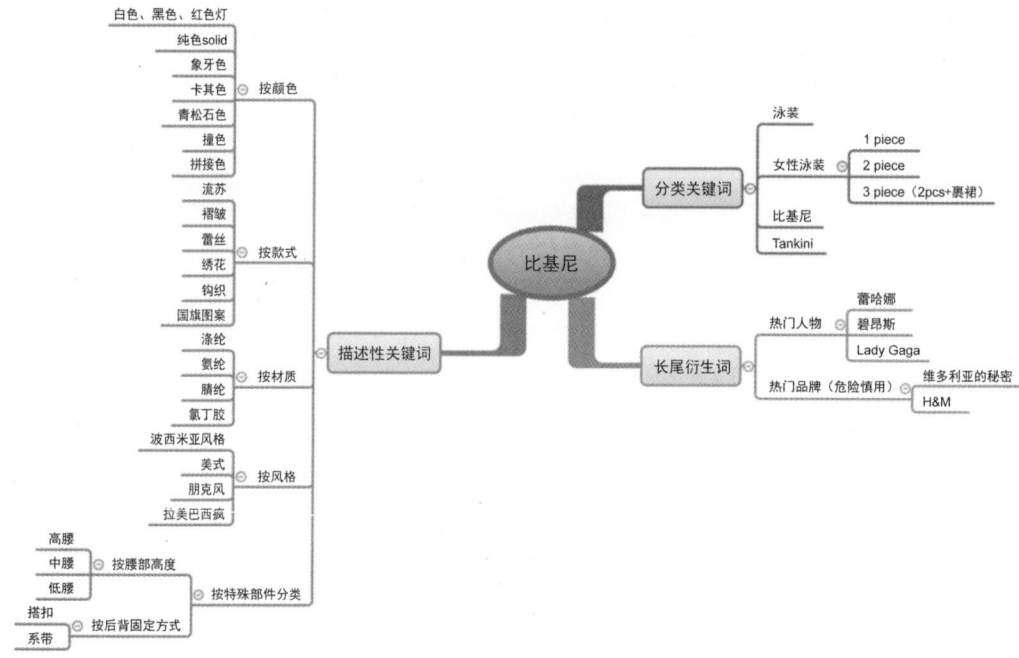

图 5-29　比基尼泳装的关键词词汇库

有了完整的词汇库，当我们想要发布一款比基尼产品时，按照四个分类依次将对应的词汇填入标题中，就可以保证我们的关键词既完整又准确：黑色、流苏、氨纶、美式、低腰、比基尼、蕾哈娜同款 2018 热销、有加大码、女式泳装。

平台系统会抓取标题中的各种词汇，并与买家搜索的词汇进行相关性匹配，使得产品被买家看到。同时，产品的广告推广也是基于对产品关键词的抓取而进行的。

2. Promoted Listing 的基本操作与操作技巧

Promoted Listing 是 eBay 平台上非常有效的获取流量的工具。

我们知道，包括 eBay 在内的所有电商平台，都会根据买家搜索词与产品的相关度、产品的买家评价、仓储发货的所在地、产品的质量、卖家的服务水平等一系列因素，来对平台上所有的产品链接进行排序。排序越靠前的产品被买家看到和点击的概率越大。对于众多有着良好品质的新产品而言，在短期获得充分的曝光，就成为新产品链接在平台上提高销量的关键。

Promoted Listing 就是这样一个工具，它通过竞价排名的方式，让卖家可以通过支付一定的费用，获取自己产品相关搜索词的更大曝光机会。简言之，它是一个卖家人工提升自己产品排名的工具。

该工具在使用过程中有两大特点：第一，按照成交产品的百分比来决定计费方式，即推广的费用由卖家自行决定；第二，在推广成功，即买家下单付款后，按照商定的比例收取卖家费用，也就是说，该工具按实际交易效果收费。

（1）Promoted Listing 的基本操作。

进入卖家后台，单击"My eBay"按钮，选择"Selling"选项，单击"Marketing"→"Promoted listings"按钮，如图 5-30 所示。

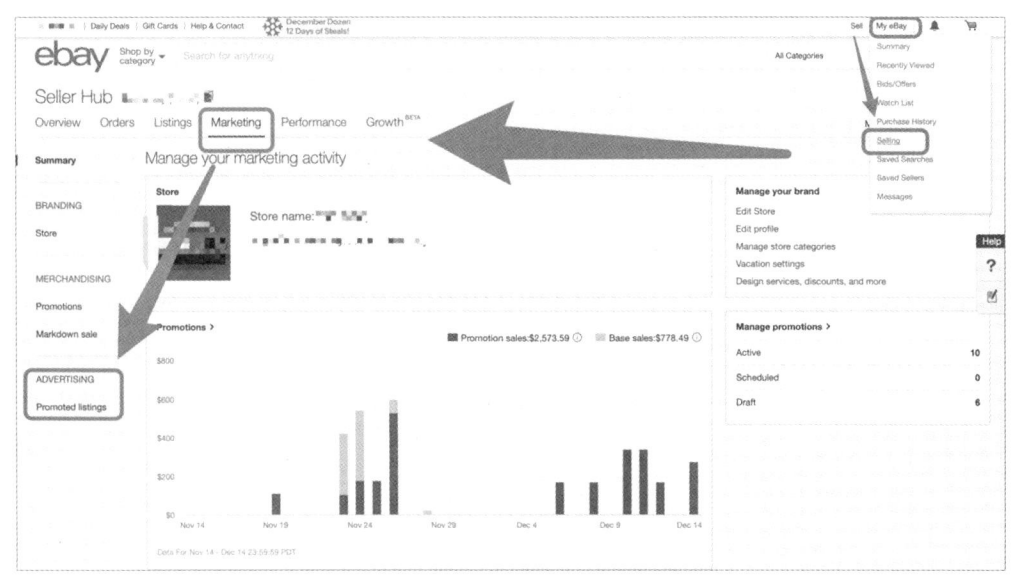

图 5-30　促销的操作界面

进入 Promoted Listing 后，可以先通过"Dashboard"界面查看最近一段时间的推广花费与效果情况，如图 5-31 所示。

图 5-31　促销的效果统计界面

如图 5-31 所示，最近 14 天中，店铺中共有 43 个产品参与广告推广（Listings promoted），从中得到 73 644 个额外曝光量（Impressions），产生共计 825 次点击（Clicks），通过广告流量售出 10 单（Sold），共计产生 1455 美元的销售额（Sales），花费 47.36 美元的广告费。

通过计算审视广告投放效果：

点击率=点击/曝光=1.1%——低于该产品的行业平均水平（2.5%左右），有优化提升空间。

流量转化率=订单数/点击数=1.2%——同于行业平均水平，基本满意。

广告投入站销售额比例=广告花费/销售额=47.36/1455=3.25%——对于 20%左右毛利的产品而言，该比例较低，属于营销效果较好的情况。

可以综合判断出，在过去的 14 天，该账号的 Promoted Listing 广告营销操作整体而言效果较好，但是在点击率上有进一步优化的空间。

在 Promoted Listing 功能中，我们可以很简单地建立一个新的推广，如图 5-32 所示。

单击"Create a new campaign"按钮，有"选择一个单独的链接"和"批量选择链接"两个按钮，如图 5-33 所示。

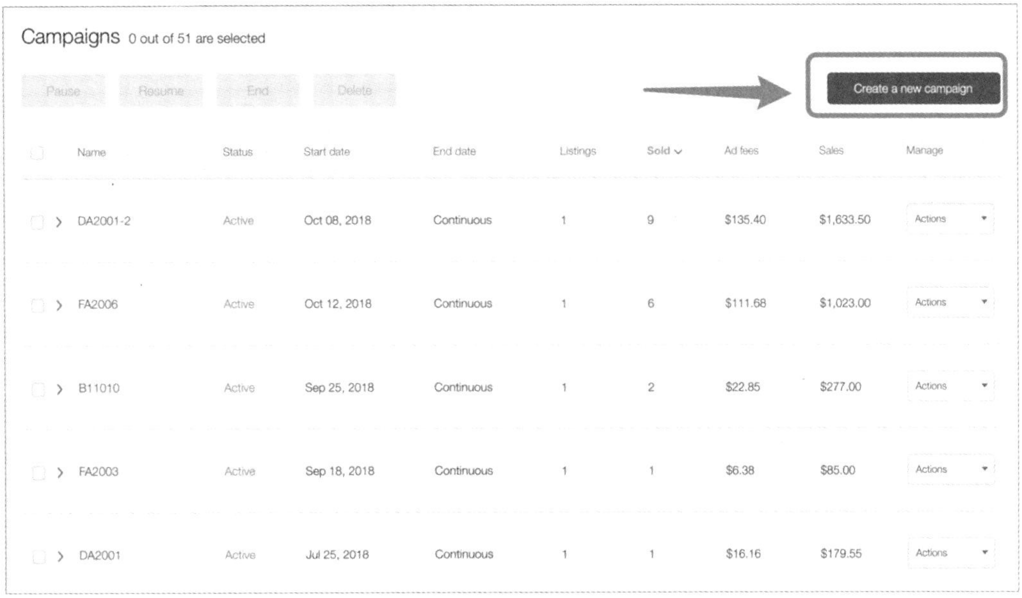

图 5-32 建立新的促销方案

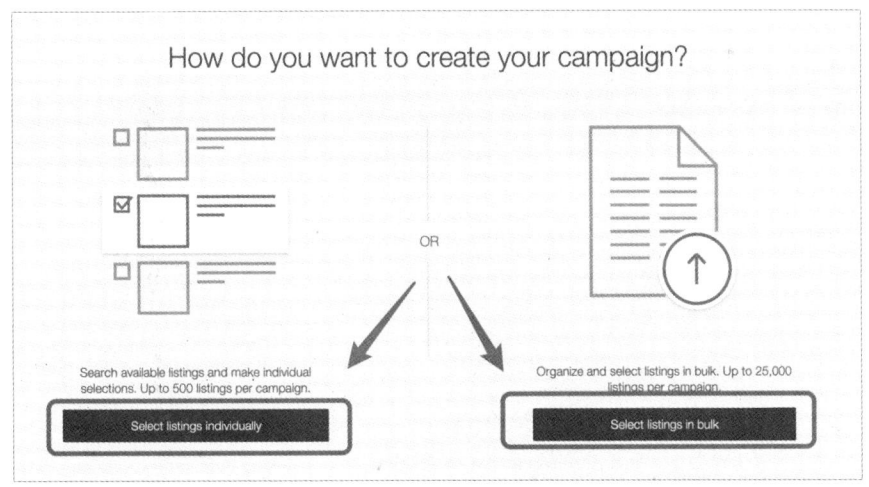

图 5-33 单独链接和批量链接的推广

按照图 5-34 和图 5-35 所示的两个步骤,我们选择了两款想要推广的产品(Select listings),并为它们设置了广告费率(Set ad rate)。请注意,在设置广告费率时,我们可以参考平台根据不同产品分类下同行的普遍推广力度而给出的"Trending rate"——直译为"趋势价格",

可以理解为系统给出的"参考费率"。当然，卖家也可以根据自己的情况设置或高或低的执行广告费率。

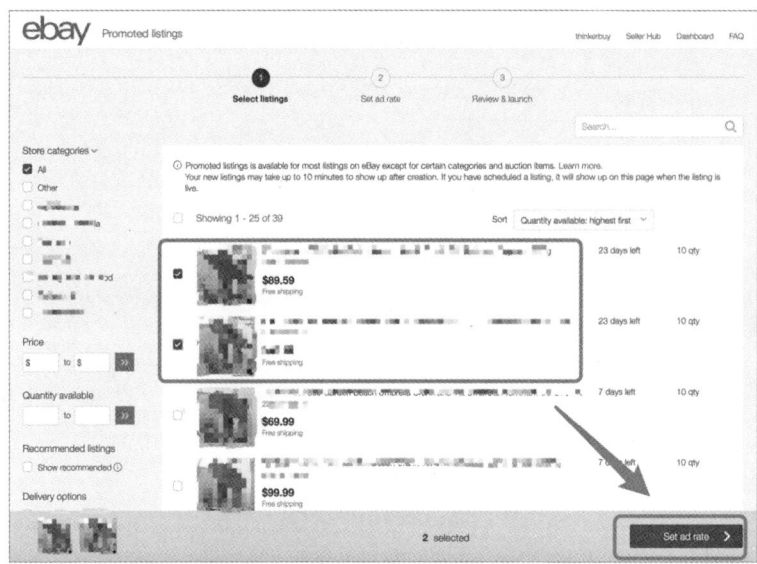

图 5-34　设置推广费用比例

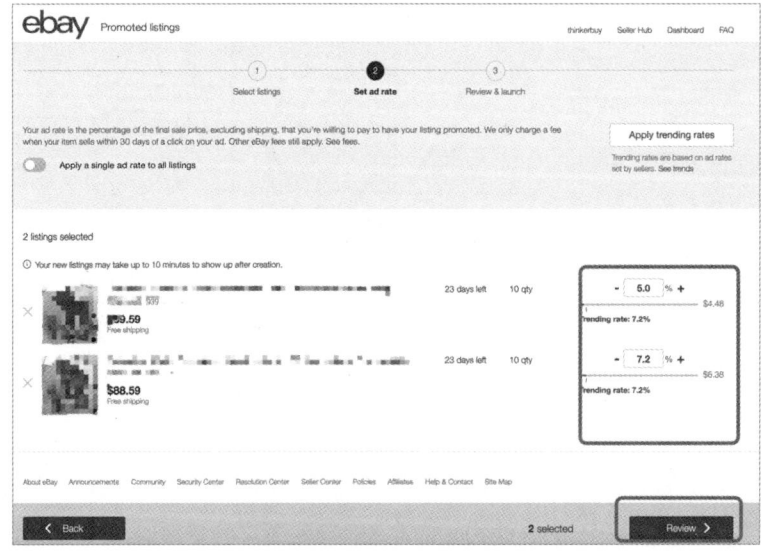

图 5-35　系统推荐的推广费比例与自定义比例

（2）Promoted Listing 的操作技巧。

介绍完基本的操作步骤之后，我们简单总结一下 Promoted Listing 的操作技巧。

Promoted Listing 所针对的主要是新发布的链接，当新产品没有流量时，它可以有效地帮助链接获取最早的流量，在这一功能所带来的流量转化率逐渐稳定、订单量逐步上升后，卖家一定要时刻关注产品链接本身的自然排名变化。一旦产品的自然排名上升到较好的位置，要及时降低广告费用的费率，当产品链接的自然曝光已经很好时，就可以停止付费推广。

使用 Promoted Listing 一定要实时观察各项数据。一方面，如果 Promoted Listing 带来的流量点击率和转化率都不高的话，有可能对产品链接的曝光排名产生负面影响，所以，产品发布并开启 Promoted Listing 之后，要不断地观察和优化产品的图片、价格、详情页等，保证 Promoted Listing 对产品链接的正向帮助。另一方面，Promoted Listing 本身也会消耗我们的利润空间，在产品推广初期，广告预算往往较高，随着销售的增长，要对广告费用、利润空间与销售额三者不断进行优化调整，达到最佳平衡。

使用 Promoted Listing 工具的基础是实现准确而完整的关键词覆盖。也就是说，该工具的使用效果，首先取决于卖家在发布产品时所撰写的标题、属性，以及详情页的内容是否准确完整。如果关键词覆盖不完整，那么 Promoted Listing 带来的流量与曝光往往不高；如果关键词填写错误，或填写的关键词与产品相关度不高，则会导致流量无效——点击率和转化率非常低。

3. 拍卖引流的基本操作与技巧

1）拍卖基本操作

由于脱胎于二手产品拍卖网站，区别于其他大部分电商平台，拍卖式发布成为 eBay 一大特色。作为专业的商业卖家，为吸引流量和打造新爆款，可以适当使用拍卖的方式在 eBay 平台发布新产品。

拍卖的基本操作在介绍产品发布时已经做了说明，比较简单，如图 5-36 所示。

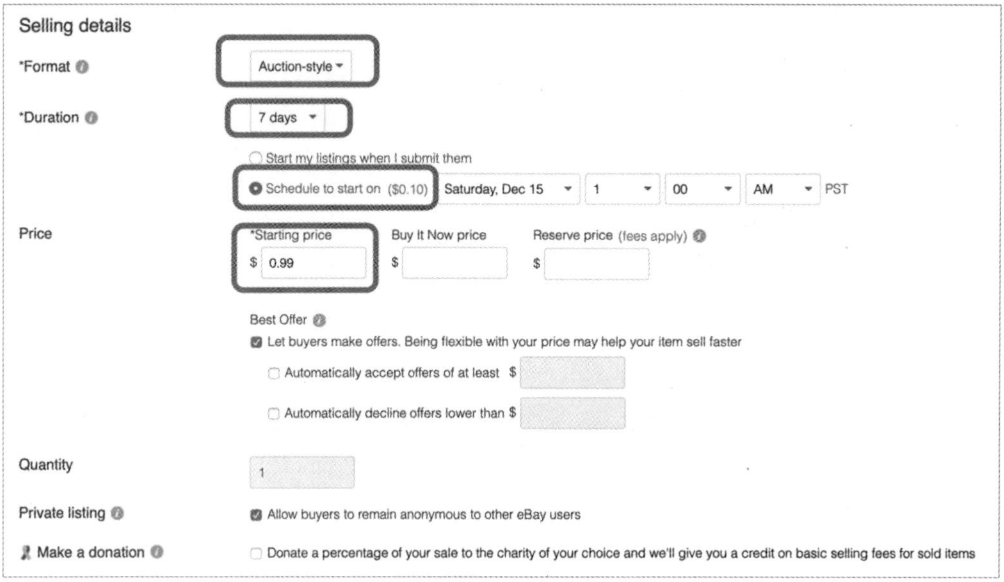

图 5-36 拍卖的基本操作

2）拍卖技巧

拍卖作为产品发布的形式之一，本身的操作比较简单。但是当它作为营销、引流的工具被使用时，则有许多细节需要注意。

第一，什么样的产品需要拍卖引流？一般来说，新品，特别是家纺、家居、服装、运动、玩具等受众广泛、售出频率高的日用快速消费品是比较适合通过拍卖的方式来进行推广的。一方面，由于链接的曝光排序会被平台前置，越是临近拍卖结束时间，越多的人能够看到这个链接，越能起到新品宣传和店铺引流的作用；另一方面，越多的人参与出价竞拍，卖家越能够通过这一方式测试新品在买家心目中的潜在估价，这为后期制定合理的定价策略提供了帮助。

第二，关于拍卖式发布的起拍价问题。对于销售新手来讲，在 eBay 平台采用拍卖式发布，初期都会比较担心是否能够收回产品成本的问题。这要从两方面来看。

一方面，我们需要明白进行拍卖的实际目的。就专业商家而言，拍卖更多是为了吸引流量，让更多买家通过拍卖这一窗口认识我们的产品，从而进入店铺。因此，设置诸如 0.99 美元或者 0.01 美元的起拍价，虽然可能会导致商家的亏损，但是根据我们的经验，这种低价起拍往往能够吸引更多的竞拍买家，更好地达到引流的目的。此时，少量、有计划的一两个产品亏损,可以看作营销费用的一部分。

另一方面,起拍价的设置更要考虑产品的特性。比如,价格在 10~20 美元的快速消费品,特别是受众群体多的、设计比较精良的日用品,是很适合低价起拍的。而且在能够吸引足够多的竞拍者的情况下,最终的成交价往往会比卖家心目中要设定的一口价更高。反之,一些受众群体较少、日订单量不高的产品不适合低价起拍——因为受众少,即使起拍价格再低,能够参与拍卖的买家数量也不足以抬高产品的市场价格——适合较高的起拍价格。

第三,关于拍卖式发布的时间问题。相对于一口价式发布,拍卖式发布有着更高的成交频率,拍卖时间一般为 1 天、3 天、7 天或 10 天。在竞拍结束之前的几个小时,产品的曝光排名往往会比一般的一口价式发布的产品更好,因此,我们都希望拍卖的结束时间正好落在平台在某一国家站点流量最高、成交量最高的时间段。在此借助某第三方数据工具,统计了某店铺过去一个月在 eBay 的美国站、德国站、澳大利亚站三个站点的每日 24 小时销售额与流量的叠加数据,如图 5-37 至图 5-39 所示。

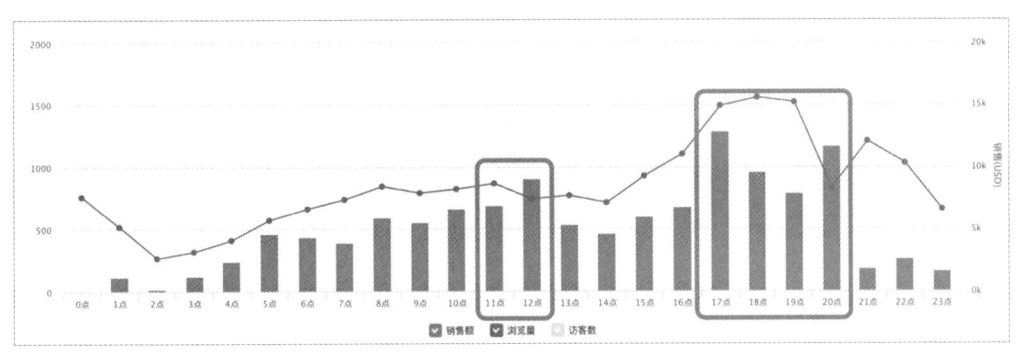

图 5-37　美国站 24 小时成交高峰

图 5-37 所示为美国站的 24 小时销售额与流量数据叠加,我们可以看到,当地时间 11 点到 12 点、17 点到 20 点为 2 个流量与销售额增长的活跃期。

图 5-38 所示为德国站的 24 小时销售额与流量数据叠加,我们可以看到,当地时间 11 点到 13 点、17 点到 21 点为 2 个流量与销售额增长的活跃期。

图 5-39 所示为澳大利亚站的 24 小时销售额与流量数据叠加,我们可以看到,当地时间 12 点到 13 点、16 点到 17 点、20 点到 21 点为 3 个流量与销售额增长的活跃期。

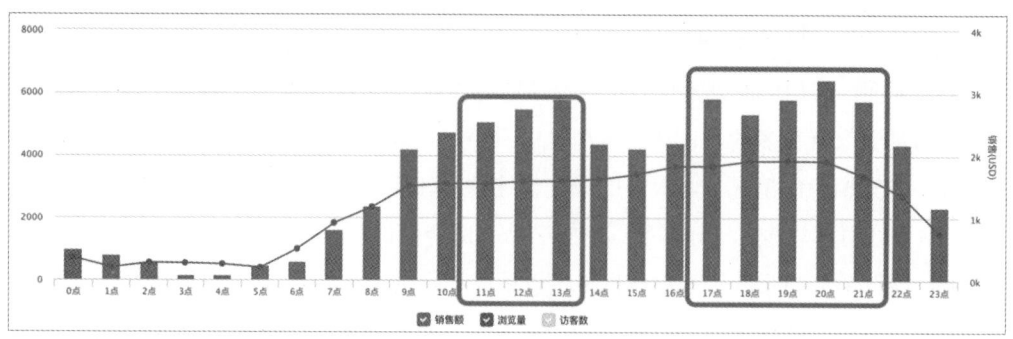

图 5-38 德国站 24 小时成交高峰

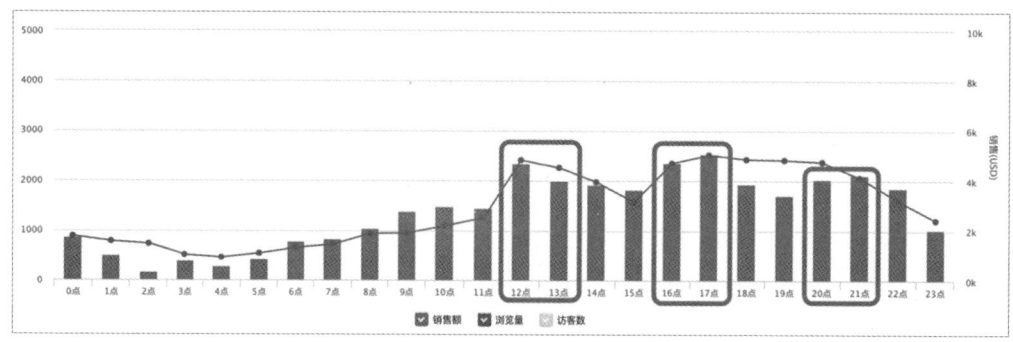

图 5-39 澳大利亚站 24 小时成交高峰

由于各个卖家销售产品类别的差异，以及操作手法的不同，以上分时段销售额变化趋势仅作为参考，并不具有绝对的指向价值。卖家需根据自己的情况，分站点统计自己的分时数据，从而为设置拍卖的时间提供帮助。

第四，关于拍卖链接的在线时长问题。我们知道，采取拍卖式发布的产品，其在线时长有 1 天、3 天、7 天、10 天的区分。拍卖在线时长越短，竞拍结束频率越高，拍卖链接的曝光机会越多。时长的设置是与产品的特性相关的：品类中产品规格多（SKU 数量多）、成交频繁、竞争者数量和买家数量都较大的产品，可以设置更短的在线时长——这是为了让更多样的产品频繁曝光在买家面前；而规格较少、成交频次低，或者客单价较高的产品，比较适合更长的在线时长，以吸引更多的买家参与竞拍。

第五，拍卖一定要与同店铺产品链接的推广相结合。拍卖的主要目的不在成交，更在引流。因此在竞拍期间，一定要充分利用拍卖链接所吸引来的流量。除了寄希望于买家点击进入店铺，还要尽量在拍卖链接上展示其他的相关产品，特别是同类目的一口价的产品。联合推广的实现非常简单，只需要在制作拍卖产品详情页面的时候，添加几个其他在线产品的图片和超链接即可。这种简单的操作，能够有效地提升一个独立访客在店铺中的跳转次数。店铺内产品跳转次数越多，成交的可能性越大，相应地，店铺的点击转化率和成交转化率也会越高。

第六，关于拍卖引流效果的监控。拍卖的效果如何，最终还是要从数据来看。一般来说，拍卖的数据有两个，一是"出价人数"（指拍卖在线期间出价的人数），出价人数越多，表明竞标越激烈，产品的引流、测试效果越好；二是"拍卖出价率"，这一数值等于出价人数除以拍卖链接访客数，出价率越高，说明产品越有市场竞争力，拍卖效果也越好。这两个数据可以从第三方数据工具中获取和分析。

5.3.2 点击转化率提升

转化率分为两种，一是点击转化率，二是下单转化率。点击转化率的计算公式为

$$点击转化率=买家点击数/产品曝光数$$

提升点击转化率可以从以下几个方面着手。

1. 提升关键词相关度

在 5.3.1 节中，我们介绍了通过"逻辑关键词词库法"来整理产品类目下的所有相关词汇，并通过建立词汇库的方式对所有词汇进行整理。这样做既能保证关键词的覆盖完整性，也能保证所有关键词的精准匹配。关键词越准确，买家搜索到产品时，越能够与心目中的理想产品对标，继而下单购买。

2. 吸引人的产品图片

吸引人的产品图片是提升点击率的核心。在众多搜索结果中，图片设计精美的产品，其点击率自然就高。如果在设计精美的前提下，能够有效地把产品主要卖点、重要配件、使用场景等重要元素体现在图片上，将进一步提升点击率。

3. 相对有竞争力的定价

定价策略一直都是销售工作的核心策略之一。有竞争力的定价并不一定是最低的定价。要知道在很多产品分类中，带来最高整体成交金额的消费者往往不是购买能力最低的那一群。

因此，定价策略的核心出发点在于选中一个准确的目标客户群体。目标客户群体为低收入人群时，尽量提供廉价的产品，设置低价；目标客户群体为中产人群，则要更多地关注中产人群对产品的品质与服务的需求，定价要能够覆盖产品的品控成本和售后服务费用。有合理价格的产品，才是能够提供给客户安全感的产品。

所谓合理的定价，应是把控客户的预期值，在产品定位与客户预期之间取得平衡的结果。

 下单转化率提升

下单转化率的数据公式为

$$下单转化率 = 付款订单数 \div 点击浏览量$$

或者

$$下单转化率 = 付款订单数 \div 独立访客人数$$

由于使用的数据工具的统计维度不同，这两种下单转化率的计算方法都是合理的。我们要做的是在同一计算方式下，对不同时间段或者不同产品进行横向与纵向的比较。

要提升下单转化率，常见的思路有以下几个。

1. 产品研发与打磨

提升转化率的核心在于对产品的深度研发与对卖点的精细打磨。

所谓产品深度研发，指的是在深入研究市场需求、产品特点及产品更新方向的基础上，做出准确的判断，并整合供应链的开发、生产能力，为产品做出有效的升级换代。这对企业卖家而言，考验的是技术与整合供应链的能力；而对个人卖家而言，需要的是精准老练地选出产品的能力。

所谓卖点的精细打磨，指的是在选定一款产品后，要对产品的所有卖点进行深入的分

析整理，并通过语言、图片，甚至视频等方式，充分地展示产品的卖点与优势。这是对卖家设计能力和营销能力的考验。

2．折扣券、满减券的合理应用

为了提升转化率，平台还给卖家提供了一个营销工具——"Promotion Manager"（促销精灵），方便对产品进行限时打折、发放优惠券、设置满减优惠等操作。

根据 eBay 的统计数据，在线买家有 75%喜欢寻找优惠和打折的商品，有 42%的买家希望得到扣减甚至免运费；在使用促销精灵后，卖家的成交额平均提升了 11%。

使用促销精灵的主要目的：①提高订单量和收入；②鼓励买家购买更多商品；③通过促销，获得更多曝光机会；④整合捆绑订单，有效降低运费并提高利润。

想要使用促销精灵，需登录 eBay 卖家后台，单击"My eBay"按钮，选择"Selling"选项，进入卖家中心（Seller Hub），单击"Marketing"→"Promotions"按钮，如图 5-40 所示。

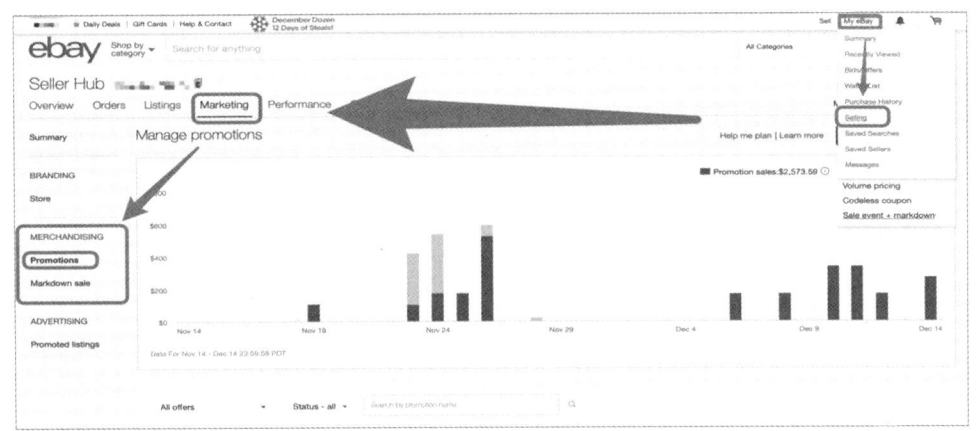

图 5-40　促销精灵后台

3．常见的 Promotions 工具

常见的 Promotions 工具有五种，如图 5-41 所示。

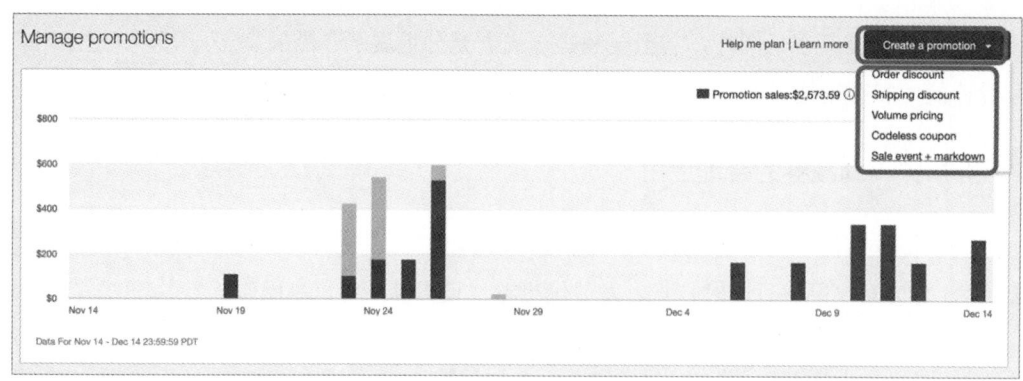

图 5-41　五种营销工具

1）订单折扣设置（Order Discount）

订单折扣的设置有四种常见模式：按消费金额给予优惠、按购买数量给予优惠、买几送几、无门槛优惠，如图 5-42 所示。

图 5-42　订单折扣设置

订单折扣的设置一定要符合产品本身的特点。比如，北美市场泳装的平均单价在 15 美元左右，如果设置满 100 美元减 5 美元，就没有什么意义。而设置满 20 美元减 3 美元，则有可能促使买家买两件以得到折扣，提升客单价。

2）运费折扣设置（Shipping Discount）

运费折扣的原理在于，无论一个包裹中有几件产品，占这个包裹运费比重较大的一般都是包裹的追踪处理费。也就是说，买家下单时产品件数越多，摊到每一个产品上的运费越低。这时就可以把剩下的运费通过运费折扣的方式反馈给买家，促使买家增加购买件数。

3）设置批发价格（Volume Pricing）

Volume Pricing 工具适用于批发模式，在买家同时购买多个相同或不同产品时，帮助其获得批发价格，如图 5-43 所示。

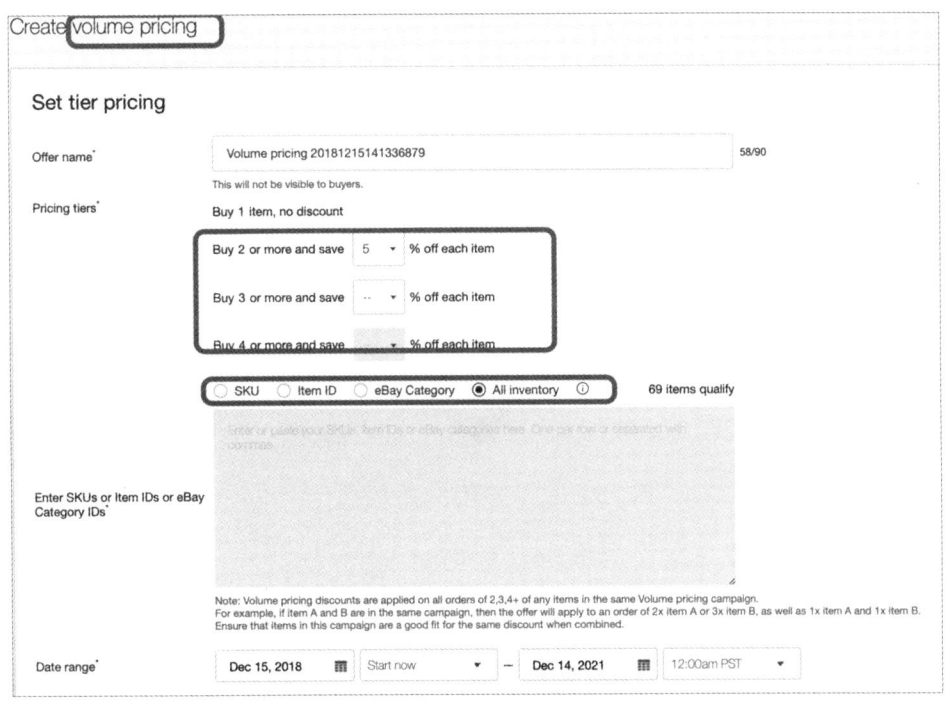

图 5-43　设置批发价格

4）优惠通道建立（Codeless Coupon）

使用这一工具，能够生成一个专属的活动链接，只有点击链接的买家才会看到优惠。这一链接可通过电子邮件发送给买家，也可发放到社交媒体网站和店铺等。

5）促销页面集成（Sales Event+Markdown）

这两个工具与前面的打折或者满减工具有一定的不同。Markdown（降价）工具更强调打折，突出了删除原价的效果，吸引买家眼球；而 Sales Event（促销活动）工具则通过设立专属页面的方式，集合促销商品来统一展示，以达到折扣活动效果，如图 5-44 所示。

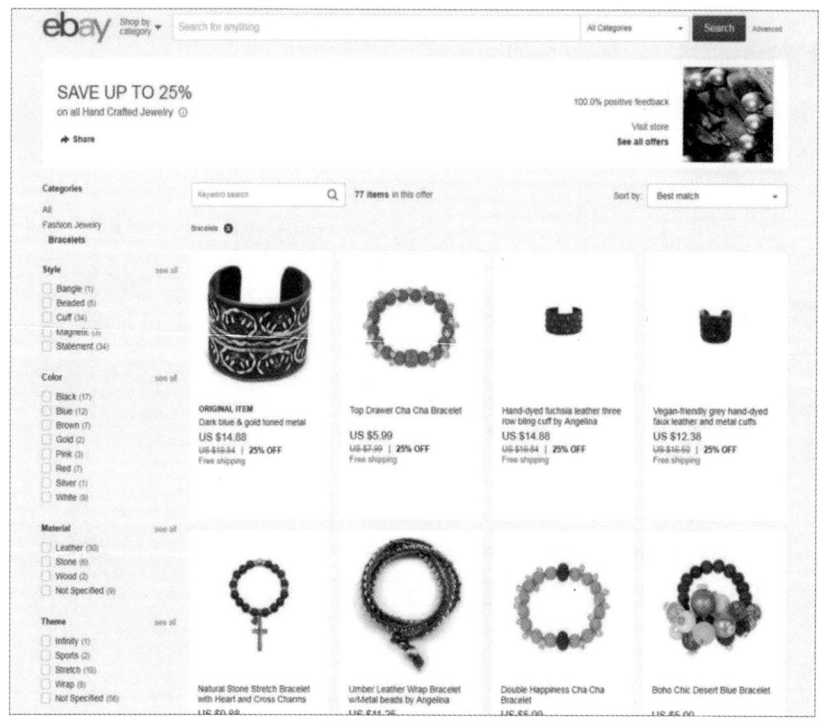

图 5-44　促销页面集成

本章习题

以下习题均为单项选择题。

1. 以下哪项不是 eBay 拍卖行为在营销方面的意义？（ ）

    A．为新品测试市场反应

    B．为产品定价进行市场测试

    C．吸引店铺流量与流量跳转

    D．赚取合理利润

2. 以下哪项对提升点击转化率没有直接效果？（ ）

    A．优化标题图片

    B．降低销售价格

    C．设计漂亮的详情页图文展示

    D．提升标题关键词的相关度

3. 以下哪项属于针对 24 小时内成交高峰期的有效营销优化？（ ）

    A．针对成交高峰期安排人工值守的实时客服人员

    B．将拍卖的开始与结束时间设置在成交高峰期期间

    C．将最大力度的价格折扣与营销活动设置在高峰期

    D．以上都是

4. 以下哪项并不属于使用促销精灵的目的？（ ）

    A．扩大订单和收入，鼓励买家购买更多你的物品

    B．让利给消费者

    C．通过促销相关物品，获得更多曝光机会

    D．整合捆绑订单，有效降低运费并提高利润空间

第 6 章
跨境电商新兴平台

6.1 东南亚电商平台

东南亚市场是继中国、印度之后最具潜力的电商市场之一。根据统计数据，整个东南亚的 GDP 约为中国的 1/4，人口数量是中国的 1/2，人均消费水平是中国的 1/2，平均经济增长率超过 6.5%。随着智能手机的普及，东南亚的互联网渗透率与日俱增，同时网购的需求量也日趋增大。很多中国产品在东南亚市场备受欢迎，比如服饰、首饰、家居产品和数码产品等。东南亚最具代表性的电商平台是 Lazada 和 Shopee。其中，Lazada 在 2018 年 3 月公布其年销售额规模为 13 亿美元，Shopee 在 2017 年 12 月公布的年 GMV 则达 18 亿美元，所以从这些数据来看，东南亚的电商市场潜力巨大，具体介绍如下。

泰国消费者的社交活跃度较高，喜欢分享，喜欢参与互联网活动，同时也喜欢网购。泰国是热带国家，所以泰国人非常喜爱夏威夷风的服饰，喜欢太阳镜、配饰、沙滩鞋和短裤。

新加坡是发达的工业国家，国民素质高且平均收入水平高，主力消费群体在 24～35 岁。新加坡的互联网渗透率极高，所以网购的潜力巨大。

马来西亚是现代化和传统并存的国家，马来西亚人很喜欢使用智能手机，同时马来西亚也是东南亚智能手机普及率最高的国家，马来西亚人很喜欢网购，也很喜欢购物分享，所以社交电商未来在马来西亚的发展空间很大。

印度尼西亚手机覆盖率达 124.3%，仅次于中国、美国、印度，成为全球第四大移动市场。印度尼西亚的移动支付和信用卡支付都很便利，而且其互联网用户相对年轻，接受新鲜事物较快。

6.1.1 Lazada

跨境电商从 2010 年在中国兴起，基本上都以大品牌、大公司为主。小型卖家可以采取错峰卖货的形式，避开大卖家垄断的平台，积极加入中小平台和垂直化平台，或者选择小区域化的跨境电商平台。Lazada 就是一个非常好的选择，其买家界面如图 6-1 所示。

图 6-1 Lazada 买家界面

1）Lazada 简介

Lazada 是东南亚地区最大的网上购物商城，成立于 2012 年，总部在新加坡。每日的活跃用户在 600 万个左右，平台卖家超过 3 万家，主要覆盖东南亚主流的 6 个国家，分别是新加坡、马来西亚、印度尼西亚、泰国、菲律宾和越南。手机配件、家居、服饰和电子类产品是 Lazada 上卖得最好的产品。Lazada 的介绍如图 6-2 所示。

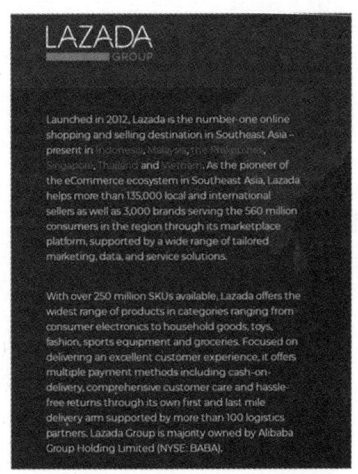

图 6-2 Lazada 的介绍

2）Lazada 的前端及后台

Lazada 的促销界面非常整齐，整体结构和淘宝、天猫有些相似，如图 6-3 所示。

图 6-3　Lazada 的促销界面

如果有知名品牌的代理权限或者品牌本身就有知名度，那么我们可以申请"Official Stores"，也就是官方品牌店，Lazada 为此专门做了一个品牌商城界面（见图 6-4），给知名品牌带来了更多的流量和曝光的机会。

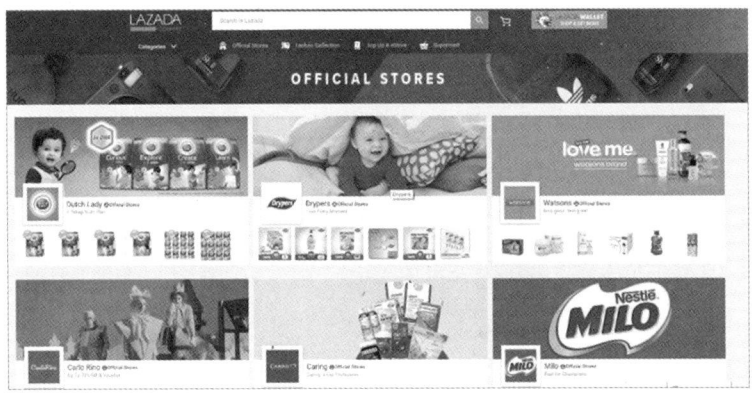

图 6-4　Lazada 的品牌商城界面

图 6-5 所示为 Lazada 的淘宝 Collections 界面。淘宝卖家开通 Lazada 账号之后，可以把自己的产品无缝发布到 Lazada 平台，使产品多了一条销路。

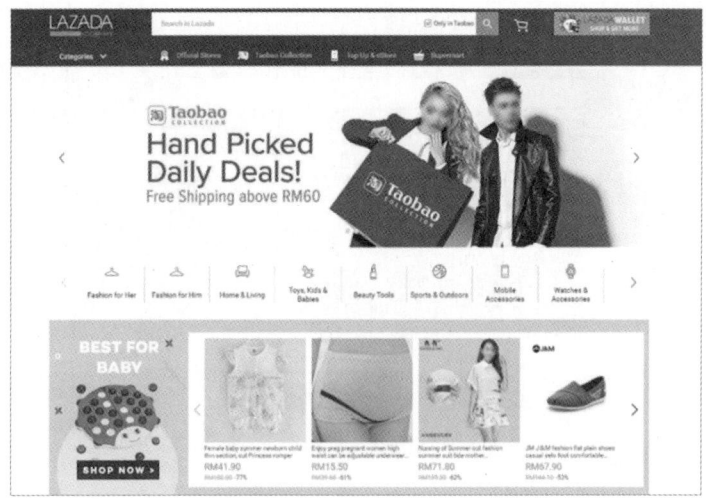

图 6-5　Lazada 的淘宝 Collections 界面

Lazada 不仅仅是一个购物网站，里面还有很多美食栏目，和国内的美团、大众点评非常相似，买家可以很方便地看到附近美食和当地餐厅的评价及地理位置，如图 6-6 所示。

图 6-6　Lazada 本地化服务板块

Lazada 还有"Supermart"的板块，也就是超市板块，和国内的天猫超市很像。在这里可以买到很多日用品、零食和家居产品，如图 6-7 所示。

图 6-7　Lazada 的超市服务

Lazada 卖家后台界面的菜单栏有五大板块，如图 6-8 所示。

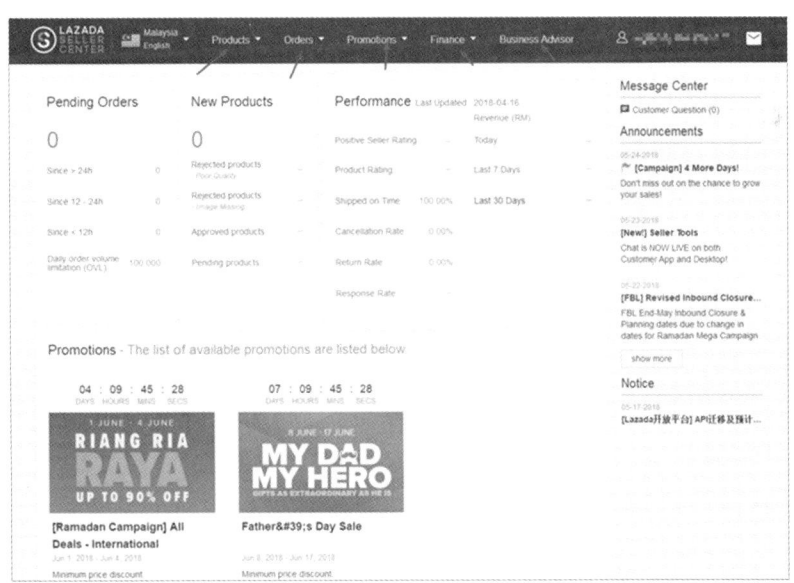

图 6-8　Lazada 的卖家后台界面

在第一个板块"Products"的左边，可以选择站点，如图 6-9 所示。一般来说，开通 Lazada 后的第一个站点选择马来西亚站，随着销售业绩的提升，可以陆续开通其他国家站点。

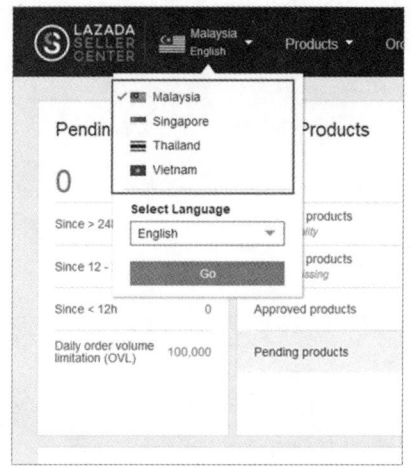

图 6-9　Lazada 的站点分布

第一个板块"Products"提供产品信息查阅功能,从中可了解到当前的产品状态和产品信息,Lazada 自动将店铺产品归类为在线产品、缺少图片、低质量、售罄、未激活,以及违反平台原则等几类状态,卖家可根据分类采取相应的措施,如图 6-10 所示。

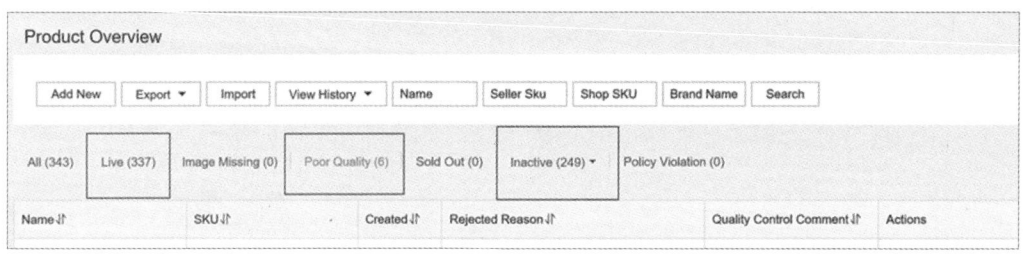

图 6-10　Lazada 的产品信息

产品信息包括产品名称、库存、创建时间、被拒绝原因等。值得注意的是,所有发布的产品都需经过平台质量审核,如果某一产品没有通过审核,可以在该产品的"Rejected Reason"中查询具体原因,如图 6-11 所示。

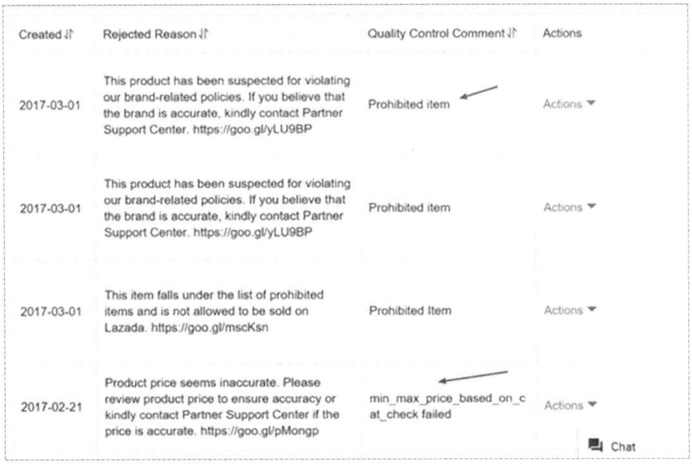

第 6 章 跨境电商新兴平台

图 6-11 Lazada 的禁售产品界面

第二个板块 "Orders" 展示的是店铺的订单状态。在这个板块里，我们可以看到店铺里的订单状态，可分为未完成（Pending）订单、付款成功待发货（Ready to Ship）订单、已发货（Shipped）订单、已完成（Completed）订单，如图 6-12 所示。对于已经付款成功的订单，卖家要抓紧时间发货，Lazada 的物流和速卖通的无忧、亚马逊的 FBA 还是有些差异的，Lazada 的物流是统一由 Lazada 平台来管理和执行的，所以当卖家选择国内自发货的时候，出单之后，要先把货物寄到 Lazada 在中国的处理中心 LGS，然后再经由 Lazada 进行配送。

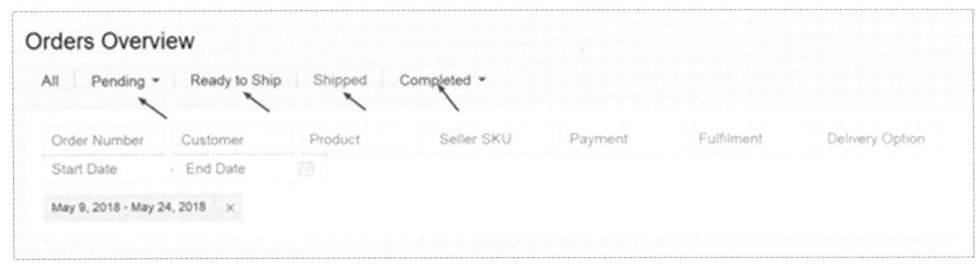

图 6-12 Lazada 订单界面

第三个板块 "Promotions" 展示的是平台提供的促销活动，如图 6-13 所示。卖家可以根据自己的实际情况来选择。东南亚有一些独特的节日，卖家可以从该板块多留意。

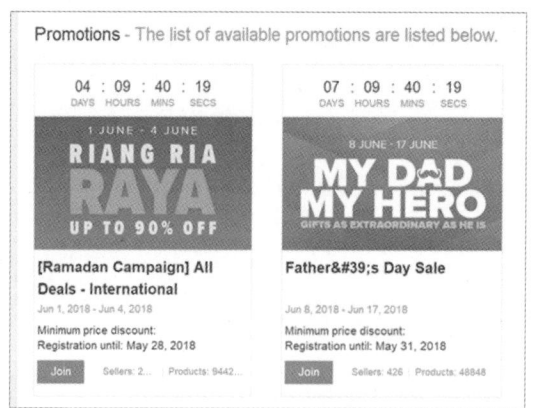

图 6-13　Lazada 平台活动界面

第四个板块"Finance"展示的是财务报告。其中可以查询卖家账户的基本财务报表，包括订单概览、交易概览和未完成交易。在此板块中可以通过过滤器筛选、导出订单详情。

最后一个板块"Analytics"是数据分析。在此板块中，卖家可以通过可视化的数据分析对比店铺发展情况，从而更科学和更深入地了解店铺的表现和需要提升的地方，如图 6-14 所示。

图 6-14　Lazada 的数据分析界面

6.1.2 Shopee

Shopee 和 Lazada 一样,都是服务于东南亚市场的电子商务平台,总部设在新加坡,隶属于 Sea Group(以前称为 Garena),辐射整个东南亚。Shopee 介绍如图 6-15 所示。

图 6-15　Shopee 介绍

Shopee 同样有不同的区域站点,每个站点都有当地语言的独立网站,为的是更好地服务本地买家。卖家可以在 Shopee 的 7 个不同站点进行销售。Shopee 的特点如图 6-16 所示。

图 6-16　Shopee 的特点

1)**Shopee 的热门类目**

Shopee 的热门类目主要有女装类、鞋包配饰类、家居用品类、母婴类(其中更多是服饰、玩具、辅食的配件,以及比较轻巧、便于出口的产品)、美妆类、洗护类。

2)**Shopee 的开店建议**

建议优先开通马来西亚站点,因为马来西亚对于产品的包容性较高,且偏向于欧美风格。如果卖家有亚马逊或者速卖通平台相对热卖的产品,可以直接复制到马来西亚站点。

然后可以考虑开通菲律宾站和新加坡站,这两个站点和马来西亚站类似,喜欢欧美风和日韩风,是可以把产品直接复制过来的。建议最后开通中国台湾站,因为中国台湾站的风格和其他站点的差异较大,要做好中国台湾站可能要完全重新布局产品。

3)Shopee 的卖家界面

Shopee 的卖家界面是非常人性化的中文界面,使卖家操作的时候更加方便和得心应手,如图 6-17 所示。

图 6-17　Shopee 卖家界面

在"我的商品"这个栏目可以看到店铺所有的商品,在这里我们可以发布商品、编辑商品和下架商品,如图 6-18 所示。

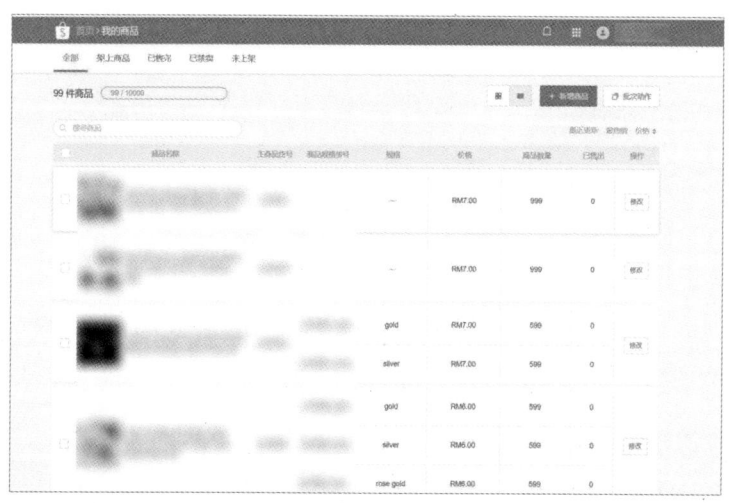

图 6-18　Shopee 的"我的商品"界面

"我的商店分类目录"栏目对产品进行了清晰、有条理的分类,不管是在卖家端还是买家端都适用,方便以后对运营的管理和买家的浏览,如图 6-19 所示。

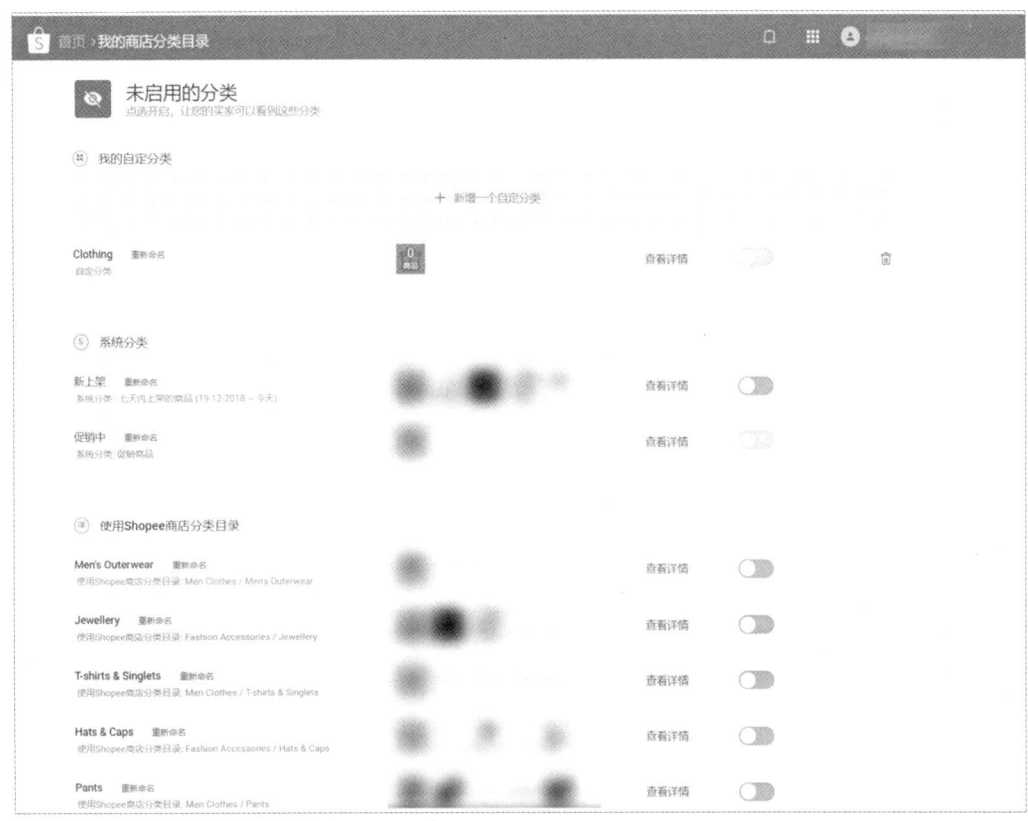

图 6-19　Shopee 的"我的商店分类目录"界面

出单以后,卖家就要在"我的销售"这个栏目里进行配送的操作(见图 6-20)。一般来说,Shoppe 的发货期是 3～7 天,时间越短,购物体验越好。Shopee 和 Lazada 在物流方面很相似,都是通过官方合作的物流渠道进行配送。Shopee 的常用物流是 Standard Express - LWE,各个站点的物流使用略有不同,如图 6-21 所示。

每一个平台都少不了营销活动,这也是运营的核心内容。Shopee 提供了六种营销工具,分别是我的关键字广告、我的折扣活动、我的促销活动、限时抢购、我的优惠券和商店的热门精选,卖家可以根据自己的情况来选择,如图 6-22 所示。

图 6-20　Shopee 的"我的销售"界面

图 6-21　Shoppe 的各站点物流渠道

图 6-22　Shopee 的营销工具

在"我的进账"栏目里，我们可以看到已售出的产品和实际能收入的货款，如图6-23所示。

图6-23　Shopee的"我的进账"界面

在"我的钱包"栏目里，可以选择收款方式和增加银行账号，如图6-24所示。

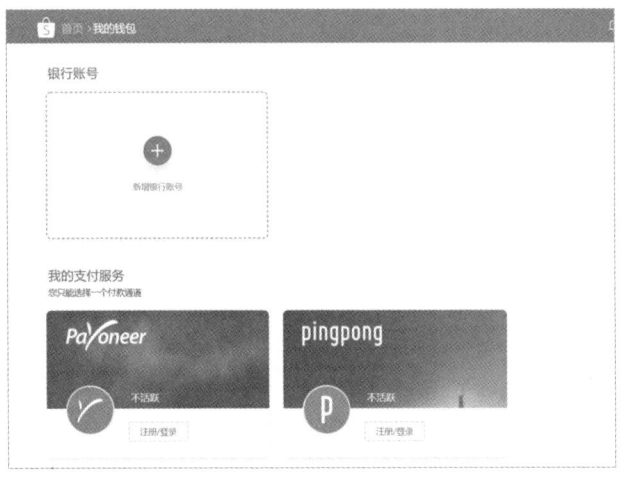

图6-24　Shopee的"我的钱包"界面

从"我的数据"栏目里的"仪表板"选项卡可以看到一些较核心的指标及其数据分析，如销售额、转化率和访客浏览数等（见图6-25）。科学的数据有助于卖家制定销售策略。

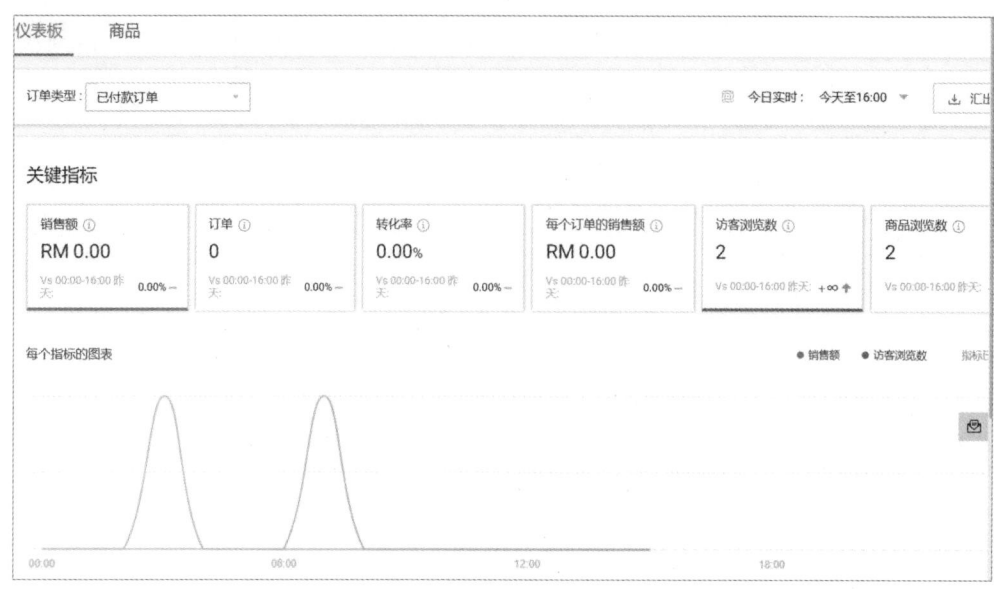

图 6-25 Shopee 的"我的数据"栏目里的"仪表板"

最后一个栏目是"商店设定"。如图 6-26 所示,在"商店设定"中,卖家可以选择店铺支持的物流选项(物流中心);设置卖家地址(我的地址);查看店铺的商品评价、信誉等基础数据表现(商店评价);等等。

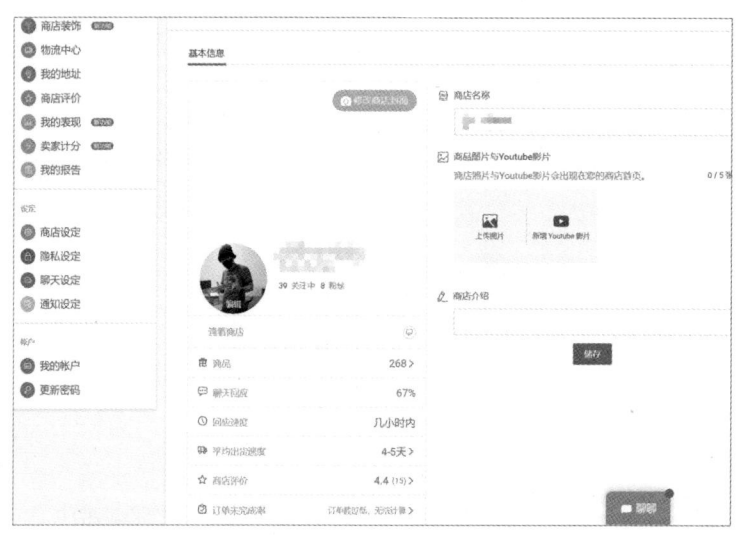

图 6-26 Shopee 的"商店设定"界面

6.2 中东电商平台

6.2.1 执御

执御成立于 2012 年，总部位于浙江杭州，主要服务于中东的互联网用户，产品销往"一带一路"沿线 34 个国家和地区。执御在成立之初确定的市场方向为美国和澳大利亚，但是后来发现中东的发展更加迅速。执御的买家端界面如图 6-27 所示。

图 6-27 执御的买家端界面

执御具有以下特点和优势。

1）差异化

执御在跨境电商中其实是很有特点的，并没有采用传统的 B2C 的模式，而是采用了新型的 B2B2C 模式。卖家更像是供应商，并不参与平台的营销活动，更多是提供更好的产品和服务。与阿里巴巴主打低价不同，执御走的是差异化路线，基于大数据的支持，通过精准的渠道把产品推向消费者，从而提供良好的购物体验。

在执御崛起之前，中东市场是被亚马逊垄断的，主打 3C 和数码产品。服装、饰品类产品的市场空缺很大，而另一个中东的平台 Namshi 主打阿迪达斯、耐克等名牌产品，客单价相对较高，产品转换率相对较低。执御看准市场，以快时尚，特别是女性时尚为主打，注重性价比，开启买手模式，通过强大的数据驱动，抓住市场空缺，很快就在中东占领了市场，然后执御将客户服务、营销、供应、销售及物流整合到了一起（见图 6-28），更好地向买家提供服务。

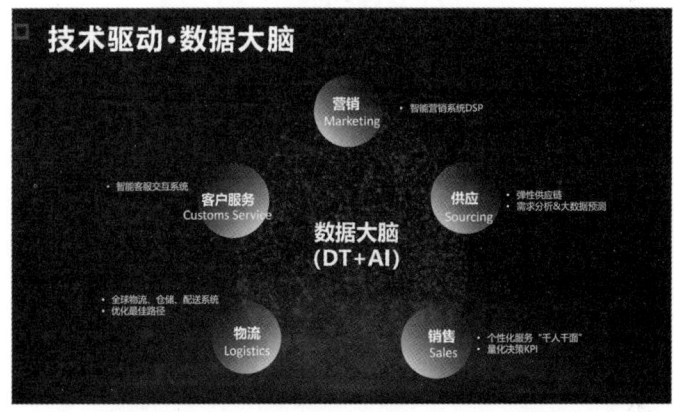

图 6-28　执御的大数据

2）本地化

对于跨境电商平台来说，本地化服务是非常难的一个课题。执御敢于面对困难，在建立之初就积极开通本地化服务（见图 6-29），这也成为执御获得高速发展的原因之一。执御还通过社交网络平台，积极与当地网红合作，帮助卖家推广产品，实现了销量的快速增长，并且通过对市场的深耕，打造了很多适合当地的爆款。在本地化服务的过程中，执御已投入使用了多个海外仓，进行了非常完整的布局。

图 6-29　执御的本地化服务

3）针对卖家的特点

虽然是 B2C 平台，但是执御的卖家充当的更多是供应商的角色，所以执御的模式是 B2B2C 的模式，如图 6-30 所示。可以这样理解，执御是一家大的经销商，而卖家是供应商，卖家以批发价把产品报价给执御，执御会在买家端呈现另一套价格体系，买家购买以后，卖家委托执御官方进行发货。比较方便的是，卖家不需要考虑经营的问题，找到物美价廉的适合中东市场的产品才是卖家运营执御的关键。

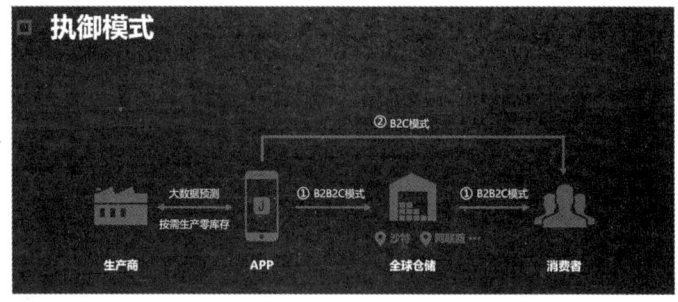

图 6-30　执御的核心模式

6.2.2　Souq

Souq 是亚马逊旗下的子公司，主要针对中东市场，被称为"中东亚马逊"。Souq 早先在中东以销售数码产品和 3C 产品为主，凭借亚马逊强大的数据支持，很快就占领了市场，成为中东第一大电商平台。Souq 在中东市场深耕 10 年，对于中东电商行业的发展有着极大的促进作用，也培养了中东消费者的购物习惯。在成功占领中东市场之后，Souq 获得数亿美元的融资，使其有了飞速的成长。现在 Souq 的月访问量可以达到 4500 万次以上。在产品品类上，Souq 从一开始的电子产品，扩展到时尚、养生、美容、母婴和家居用品等，共 31 大类 100 万种产品。Souq 的快速成长和其非常高的利润不可分割，很多卖家加入 Souq 就是因为其较高的利润率、相对简单的营销方式及较快的出单速度，所以 Souq 是进军中东市场一定要参考的平台。

1）Souq 的特点

Souq 虽然目前面对的竞争越来越激烈，但是中东有 4000 万名的网购者，市场容量相对来说是很大的。而且在中东因为地理位置和政治的特殊性，很多女性都没有网购的习惯。随着互联网和网购的普及，更多的女性将参与到电商市场。Souq 的主要业务来自手机端，随着中东智能手机的普及，网购的人也会越来越多。

2）Souq 的国家站点

Souq 共有四个站点，阿联酋站、埃及站、沙特站、科威特站，需要分别入驻。从流量数据上看，前三名分别是阿联酋站（35.42%）、埃及站（28.07%）、沙特站（24.16%）。其中，阿联酋站的体量最大，沙特站增长较快，而埃及站的潜力最大。埃及还有很多基础设施没有跟上，如果网络设备普及得再广一点，埃及将会是一个更大的市场。

3）Souq 平台注册条件资料

在 Souq 平台上注册账号需要以下资料：公司营业执照、法人身份证、手机号、邮箱号、银行收款账户信息、主营产品类目、产品 SKU 数量。

4）Souq 平台佣金费用

在 Souq 开店是免费的，卖家可以从网站直接申请开店。但是 Souq 是有平台佣金的，佣金费用包含订单手续费及物流配送费。其中物流配送费指的是 FBS（Fulfilled By Souq）配送费，FBS 类似于亚马逊的 FBA，卖家可以通过空运和陆运的方式将货物运到 Souq 的仓库，货物抵达之后，Souq 将会根据订单来发货。

5）运营好 Souq 的技巧

第一，研究中东市场。尽量通过站外途径去了解中东市场和熟悉中东人民的购物喜好。

第二，选择性价比高的产品。虽然中东相对来说比较富裕，但是高性价比是不论富人还是穷人都会追求的，尽量选择性价比高的产品去运营，方便快速出单。

第三，参加 Deal 活动。积极参加平台的 Deal 活动会极大地提高店铺的活跃度，同时也能快速让产品曝光，所以多关注平台走势很关键。

第四，使用付费营销工具。使用付费营销工具的好处是能让产品快速曝光，在中东市场电商竞争日趋激烈的今天，快速地让产品曝光非常关键。

第五，选择合理的营销方式。打折是永远不会过时的营销方式，合理地打折能让客户觉得自己占到了便宜，所以要尽量让自己的产品处于折扣期，提升客户体验。

第六，运用社交媒体传播。如今社交媒体是趋势，社交电商也是趋势，想让产品快速曝光并且快速转换，社交媒体是最好的渠道，网红带货能帮助店铺实现销量的快速增长。

6.3 欧洲电商平台

6.3.1 Cdiscount 介绍

Cdiscount 是法国本土电商平台，成立于 1999 年，总部位于法国波尔多。Cdiscount 最初致力于文化产品，而后逐渐开放了葡萄酒等食品类目，向多品类方向发展。在 2011 年被 Casino 集团收购后迎来了快速的发展。目前该网站大约有 1500 名员工，拥有 110 000 平方米的产品储存和物流货运空间，外加 3000 平方米的葡萄酒存储仓库，每天最多能发送 10 万个包裹。

从交易体量来看，Cdiscount 在众多法国电商网站中交易额排名第二，排名第一的是亚马逊的法国站。

Cdiscount 的经营类目涵盖了个人护理、箱包、家居、食品、电子产品等，比较齐全。图 6-31 所示为 Cdiscount 的购物界面，玩具、家电、家具等类目是网站的重点展示品类。

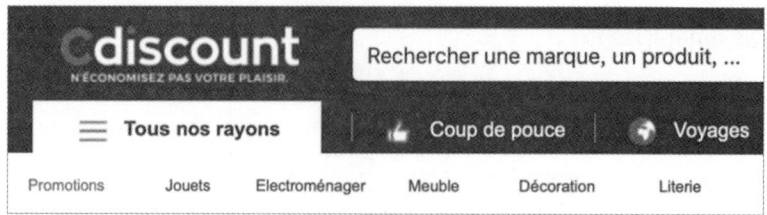

图 6-31　Cdiscount 的购物界面

该平台在发展过程中开始吸引服务型卖家的入驻，比如酒店和机票的预订服务。如图 6-32 所示，机票预订服务在网站首页的核心推广位上展示。

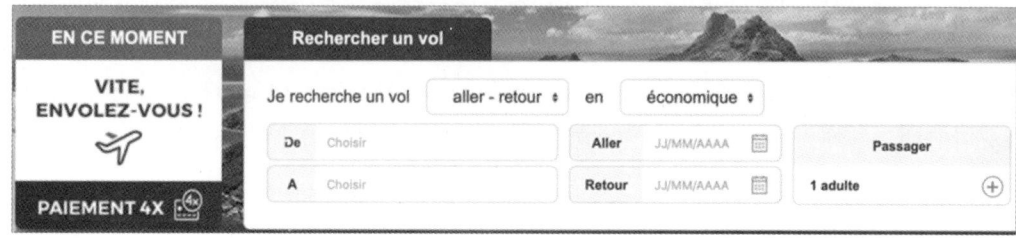

图 6-32　机票预订服务展示

6.3.2　欧洲电商平台 Cdiscount 注册

目前 Cdiscount 平台支持中国卖家入驻。首先定位到卖家账号登录和注册界面。

图 6-33 所示为卖家账号登录界面，若没有卖家账号，需要单击下方的注册按钮。

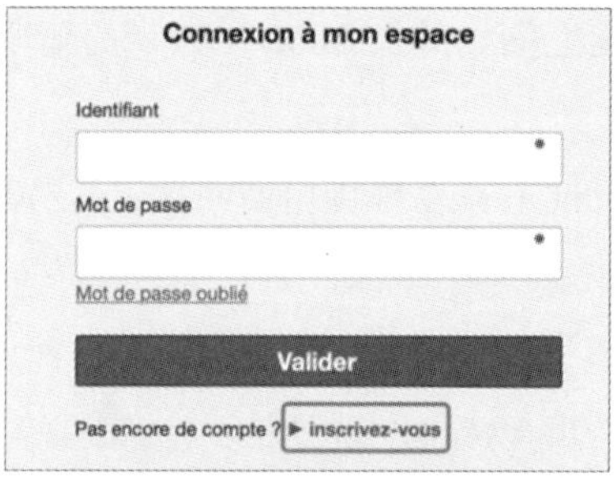

图 6-33　卖家账号登录界面

单击注册按钮以后，根据提示完成 Cdiscount 账号注册，就可以在卖家后台发布产品和运营店铺了。如果不懂法语，可以用谷歌浏览器注册。

如图 6-34 所示，我们可以在谷歌浏览器上选择将法语的网页语言翻译成中文或者英语，单击"完成"按钮即可。

图 6-34　谷歌浏览器语言切换

6.4　印度电商平台

6.4.1　Paytm 简介

Paytm 是一家印度电子商务支付系统和数字钱包公司，总部位于印度的诺伊达市。站点现在有 10 种印度语版本。

Paytm 的初始定位是电子商务支付系统，其现在最为成熟的业务也都基本上以线上-线下的支付场景作为出发点，如平台成交量最大的移动电话费用充值、公用事业账单支付、旅行、电影及各种线下消费活动（Events）的预订。

另外，类似于中国的支付宝，Paytm 在各种线下消费终端，如杂货店、果蔬店、餐馆等都已经布局了店内支付，使用"Paytm QR Code"（Paytm 二维码）可快捷地完成收付款动作。Paytm 已然成为印度最流行的手机支付方式之一。据该公司称，印度有超过 700 万个商家使用此二维码直接接受付款到其银行账户。图 6-35 展示了 Paytm 首页提供的各种应用场景。

2017 年 2 月，Paytm 推出了 Paytm Mall 的手机购物 App 和购物网站，目前该网站已有超过 140 万个注册卖家。Paytm 商城采用 B2C 模式，其灵感来自中国最大的 B2C 零售平台——天猫。为提升买家的购物体验和维护货品安全，Paytm 要求卖家必须采用平台认证的仓储与物流体系（Paytm-certified Warehouses and Channels）来完成最后的商品派送。Paytm Mall 已在印度各地设立了 17 个配送中心，并与 40 多个物流商合作。为我们所熟知的一则新闻是，Paytm Mall 于 2018 年 3 月获得了来自阿里巴巴集团和 SAIF Partners 的 2 亿美元投资。除了资金的支持，相信阿里巴巴天猫的管理经验对 Paytm 的成长也会形成巨大的推动力。

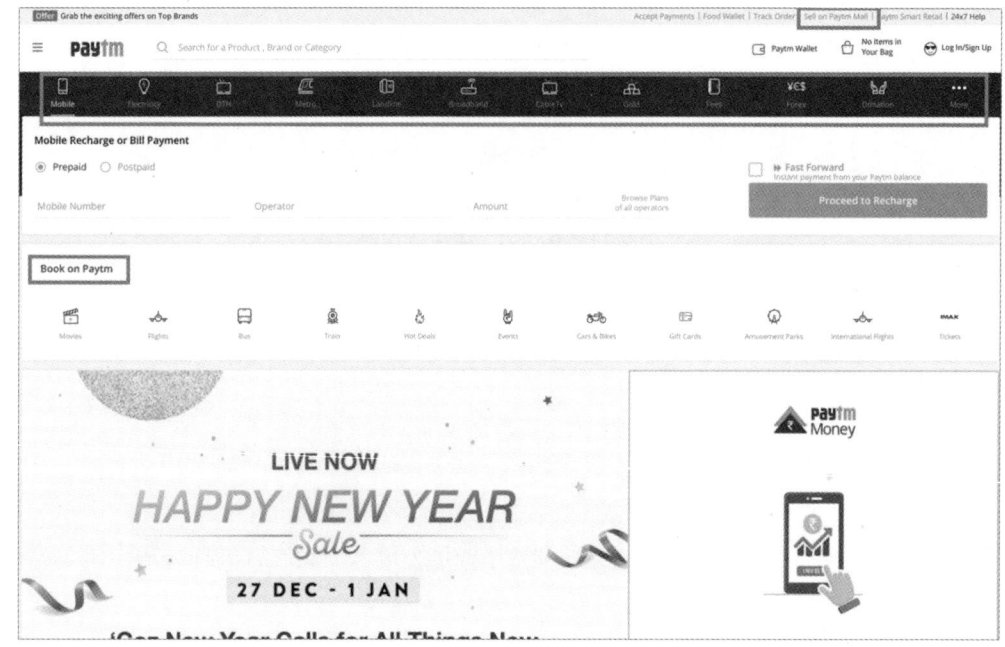

图 6-35　Paytm 首页

 **6.4.2　Paytm Mall 平台入驻**

入驻 Paytm Mall 成为印度市场的卖家需要印度公司身份。理论上来说，我们需要通过代理在印度设立一家公司，以这家公司的名义注册 Paytm Mall 卖家账号。这虽然有些复杂，但是好在已经有成熟的第三方服务商提供一整套的开店服务。另外，Paytm Mall 电商平台已经在中国建立了招商团队，更是设立了"Paytm 电商平台"的官方公众微信号，方便中国企业联系平台、开立账户。

本章习题

1. 请简述小型电商平台的优势。
2. 以下哪个电商平台诞生于我国？（　　）
   A. Lazada　　　B. Shopee　　　C. 执御　　　D. Souq

第 7 章

跨境物流

7.1 跨境物流分类

跨境电商依靠电子支付和国际物流这两大利器得以迅速发展。本部分介绍跨境电商国际物流的情况。

如图 7-1 所示,跨境物流渠道可以分为邮政渠道、商业快递和国家专线,根据托运方式又可以有海运、空运和陆运。

图 7-1 物流渠道

跨境 B2C 平台以零售和小额批发为主,从中国直接发货的包裹主要走邮政渠道、商业快递和国家专线;跨境 B2B 平台以批发为主,从中国直接发货就需要根据货物体量大小和时效来选择海运、空运或者陆运。两平台所走的物流渠道也可相互贯穿使用,共同完成跨境包裹的运送。例如,走商业快递的 B2C 平台小包,需要依靠空运送达目的国,再由陆运快速分发到客户手中。

7.1.1 邮政渠道

邮政渠道由国家管理或者直接经营,由寄送各种物品的通信职能部门运营。

1. 主流的邮政小包

主流的邮政小包是跨境 B2C 平台经常用到的邮政小包,它们都有各个国家和地区的邮政系统作为支撑,如中国邮政小包、中国香港邮政小包、比利时邮政小包、荷兰邮政小包、新加坡邮政小包、德国邮政小包。

2. 邮政小包共性

这些邮政小包分属不同国家邮局,但都属于小包范畴,有以下几个特点:按重量收费;限重 2 千克;有尺寸限制,单边不得超过 60 厘米,周长不得超过 90 厘米。

3. 万国邮联组织介绍

万国邮联组织是政府间为商定国际邮政事务而成立的国际组织,总部设在瑞士首都伯尔尼。该组织成立的目的是促进邮政国际合作,为会员国的邮政技术提供支持。因为万国邮联的存在,国际邮政小包发到各成员国的邮费得以大大降低。

4. 小包的优劣介绍

价格较低,但是速度不稳定;覆盖网络全,但是中转多,不可控因素也相对增多;收货量大,但是有重量限制。

7.1.2 商业快递

使用国际商业快递,从发货到签收最快 2 天就能够实现,主流国家能实现平均 3~7 天妥投。当然,由于时效最高,其价格自然也是所有运输渠道里最贵的。

1. 四大商业快递:DHL、UPS、FedEx 和 TNT

DHL 是德国 Deutsche Post DHL 旗下公司,其优势地区是欧洲,创立于 1969 年。三位创始人 Dalsey、Hillblom 和 Lynn 将姓氏的首字母组合,得到了 DHL 这一公司名。DHL 拥有 400 架飞机、将近 8 万辆作业车辆,能够确保跨国和本国包裹的高效配送。

UPS 是美国的快递公司,是世界上最大的快递承运商。其优势地区是北美地区。世界品牌实验室所编制的 2018 年度《世界品牌 500 强》榜单中,UPS 排在第 50 位,是快递行业的翘楚。

FedEx 即美国联邦快递,其优势地区是东南亚。FedEx 成立于 1971 年,总部坐落在美国田纳西州的孟菲斯。FedEx 同样位列由世界品牌实验室所编制的 2018 年度《世界品牌 500

强》榜单，排名是第 52 名。

TNT 是荷兰的快递公司，其优势地区是中东和东欧。TNT 成立于 1946 年，是最早进入中国的快递公司之一。

2. 中国邮政 EMS 快递

除了国际四大商业快递，中国邮政推出的 EMS 快递也是高效的商业快递。EMS 快递能实现主流国家 5~10 天妥投，并且提供全国派送跟踪服务。EMS 由于是中国邮政运营的，属于万国邮联下的业务，所以快递通关能力相对较强，收货范围也相对较广。其运送速度会比四大商业快递稍微慢一些。

7.1.3 国家专线

不同于邮政渠道和商业快递的全球运输，国家专线偏重的是单一或者重点几个国家的线路运输，最近几年因为跨境电商的运输需求变大，通往欧洲、美洲、巴西和俄罗斯的专线物流正在崛起。其最大的特点是性价比高、运输速度适中。

国家专线是专门为特定国家制定的货运线路，在线路前程，包裹一般被空运到目的地国家，后程由当地邮政系统或当地快递公司负责投递，清关能力非常强。但是时效有一定的波动性，旺季时国内物流可能会有延迟。

如图 7-2 所示，每种物流渠道都有其优势和劣势。

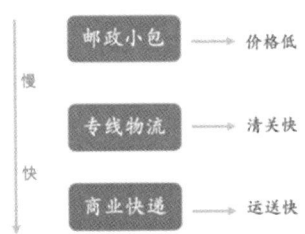

图 7-2 各物流渠道优势和劣势

我们需要根据包裹的价值、重量和运输时效要求有针对性地选择物流渠道。因为运费也是卖家需要考虑的因素之一，所以在发布产品前需要判断该产品适合哪种物流渠道。

7.2 四大平台的物流

7.2.1 速卖通的物流

速卖通平台的物流选择包括邮政小包、专线物流和商业快递。因为有菜鸟网络的物流支持,选择速卖通平台的无忧物流会得到更多的保障。

如图 7-3 所示,菜鸟的国际网络提供了进口解决方案和出口解决方案。其中,出口解决方案中的"无忧物流"是全方位物流解决方案。

图 7-3 菜鸟网络功能界面

1. 无忧物流的分类

无忧物流根据时效和产品定位,可以分成无忧物流-简易、无忧物流-标准和无忧物流-优先。

1) AliExpress 无忧物流-简易(Saver Shipping)

预估时效:15~20 天。

物流信息:可查询包含买家签收在内的关键环节物流追踪信息。

物流赔付:物流原因导致的纠纷退款由平台承担,赔付有金额上限。

品类限制:只支持寄送普通货物,不支持带电、纯电及化妆品。

2) AliExpress 无忧物流-标准(Standard Shipping)

预估时效:核心国家 15~35 天。

物流信息:全程可跟踪(部分特殊国家除外)。

物流赔付：物流原因导致的纠纷退款由平台承担，赔付有金额上限。

品类限制：可寄送普通货物、带电、非液体化妆品，不支持纯电、液体粉末。

3）AliExpress 无忧物流-优先（Premium Shipping）

预估时效：核心国家 4～10 天。

物流信息：全程可跟踪。

物流赔付：物流原因导致的纠纷退款由平台承担，赔付金额有上限。

品类限制：只支持寄送普通货物，不支持带电、纯电及化妆品。

2．无忧物流的跟踪

菜鸟无忧物流包裹可以前往官方网站查询跟踪，一次最多可以查询 30 个单号。

关于速卖通的物流选择，我们可以根据成本、时效和运输保障综合考量，可以选择菜鸟物流提供的货运服务，也可以选择线下物流服务商。

7.2.2 亚马逊的物流

亚马逊平台的物流选择主要有两种，卖家自发货（FBM）和亚马逊物流（FBA）。如果卖家采用 FBM 的方式，那么在产品售出后，卖家需要根据自己的发货设置和客户的选择，在平台要求的发货时间内发货。而采用 FBA 的方式发货，卖家需要提前将自己的货物发送至亚马逊 FBA 仓储中心，产品入库后，该产品在平台上成为可售状态，客户下单后，亚马逊 FBA 仓储中心接到订单信息，安排发货，卖家不需要做任何处理。

对于卖家来说，采用 FBA 的方式发货，Listing 可以得到平台的流量支持，获得更多的曝光。同时，由于 FBA 发货时效快，客户满意度相对较高。其不利之处在于采用 FBA 方式发货的 Listing 需要卖家提前备货至 FBA 仓库，大批量的备货需要占用大量的资金，影响了卖家的资金周转，而一旦采用 FBA 方式发货的 Listing 被删除，大量库存积压在外，可能造成费用的超额（仓储成本和撤仓费用高）。

同时，采用 FBA 方式发货的 Listing，产品的售后客服工作一般由亚马逊客服直接对接，可能会由于客服对产品不够熟悉而出现退货率高的情况。

采用 FBM 的方式发货，卖家可以根据销售情况灵活备货，库存压力小，资金周转率高，资金压力也小，但就亚马逊系统内部来说，采用 FBM 方式发货的 Listing 所占权重相对较低，不利于运营和推广。另外，卖家从中国自发货到目的地国家，运输周期一般较长，如果货物中途丢失或者没有在预期的时间内到达，客户往往会申请退款或留下差评，影响账号的绩效。

在实际的运营中，建议卖家采用 FBA 和 FBM 结合的方式。在产品发布初期，由于尚且不能确定其销售情况，可以采用 FBM 的方式试销。随着销量的增长和稳定，可以将其转为 FBA 发货，而如果一条采用 FBA 方式发货的 Listing 销量长期达不到预期，卖家也可以将其调整为 FBM 方式发货。

7.2.3 Wish 的物流

1. Wish 邮的介绍

Wish 邮是由 Wish 和中国邮政共同推出的 Wish 专属商户跨境电商物流产品。Wish 邮可为 Wish 优质商户提供专属集货仓、专线产品、专业仓储等一体化服务。

2. Wish 邮专属的服务

Wish 邮专属的服务包括为 Wish 商户提供专属集货仓；为 Wish 优质商户提供专业仓储服务和物流一体化解决方案；为 Wish 商户提供"Wish 邮"国际小包的优先处理服务；为 Wish 商户提供"Wish 邮"多节点的实时动态查询跟踪服务；为 Wish 商户提供专属操作团队、技术团队、客服团队，以及个性化专属服务；为 Wish 商户打造重点路向专线产品（目前已开通美国专线）。Wish 商户可享受中国邮政提供的各项优惠和资源支持。

3. Wish 邮的界面及特点

（1）登录界面。图 7-4 所示为 Wish 邮的登录界面，可以跟踪物流订单，查看账户信息及 Wish 邮的公告。

第 7 章　跨境物流 | 285

图 7-4　Wish 邮的登录界面

（2）创建订单。如图 7-5 所示，商户可以在"订单详情"栏目创建一个 Wish 邮的订单并生成单号。此外，Wish 邮也支持市面上绝大部分的 ERP，这样商户处理订单的效率可以提高很多。

如果订单比较多，商户可以通过 Excel 表格来批量上传。注意，要按照 Wish 邮提供的模板上传，如图 7-6 所示。

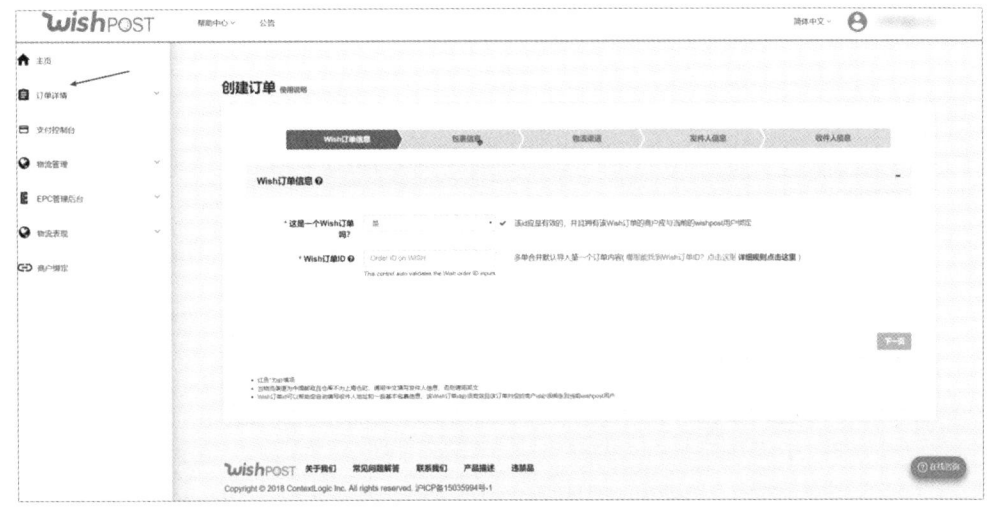

图 7-5　Wish 邮创建订单的界面

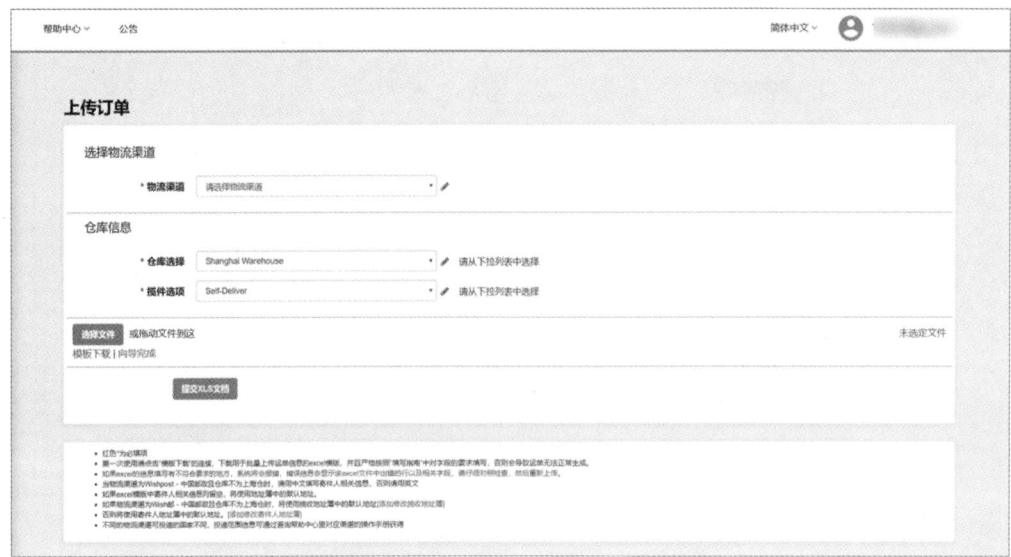

图 7-6　Wish 邮上传订单模板

（3）历史订单查询。如果我们想查询历史订单，可以使用 Wish 邮后台的查询功能，只要输入物流单号就可以找到对应的订单，如图 7-7 所示。从图 7-8 可以清晰地看到订单对应的物流单号、物流信息追踪状态、发件人、收件人及创建的时间等。

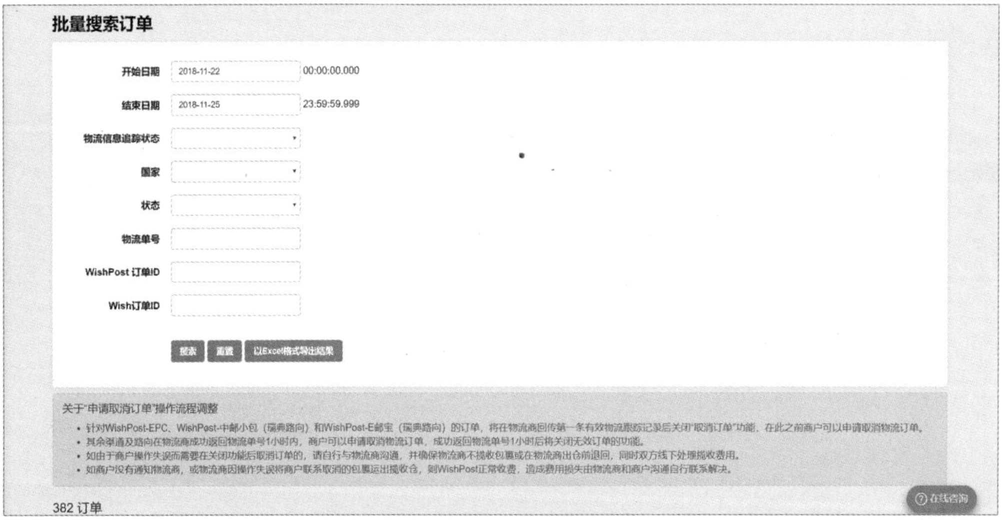

图 7-7　Wish 批量搜索订单

图 7-8　Wish 的历史订单

（4）预存物流费。在使用 Wish 邮的时候，卖家必须先预存物流费到 Wish 邮账户，账户余额如图 7-9 所示。充值的方式有很多，卖家可以通过支付宝转账等方法进行充值。卖家一定要及时检查 Wish 邮的余额，因为一旦欠费，Wish 邮是没有办法分配单号的，从而会影响发货效率。如果卖家不愿意充值，也可以用一些货运代理公司的 Wish 邮账号来发货，为自己争取一些账期，让资金不再紧张。

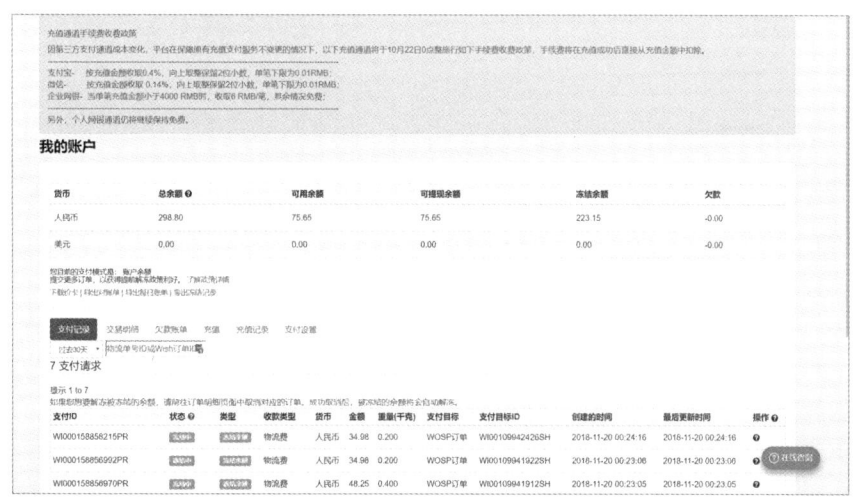

图 7-9　Wish 的账户余额

（5）填写地址。在 Wish 邮账号开通后，卖家要在第一时间添加发件人地址，其界面如图 7-10 所示。填写时要保证和 ERP 的信息一致，提供给系统准确的信息。

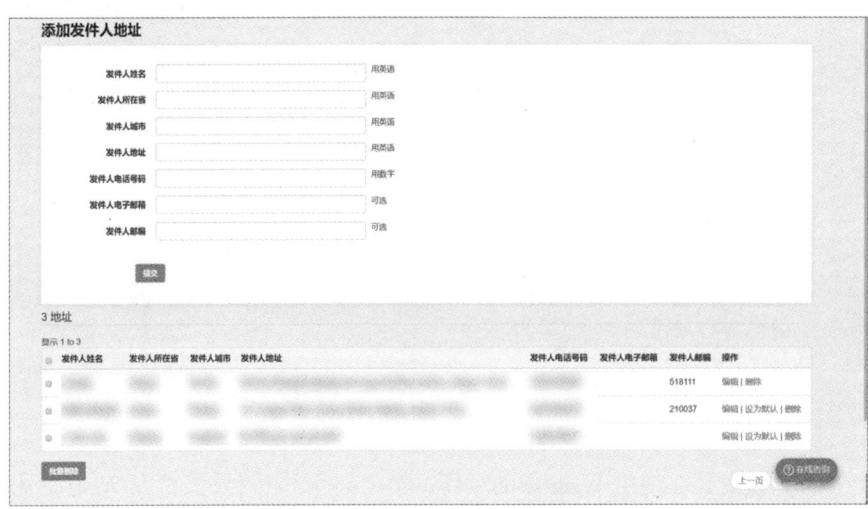

图 7-10　Wish 邮添加发件人地址界面

发件人地址填好之后，卖家需填写揽件地址，目的是方便 Wish 邮取货和分拣，Wish 邮增加揽件地址界面如图 7-11 所示。

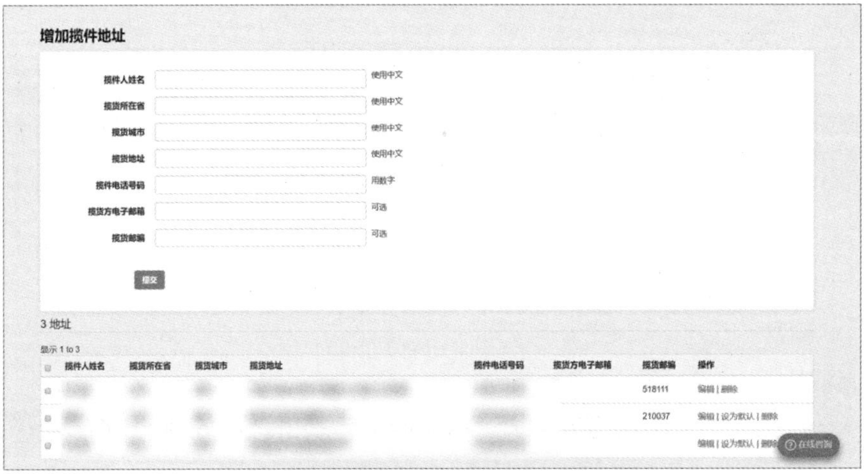

图 7-11　Wish 邮增加揽件地址界面

（6）合并订单。在 2018 年 10 月，Wish 推出了新的物流方式——EPC。使用这种方式后，对于一些不同店铺的合并订单，卖家可以交给 Wish 来发货，缩短了物流周期，提升了客户体验。使用这种物流方式需要注意的是，一旦 EPC 订单出单，卖家必须在 96 小时之内将货物寄到 Wish 仓库，否则可能会有罚款。Wish 合并订单报告界面如图 7-12 所示。

图 7-12　Wish 合并订单报告界面

（7）后台查询。首先，查看渠道表现。如图 7-13 所示，Wish 邮的后台有一个栏目是 Wish 邮物流渠道表现，其中，字母 A 表示表现好，B 表示表现一般，C 表示表现较差。卖家可以通过观察各个仓库的表现，就近选择表现好的仓库作为发货的优选仓库。

其次，渠道选择。Wish 邮后台现在有非常丰富的物流渠道可以选择，刚刚进入跨境电商的卖家可能对国际物流不是很熟悉，感觉非常复杂。Wish 邮提供了物流渠道查询的功能，如图 7-14 所示，输入相关信息，可以查询各物流渠道的估算运费，从而节省了卖家在选择物流渠道上的时间。比如，我们有一个发往斯洛文尼亚的包裹，重量是 300 克，卖家只需要输入相关信息就可以看到，Wish 邮的云途华南快速小包挂号是最便宜的，可以优选，如图 7-15 所示。

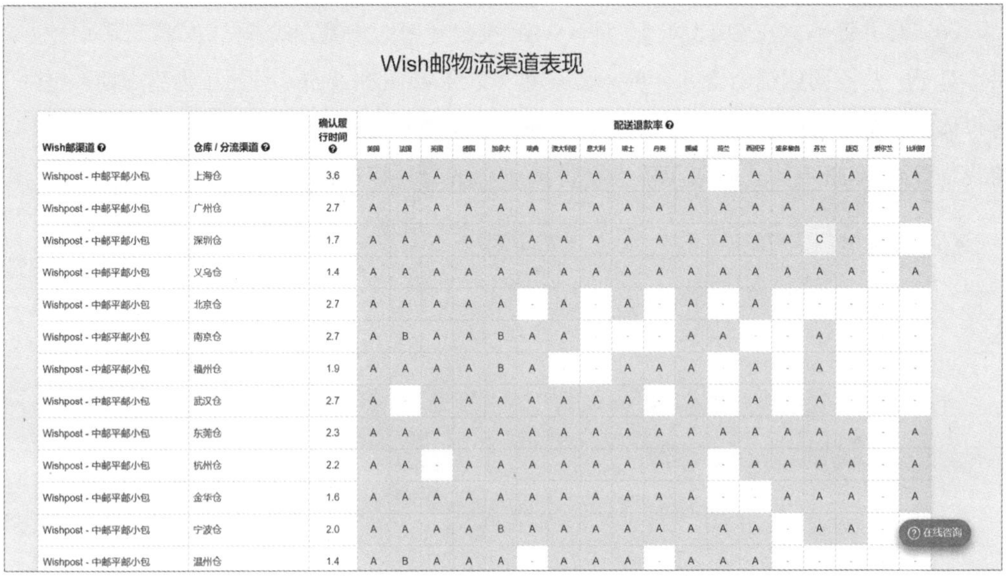

Wish邮物流渠道表现

Wish邮渠道	仓库 / 分流渠道	确认履行时间	配送退款率																	
			美国	法国	英国	德国	加拿大	瑞典	澳大利亚	意大利	瑞士	丹麦	挪威	荷兰	西班牙	波多黎各	芬兰	捷克	爱尔兰	比利时
Wishpost - 中邮平邮小包	上海仓	3.6	A	A	A	A	A	A	A	A	A	A	A	-	A	A	A	A	-	A
Wishpost - 中邮平邮小包	广州仓	2.7	A	A	A	A	A	A	A	A	A	A	A	A	A	A	A	A	-	A
Wishpost - 中邮平邮小包	深圳仓	1.7	A	A	A	A	A	A	A	A	A	A	A	A	A	A	C	A	-	-
Wishpost - 中邮平邮小包	义乌仓	1.4	A	A	A	A	A	A	A	A	A	A	A	A	A	A	A	A	-	A
Wishpost - 中邮平邮小包	北京仓	2.7	A	A	A	A	A	-	A	-	A	-	A	-	A	-	-	-	-	-
Wishpost - 中邮平邮小包	南京仓	2.7	A	B	A	A	B	A	A	-	-	-	A	A	-	-	A	-	-	-
Wishpost - 中邮平邮小包	福州仓	1.9	A	A	A	A	B	A	-	-	A	A	A	-	A	-	A	-	-	-
Wishpost - 中邮平邮小包	武汉仓	2.7	A	-	A	A	A	A	A	A	A	-	A	-	A	-	A	-	-	-
Wishpost - 中邮平邮小包	东莞仓	2.3	A	A	A	A	A	A	A	A	A	A	A	A	A	A	A	A	-	A
Wishpost - 中邮平邮小包	杭州仓	2.2	A	A	-	A	A	A	A	A	A	A	A	-	A	A	A	A	-	A
Wishpost - 中邮平邮小包	金华仓	1.6	A	A	A	A	A	A	A	A	A	A	A	-	-	A	A	A	-	A
Wishpost - 中邮平邮小包	宁波仓	2.0	A	A	A	A	B	A	A	A	A	A	A	A	A	-	A	A	-	
Wishpost - 中邮平邮小包	温州仓	1.4	A	B	A	A	A	-	A	A	A	-	A	A	A	-	-	-	-	-

图 7-13　Wish 邮物流渠道表现

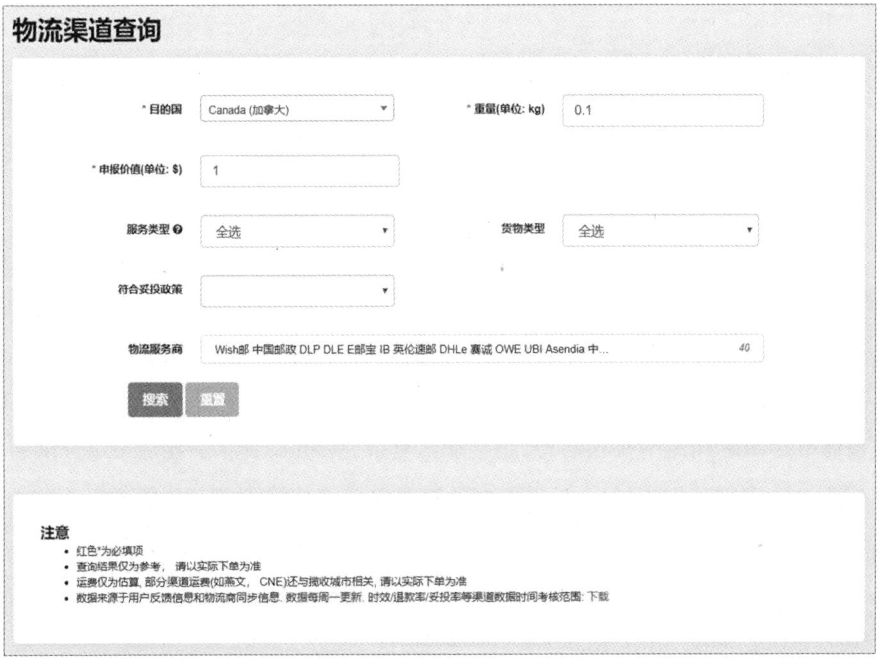

图 7-14　Wish 邮的物流渠道查询

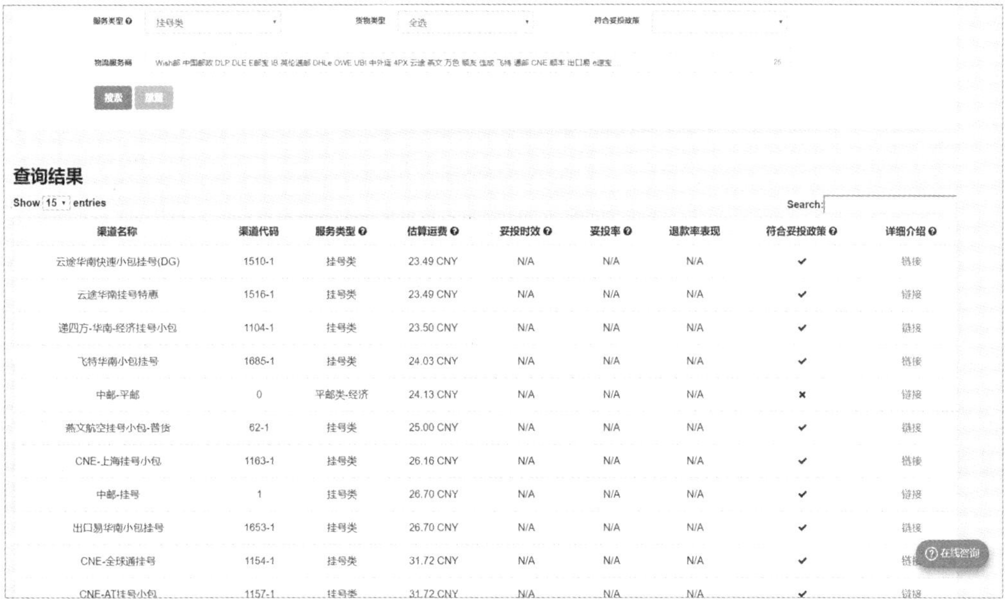

渠道名称	渠道代码	服务类型	估算运费	妥投时效	妥投率	退款率表现	符合妥投政策	详细介绍
云途华南快速小包挂号(DG)	1510-1	挂号类	23.49 CNY	N/A	N/A	N/A	✔	链接
云途华南挂号特惠	1516-1	挂号类	23.49 CNY	N/A	N/A	N/A	✔	链接
递四方-华南-经济挂号小包	1104-1	挂号类	23.50 CNY	N/A	N/A	N/A	✔	链接
飞特华南小包挂号	1685-1	挂号类	24.03 CNY	N/A	N/A	N/A	✔	链接
中邮-平邮	0	平邮类-经济	24.13 CNY	N/A	N/A	N/A	✖	链接
燕文航空挂号小包-普货	62-1	挂号类	25.00 CNY	N/A	N/A	N/A	✔	链接
CNE-上海挂号小包	1163-1	挂号类	26.16 CNY	N/A	N/A	N/A	✔	链接
中邮-挂号	1	挂号类	26.70 CNY	N/A	N/A	N/A	✔	链接
出口易华南小包挂号	1653-1	挂号类	26.70 CNY	N/A	N/A	N/A	✔	链接
CNE-全球通挂号	1154-1	挂号类	31.72 CNY	N/A	N/A	N/A	✔	链接
CNE-AT挂号小包	1157-1	挂号类	31.72 CNY	N/A	N/A	N/A	✔	链接

图 7-15　Wish 邮的查询结果

（8）多账户管理。一个 Wish 邮账户可以绑定 200 个商户，如果有多个商户，可以将它们绑定到一个 Wish 邮账户上，方便管理。Wish 邮商户绑定界面如图 7-16 所示。

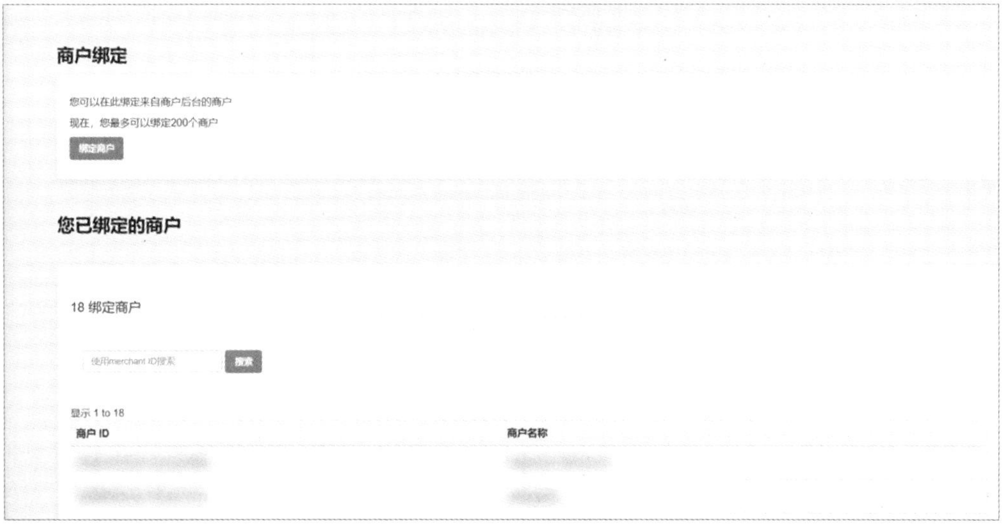

图 7-16　Wish 邮商户绑定界面

7.2.4 eBay 的物流

在 eBay 平台销售产品，由卖家自行制订物流方案，平台通过大数据系统对卖家的发货速度、派送时效等进行监督。中国卖家常用的物流方式包括跨境直邮和海外仓当地派送两种。

（1）跨境直邮。采用跨境直邮方式，中国卖家需将货物存放于中国境内仓库，在产品于 eBay 售出后，通过邮政小包和专线物流的方式将货物寄送到海外买家所在地址。针对跨境直邮这一方式，eBay 于 2018 年 3 月 1 日正式上线 SpeedPAK（SpeedPAK 是 eBay 联合物流战略合作伙伴橙联股份有限公司共同打造，以 eBay 平台物流政策为基础，为 eBay 大中华区跨境出口电商卖家量身定制的美国、英国、德国、意大利、法国、西班牙、澳大利亚、加拿大及其他欧洲 41 国路向国际派送解决方案），通过信息系统的深度整合，实现对 eBay 卖家直邮物流全链条的高效管理，保障直邮包裹的投递时效。跨境直邮流程如图 7-17 所示。

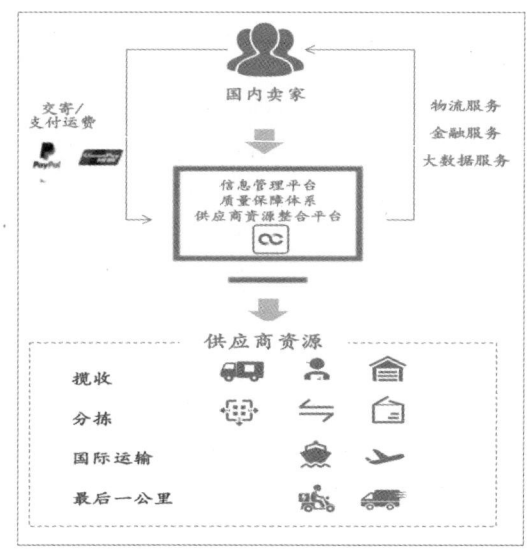

图 7-17　跨境直邮流程

2018 年 8 月，eBay 针对平台各站点销售的直邮产品，对卖家规定了不同比例的 SpeedPAK 最低使用率，以确保平台直邮包裹的投递时效，如图 7-18 所示。

	美国 >$5	英国 >£5	德国 >€5	澳大利亚（新） >$A8	加拿大（新） >$C8
至8月底	25%	20%	20%	—	—
至9月底	40%	30%	30%	—	—
至10月底 （新！）	50%	40%	40%	20%	20%
至11月底 （新！）	60%	50%	50%	30%	30%

图 7-18　SpeedPAK 最低使用率

（2）海外仓当地派送。近年来，海外仓当地派送的方式逐渐得到更多买家和卖家的认可。使用这一方式，卖家需将产品通过一般贸易的方式出口到目标市场国家，存储于自建的或第三方物流商的海外仓，在产品售出后，通过当地配送网络快速将产品送达买家手中。这一派送方式更加适合客单价高、重量大的产品，为海外买家提供了更好的购物体验。eBay 从多年前就鼓励广大中国卖家使用海外仓进行"最后一公里"的派送，这也是当前跨境电商物流派送的基本趋势。

7.3　跨境物流运营技巧

物流成本在各个平台的整体运营成本中都占有比较大的比重。跨境电商的运营需要开源节流，而对物流方式进行合理规划则是"节流"的重要组成部分。只有充分考虑各个物流渠道的成本及优劣，才能做出合理的规划。本节介绍不同物流方式的特点。

1. 邮政小包

在我国跨境电商的运营中，约 70%的包裹是以邮政小包的形式投送的，其中中国邮政、中国香港邮政和新加坡邮政是使用比例最高的邮政系统。邮政小包的优点如下：①首重要求低，运费相对便宜；②邮政系统覆盖广阔，渠道无死角，可以运送到全球各个国家。但是，邮政小包也存在两点劣势：①时效相对较低，丢包率高；②邮政小包是以私人包裹的形式投递出境的，不便于海关统计，无法享受出口退税的政策。

2. 商业快递

跨境电商卖家常用的四大商业快递为 DHL、UPS、FedEx 和 TNT，采用商业快递的方式发货的优势是服务好、时效高、丢包率低，但其价格较高，不建议低单价产品采用。

3. 专线物流

采用跨境专线物流的方式发货，货运代理会通过航空包舱的方式将货物运输到目的地国家，再由自己的合作伙伴完成目的地国家的国内派送。这种方式的成本比商业快递低，而时效又比邮政小包高，是当前跨境电商卖家采用得比较多的一种物流方式。

4. 海外仓

部分第三方服务商根据卖家的需要，有针对性地在不同的目标市场设立仓储处理中心，专门为跨境电商卖家提供货物仓储、分拣、包装和派送的一站式服务。采用海外仓的方式发货，卖家需要首先将货物存储到当地仓库，当买家下单后，海外仓服务商根据卖家的通知安排发货，以便买家快速地收到货物。

完整的海外仓发货流程包括三个部分：头程运输、仓储管理和本地配送。头程运输是指卖家通过快递、空运、海运等方式将货物运送至海外仓库；仓储管理由海外仓服务商负责，海外仓服务商要与卖家沟通、协调仓储和物流信息，便于卖家实时了解远程库存的信息；本地配送是指卖家接到订单后，向海外仓下达指令，海外仓储中心根据卖家的指令分拣对应的货物，并通过当地邮政或快递将商品配送给买家。

相比于商业快递，海外仓的方式物流成本更低；而相比于邮政小包，海外仓的时效更高，客户体验更佳。正因为这些优点，海外仓已经成为很多卖家运营中不可或缺的物流方式选择。

但海外仓的方式也有其弊端。对于任何采用海外仓发货的卖家来说，如果产品热销，货物派送时效高，库存周转快，那么不会出现库存积压现象；但如果产品出现滞销，则可能导致大量的库存积压。所以，采用海外仓的方式运营，对于卖家在供应链管理、库存管控、动销管理等方面都有着较高的要求。

结合上述各物流方式的优劣对比，如果产品是小件产品，买家和平台都对时效要求不高，此时，可以采用邮政小包的方式发货，以节省运费成本；但如果是高单价产品和大件产品，无法采用邮政小包的方式，而买家对时效又有要求，此时，卖家可以对比四大商业快递公司的费率，在时效符合买家期望的前提下，尽可能节省运费成本；而当一个产品销量增长，逐步成为爆款时，卖家则可以选择海外仓的方式，把产品批量存储在目的地国家，以便于买家下单后快速收到货物。卖家可以根据自己对时效的要求，采用商业快递、专线物流和海运三方结合的方式，既保证物流时效，又尽可能地将成本降到最低。

本章习题

1. 跨境电商物流可分为几类？
2. 请简述海外仓的优势和劣势。

第 8 章

跨境收款

解决了选品、发布、销售、物流配送等一系列的问题后，跨境电商运营面临的最后一个问题就是收款与结汇操作的问题。尽管此问题看起来比较简单，但是牵扯到长期的成本问题与法务安全。从我国外汇管理的相关法律出发，一般来说，跨境结汇牵涉到海关、国家外汇管理局、银行与企业或者个人。我们的基本原则一定是在法律允许的框架内，规范、合法地完成跨境收款与结汇工作。本章介绍常见的跨境电商收款和结汇方案。

8.1 跨境电商个人收款与结汇

对刚刚涉足跨境电商出口零售的个人卖家而言，最常接触的收款、结汇方式就是通过国内银行的外币账户，以个人名义进行收款结汇。

8.1.1 个人收款与结汇的限额

个人外币收款指的是个人卖家以自己的名义在境内银行开立外币收款账户，要求跨境电商平台（如亚马逊）或收款支付中介（如 PayPal）将外币资金汇往该账户。而根据国家外汇管理局的规定，个人结汇是指居民个人把从境外获得的、拥有完全所有权、可以自由支配的外汇收入卖给外汇指定银行或者特许货币兑换机构，外汇指定银行或机构根据交易行为发生之日的汇率付给等值人民币的行为。

可结汇的个人经常项目外汇收入包括专利、版权收入、稿费收入、咨询费收入、保险金收入、利润、红利收入、利息收入、年金、退休金、雇员报酬、遗产继承外汇、赡家款、捐赠款及其他经常项目外汇收入。

居民个人一次性结汇金额在等值 1 万美元（含 1 万美元）以下的，须凭真实身份证明办理；一次性结汇金额在等值 1 万美元以上，5 万美元（含 5 万美元）以下的，由银行按照相关规定，对居民个人真实身份证明和合法外汇来源证明材料进行审核后予以办理。截至 2018 年，居民个人每年能够结汇的资金上限为 5 万美元（或等值外币），超过部分是不能以个人名义直接结汇的。

8.1.2 个人收款开户与汇率

想要以个人名义办理中国境内收款银行账户,个人携带身份证到境内银行申请开立外币账户即可。账户开立成功后,银行会提供给个人外币汇款路径信息,包括银行账号、账号所有人(英文)、收款银行名称(英文)、收款银行 SWIFT Code(银行国际代码)、收款银行地址(英文)、中转行名称(如有)和中转行 SWIFT Code(如有)。将这些信息填写到跨境电商销售平台和收款支付平台的"提款账号"信息中,即可完成对海外销售平台资金的提款指令。

其中,SWIFT Code 一般用于发电汇、信用证电报,大部分银行都有,用于快速处理银行间电报往来,可以理解为在银行账号体系外的另一套合法的国际电汇路径信息。大的银行,如工商银行和建设银行,也会为自己内部的分支机构分配后缀不同的 SWIFT Code。

在海外电商平台完成提款后,资金会通过上述路径进入个人在中国境内的银行账户。当然在资金入账之前,银行会对资金来源和个人信息进行审核,审核通过的完成入账。审核如果不通过,外汇将被原路径退回。需要注意的是,每次提现汇款,各电商平台均会收取 15~35 美元不等的电汇费。如果入账失败,退回也会产生相应电汇费用。因此在电商平台上执行提现汇款之前,建议与收款银行的开户行沟通当地的跨境电商个人银行账户结汇、收汇政策。

外汇成功入账后,个人可在网上银行或银行柜台,凭账户银行卡和身份证完成结汇手续,将收款的外汇结汇为人民币资金。

结汇的汇率每日都在变化,各银行都有自己的外汇牌价实时更新网站,如中国银行外汇牌价网站,如图 8-1 所示,选择币种"美元",可以看到美元货币下每 2~5 分钟更新一次的外汇牌价。如果卖家在中国银行开立的外汇账户中收到了美元,可在网上银行按照"现汇买入价"的汇率实现结汇。

图 8-1　中国银行外汇牌价网站

8.1.3　个人名义收款的限制等问题

以个人名义在中国境内的银行开立外汇账户收款并结汇的方式最为简单直接，但也存在一系列的限制。一般情况下，每人每年只能结汇至多 50 000 美元（或等值其他外币）。以个人名义收取外币还存在入账的问题，根据各地外汇管理部门的不同规定，某些地区在外汇到达银行后，需要收款人向银行详细说明外币来源，在通过外管部门和银行的审核后，银行方可办理资金的入账。各地的规定千差万别，以众多卖家的经验来看，存在外币虽然未超过每年 5 万美元的限额但仍然无法完成入账结汇的情况。因此在操作之前，建议个人先向当地银行了解本地的外汇政策。

8.2 跨境电商公司收款

8.2.1 跨境电商一般贸易项下的收款（公司结汇）

对于跨境电商公司来讲，如果采用了海外仓的销售模式，提前将产品通过海运和空运的方式发往海外仓库，进而在平台售出产品后，由海外仓发货进行当地派送，那么该公司在收汇结汇时可以参考一般贸易的模式。

在货物从中国仓库批量发出，准备通过空运和海运的方式发往海外仓时，公司可以要求物流企业对这批产品提供一般贸易的正式报关服务，按照实际出口金额，向国家海关部门申报货物出口信息。那么在未来售出产品后，资金可以直接从跨境电商平台提款到公司的中国境内银行公户。资金到账后，可以像一般贸易项目下的资金一样，由公司财务人员通过银行向国家外汇管理局提交收款对应的贸易信息。在完成海关数据的核对后，银行可以无限额地操作外币资金入公司账户和外币结汇。

对企业来讲，这种方案最为正规，也是在全国范围内，对外贸易最常见、最大宗的收款结汇方案。结汇的汇率仍然参考各银行实时公布的"外汇买入价"。

但是这种方案的操作门槛对企业来讲相对较高。一方面，海外仓备货时，企业需要以自己的名义进行出口产品的报关，这就要求企业在当地工商管理部门办理一般纳税人和企业进出口资质；另一方面，一般贸易项下的报关在收汇、结汇完成后，还需要处理出口产品增值税退税等一系列税务流程。因此，这种方案比较适合成规模的、有一般贸易出口业务的企业在开展跨境电商业务时使用。

8.2.2 义乌模式下的跨境电商公司收款结汇

针对规模以下企业和小微企业、个体工商户，浙江义乌的外汇管理部门与当地银行推出了"义乌个体户外币结汇账户"政策。作为世界性的小商品批发市场和中国国际贸易综合改革金融试点城市，义乌正在实施个人贸易外汇管理改革。

因此，为满足当地众多中小微企业的贸易金融需求，义乌对个体工商户和中小企业的金融结汇进行了创新改革，每年可进行一定额度的外币结汇。到目前为止，义乌当地的个体工商户可以到诸如义乌稠州商业银行、中国农业银行义乌分行等办理该项业务。在银行办理了专用的收款外币账户后，个体工商户只需提供海外跨境电商销售平台的账号、订单等相关信息，即可每年通过该渠道完成较大资金规模的收汇、结汇。

在这一过程中，由当地试点银行完成跨境电商出口数据与外管部门、海关部门的对接，并对跨境电商业务产生的合法收入进行结汇操作。

这一模式极大方便了江浙地区跨境电商卖家的收款、结汇，相关卖家可以与以上提到的银行相关部门联系办理。

8.3 跨境电商收款中介平台

除以个人或企业名义直接在中国境内的银行办理外币收款账户外，中国跨境电商的卖家还可以通过诸多跨境电商收款中介平台完成收款结汇。这些平台拥有正规牌照和完整外汇管理数据申报体系，可以将卖家在跨境电商平台的订单数据与海外汇回资金进行整合对比，并通过数据接口向国家外汇管理部门申报数据，完成结汇、收款。

8.3.1 跨境电商收款中介平台的工作原理与费率

收款中介平台基本原理与流程如图 8-2 所示。

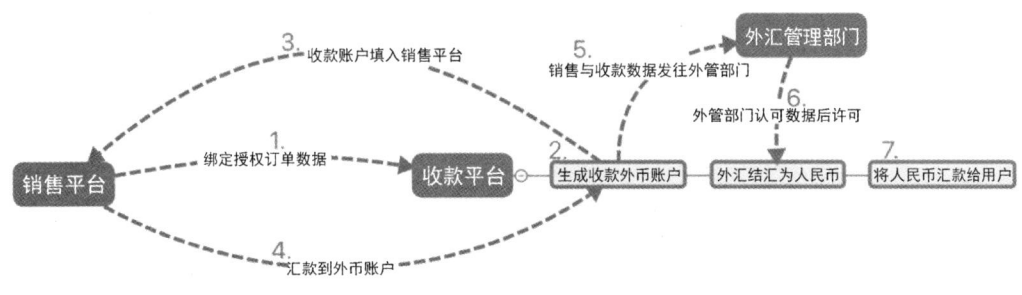

图 8-2 收款中介平台基本原理与流程

（1）在个人或企业卖家与跨境电商收款平台建立联系，注册收款平台账号后，卖家需要先按照收款平台的说明,将自己的跨境电商销售平台账号授权给收款平台,使得收款平台能够获取卖家的订单数据。

(2)得到授权后,收款平台会在其系统中为卖家店铺生成一个对应币种的外币收款账户。与银行账户类似,收款平台也会提供给卖家银行名称、账户号码、SWIFT Code、银行地址、账户所有人姓名等一系列完整的汇款路径信息。

(3)将上述汇款路径信息填写到销售平台(如亚马逊、Wish 等)的后台,操作与普通的银行账户是一样的。

(4)当卖家在销售平台的后台进行提现操作后,资金会从销售平台汇往收款平台为卖家生成的外币账户。

(5)收款平台会将收到的资金与对应的销售平台订单数据汇总合并,发送给国家外汇管理部门。

(6)在外汇管理部门许可后,收款平台将收到的外汇结算为人民币资金。

(7)结算后的人民币资金,将被汇往卖家在国内银行开立的普通人民币个人或者企业账户。全部的收汇、结汇流程完成。

在这个流程中,仅在第一次结汇时需要执行步骤(1)~(3)的平台绑定、数据授权、账户生成与路径信息填写等工作,后面的每一次结汇都仅需执行步骤(4)~(7)。实际上卖家需要做的工作很少,仅执行"销售平台提现"和资金到账后的"收款平台结汇"两个步骤,其他申报、获得许可、银行手续的办理等交由收款平台执行。

跨境电商收款中介平台大大方便了广大个人卖家和企业卖家,卖家一般需要支付收款总金额的 0.5%~3.5%的服务费给收款中介平台。当前常见的收款中介平台有 PingPong、Payoneer、WorldFirst 等。

 跨境电商收款中介平台的操作流程

为了方便读者了解跨境电商收款中介平台的操作流程,我们以 PingPong 为例进行简要说明。

1. 收款中介平台的账号注册

首先，注册账号并通过手机号码进行验证，注册入口如图 8-3 所示。

图 8-3 收款中介平台 PingPong 注册入口

其次，设置邮箱和安全问题，如图 8-4 所示。

图 8-4 完善账号信息

2. 销售平台的数据授权

PingPong 账号注册完成后，登录账号，单击"申请收款服务"按钮，如图 8-5 所示。

图 8-5　申请收款服务

以亚马逊北美站为例，完成销售平台对收款中介平台的授权，具体操作如图 8-6 所示。

图 8-6　销售平台对收款中介平台授权

选择"为已经开立的亚马逊店铺收款"选项或者"用于创建新的亚马逊店铺"选项，选择站点，填写店铺名称与销售类目等基本信息，进而单击"前往亚马逊后台授权"按钮。需要注意的是，在单击该按钮前，请注意检查所使用网络的安全性，一定要在操作亚马逊常用的网络环境之下登录亚马逊 WMS 数据后台，不要使用网吧、咖啡馆、机场等场所的网络或者亚马逊不熟悉的网络，以防产生安全问题。

3．收款后的结汇

完成授权后，PingPong 系统会产生一个新的外币收款账户，在账户经过 PingPong 安全部门的审核后，会显示为可用状态，在后台可以看到该收款账户的所有信息，如图 8-7 所示。

图 8-7　收款账户生成后的示例

将上述信息填写到亚马逊后台的提款账户信息中后，每 14 天亚马逊会自动安排一次资金转账。外汇资金到达 PingPong 账户后，PingPong 会代表卖家将相关数据提报有关管理部门审核，并办理入账。资金入账后，可在 PingPong 后台单击"立即提现"按钮，将外汇换汇为人民币，并提现到提前绑定好的账户所有人的中国境内银行卡，如图 8-8 所示。

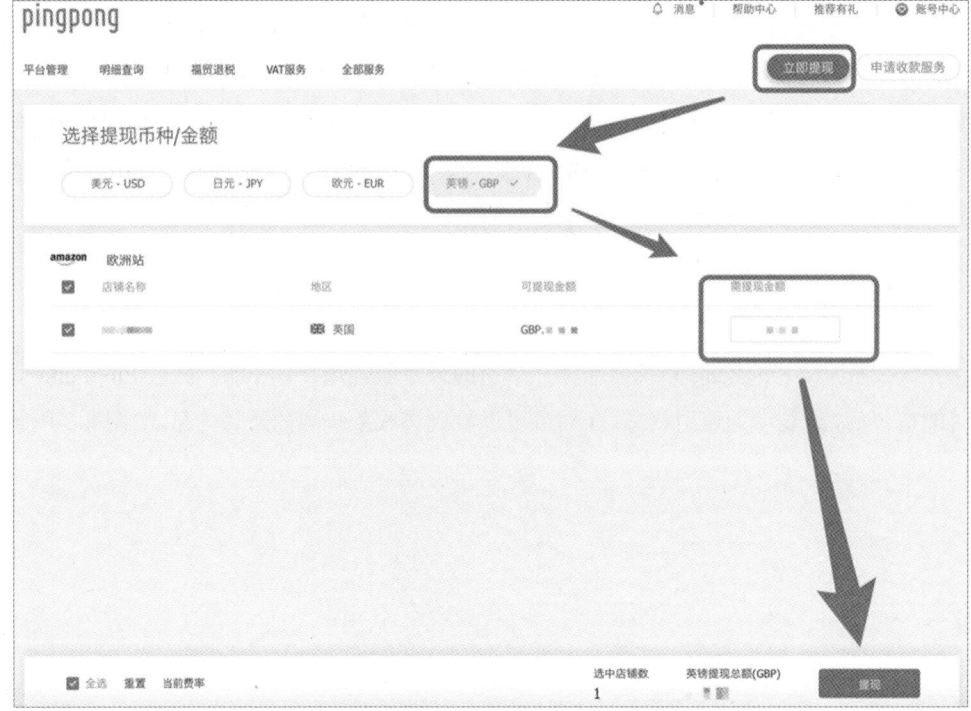

图 8-8　提款示例

本章习题

请判断以下问题的正误。

1. 跨境电商企业由于其业务的特殊性，是完全无法使用一般贸易的报关出口与结汇流程的。（　　）

2. 无论何种结汇方式，跨境电商企业的结汇都应当处于国家相关外汇管理部门的监督管理之下。（　　）

3. 以个人名义，在中国银行办理跨境收款结汇业务时，参考的是中国银行当日现钞买入价。（　　）

第 9 章
知识产权

9.1　知识产权侵权基本概念

知识产权也被称为知识所属权,是指权利人对其特定的创造性智力成果在一定期限内享有的专有权利。

随着人们知识产权意识的提高,各国政府、各个平台及知识产权人都日益重视对知识产权的保护。对于跨境电商卖家来说,为了确保长期稳定运营,避免因为知识产权方面的问题诱发运营风险,在运营中一定要尽可能地避免侵权行为的发生。

根据知识产权的分类,跨境电商卖家在运营中较常触及的侵权行为包括商标侵权、专利侵权、版权侵权和图片侵权四种。

商标侵权是指卖家未经授权销售其他权利人商标的产品,或者在产品描述和产品图片中添加其他权利人商标的行为。对于亚马逊平台的卖家来说,跟卖其他卖家有商标的商品也属于商标侵权。

专利一般分为发明专利、外观专利等。专利侵权是指卖家在没有得到权利人授权和许可的情况下,其所售产品中包含完整的或者部分的其他权利人的专利的行为。

版权涉及图案设计、版式设计和著作内容等方面,如果设计和内容是别人原创,且进行过版权备案的,那么在未经授权的情况下使用就属于版权侵权。

图片侵权是跨境电商卖家在运营中经常发生的一种侵权行为。如果卖家发布产品时未经同意使用别人拍摄的图片,则属于图片侵权。

9.2　如何防范侵权行为的发生

在各个跨境电商平台上,发生侵权行为往往是导致账号受限的最大原因。轻则产品被删除,情节严重的,可能会导致账号被移除销售权限,冻结账户余额,甚至追究法律责任等。所以,卖家在运营中一定要尽可能防范侵权行为的发生。

第一,选品和运营上,不存任何投机和侥幸心理。很多时候,卖家之所以发生侵权行为,往往是因为看到身边或者平台上有其他人在销售,但任何存在侵权或潜在侵权的销售行为都可能诱发运营风险,不可抱有侥幸心理。

第二，提升对产品的认知。很多卖家在运营中发生侵权行为被投诉，一定程度上是因为对自己所销售的产品不熟悉，对产品所涉及的知识产权要素识别不清、分析不全面。为了避免这种情况的出现，卖家一定要尽可能做到精细化选品，避免盲目地多 SKU 铺货，提高自己对产品的认知，多角度地了解产品信息和行业信息。只有掌握的信息足够全面，才能够更准确地知悉相关产品是否存在知识产权侵权"陷阱"，而一旦在调研中发现潜在的侵权要素，则要尽可能避免。

第三，加强与供应商、同行卖家的交流沟通，全方位、多维度熟悉自己所经营的类目和产品。有时候对产品侵权要素的识别仅靠自己是不够的，很多产品并没有太多的公开资料可供我们参考，在这种情况下，要想避免因为侵权被投诉，我们就应该加强与供应商的沟通，多与同行卖家交流，其他人的经验和建议可以起到提醒的作用。

第四，无论在哪个平台运营，无论选择了什么样的产品，在产品文案和产品图片方面，卖家一定要亲力亲为，确保所有产品文案都是自己撰写的，确保所有产品图片都是自己真实拍摄的。

9.3 如何保护知识产权

对于跨境电商卖家来说，除在运营中要做好调研，避免发生侵权行为之外，也要尽可能地保护好自己的知识产权。

具体来说，可以从以下几个方面入手。

第一，保留自己拍摄的产品原图。选定产品后，卖家要自己拍摄图片，同时保留产品原图，遇到图片被盗用的情况，可以用原图向平台投诉。

第二，注册商标。为了确保长期稳定运营，同时也为了让运营成果能够得到积累和沉淀，跨境电商卖家应该结合所经营的产品类目和目标市场，有针对性地注册商标。一个有效的商标可以在很大程度上降低被不良卖家侵扰的概率。

第三，申请专利。如果所售产品是原创设计的产品，卖家可以对其申请专利，拥有了产品专利，就可以保护自己的设计，从而更好地保护运营成果。

9.4 商标注册注意事项

随着各个跨境电商平台规则的不断规范和各个国家针对跨境电商平台的法规的日益完善，销售有商标的产品几乎成为各个平台的基本要求。为了确保长期稳定运营，注册一个本地商标也几乎成了每个卖家的"标配"。

注册商标的成本并不高，按照当前市面上代理注册商标的价格，注册美国商标只需要人民币 3500 元左右，注册欧盟商标只需要人民币 15 000 元左右。

同时，已注册商标的卖家和没有注册商标的卖家，在运营过程中，其心理是有微妙差别的。没有注册商标的卖家，随意和投机的心理会更多一些，就像在摆地摊，随时可以收摊走人；而已注册商标的卖家，其心理就好比从辛辛苦苦摆地摊到租下一个门面，并进行装修，投入得更多，也会更用心一些。不同的心理自然也就造成运营结果的大不同。

即便卖家决定不再运营跨境电商了，其商标还可以转让出去，好的商标甚至可以卖到十倍于注册成本的价格。

相信很多卖家都可以通过网络找到注册商标的全流程指导，也可以轻易地查到不同国家的商标注册费用。注册一个美国商标仅需 250 美元左右，折合人民币不到 2000 元，为什么那些商标注册代理商要收取 3500 元左右呢？有些卖家会觉得不值，再加上有教程指导，所以决定自己注册。但笔者并不建议这样做。

注册的全过程中，提交商标名称仅仅是第一步，之后还需要经过 10 个月左右的审核和公示期，在这个过程中，任何第三方的异议或者知识产权部门审核中判定的商标相似性等因素都会导致审核不通过，而一旦不通过，注册时的缴费是不退还的。这就意味着，如果自己提交的商标注册失败，卖家面临的将是钱货两空。

大部分卖家都是第一次注册商标，需要边学习边摸索，而商标注册代理商相对来说经验丰富，它们知道注册商标过程中需要注意什么，也更熟悉如何去应对和解决。专业的人做专业的事，有些付费是对其经验的付费，对这一点笔者尤其认同。

当我们注册了商标，在运营上就可以更加安心地从长期做打算了。

9.5 侵权被投诉后的应对建议

一般来说，发生侵权行为被投诉后，平台会有相应的通知，告知卖家侵权的原因、权利人及权利人联系方式等信息。卖家要对平台通知中所提供的信息进行分析并做出回应。具体的应对方案如下。

第一，根据平台通知，如果自己确实存在侵权行为，要在第一时间对店铺所售的所有产品进行筛查，判断是否还有其他产品存在类似侵权行为。如果有，要快速下架或者通过编辑去掉侵权要素，避免侵权事件的二次发生。

第二，结合侵权要素，根据通知中的权利人联系方式，主动和权利人联系。如果侵权要素不清晰，可以要求权利人提供侵权要素的说明；如果侵权要素清晰，要主动向权利人道歉，承认错误，并提出解决问题的方案和建议。

第三，如果已经导致账号受限，则要在联系权利人的同时向平台提交申诉邮件，在承认错误的同时向平台讲述自己已经采取的行动。申诉邮件的内容要具体、真实、详尽，同时，要态度诚恳地做出承诺，保证以后不再犯类似错误，并用诚恳热切的语言向平台表达对解限账号的期盼。

第四，如果权利人向法院提起诉讼，卖家账号和资金已经处在冻结状态，则要全面分析。如果无法直接和权利人达成和解，在投入可控的情况下，可以联系律师，通过法律途径或谈判来解决。

本章习题

在跨境电商的运营过程中，可能涉及的知识产权侵权行为有哪些？

习题答案

第1章

1. 跨境电子商务是指属于不同关境的买家和卖家以互联网平台为媒介,以电子支付为交易结算渠道,以跨境物流为产品传输纽带,最终实现网上跨境交易的商业贸易行为。

2. 邮政小包的形式。

3. 优势是购物体验好,发货快,退换货容易。劣势是容易积压库存且本地化服务有难度。

第2章

1. B   2. C   3. B   4. A   5. D

第3章

1. 亚马逊站内广告分为自动型广告和手动型广告两种。

2. 可以先将邮件标识为"不需要回复",再进行回复,以此来避免邮件回复延迟导致的账号绩效指标下降。

3. Listing 的优化包括类目选择、图片、标题、五行特性、产品描述、关键词等六大模块。

第4章

1. 淡化搜索,通过识别标签和机器模型学习,靠精准的流量推送来曝光。

2. 店铺的所有订单有效跟踪率不低于95%;店铺的订单延时发货率不超过10%;店铺的商品综合评分大于4.0分;店铺的63~90天退款率小于10%;店铺的仿品率不超过0.5%。

3. ProductBoost,主要的推广原理是CPM,按照每千次展示付费。

第 5 章

1. D　2. C　3. D　4. B

第 6 章

1. 本土化、垂直化、错峰卖货等。

2. C

第 7 章

1. 邮政、商业快递、国家专线、海外仓。

2. 相比于商业快递,海外仓的方式物流成本更低;而相比于邮政小包,海外仓的时效更高,客户体验更佳。

第 8 章

1. 错

2. 对

3. 错

第 9 章

跨境电商卖家在运营中可能遇到的知识产权侵权行为包括商标侵权、专利侵权、版权侵权和图片侵权等。

附 录

附表 1　阿里巴巴速卖通禁限售违禁信息表

全球速卖通禁限售违禁信息列表	违规处罚
（一）毒品、易制毒化学品及毒品工具	
1．麻醉镇定类、精神药品、天然类毒品、合成类毒品、一类易制毒化学品	严重违规，最高扣除 48 分
2．二类易制毒化学品、类固醇	一般违规，6 分/次
3．三类易制毒化学品	一般违规，2 分/次
4．毒品吸食、注射工具及配件	一般违规，2 分/次
5．帮助走私、存储、贩卖、运输、制造毒品的工具	一般违规，1 分/次
6．制作毒品的方法、书籍	一般违规，1 分/次
（二）危险化学品	
1．爆炸物及引爆装置	严重违规，最高扣除 48 分
2．易燃易爆化学品	一般违规，6 分/次
3．放射性物质	一般违规，6 分/次
4．剧毒化学品	一般违规，6 分/次
5．有毒化学品	一般违规，2 分/次
6．消耗臭氧层物质	一般违规，1 分/次
7．石棉及含有石棉的产品	一般违规，1 分/次
8．烟花爆竹、点火器及配件	一般违规，0.5 分/次
（三）枪支弹药	
1．大规模杀伤性武器、真枪、弹药、军用设备及相关器材	严重违规，最高扣除 48 分
2．仿真枪及枪支部件	一般违规，6 分/次
3．潜在威胁工艺品类	一般违规，2 分/次
（四）管制器具	
1．刑具及限制自由工具	严重违规，6 分/次
2．管制刀具	严重违规，6 分/次
3．严重危害他人人身安全的管制器具	严重违规，6 分/次
4．一般危害他人人身安全的管制器具	严重违规，2 分/次

续表

全球速卖通禁限售违禁信息列表	违规处罚
5. 弩	严重违规，0.5 分/次
（五）军警用品	
1. 制服、标志、设备及制品	一般违规，2 分/次
2. 限制发布的警用品	一般违规，0.5 分/次
（六）药品	
1. 处方药、激素类、放射类药品	一般违规，6 分/次
2. 特殊药制品	一般违规，6 分/次
3. 有毒中药材	一般违规，2 分/次
4. 口服性药及含违禁成分的减肥药、保健品	一般违规，2 分/次
5. 非处方药	一般违规，2 分/次
（七）医疗器械	
1. 医疗咨询和医疗服务	一般违规，6 分/次
2. 三类医疗器械	一般违规，1 分/次
3. 其他医疗器械：除三类医疗器械外，其他需要专业人员指导操作的医疗器械	一般违规，1 分/次
（八）色情、暴力、低俗及催情用品	
1. 涉及兽交、性虐、乱伦、强奸及儿童色情相关信息	严重违规，最高扣除 48 分
2. 含有淫秽内容的音像制品及视频、色情陪聊服务、成人网站论坛的账号及邀请码	严重违规，最高扣除 48 分
3. 含真人、假人、仿真器官等露点及暴力图片	一般违规，2 分/次
4. 原味产品	一般违规，0.5 分/次
5. 宣传血腥、暴力及不文明用语	一般违规，0.5 分/次
（九）非法用途产品	
1. 用于监听、窃取隐私或机密的软件及设备	一般违规，6 分/次
2. 信号干扰器	一般违规，6 分/次
3. 非法软件及黑客类产品	一般违规，2 分/次
4. 用于非法摄像、录音、取证等用途的设备	一般违规，2 分/次
5. 非法用途工具（如盗窃工具、开锁工具、银行卡复制器）	一般违规，2 分/次
6. 用来获取需授权方可访问的内容的译码机或其他设备（如卫星信号收发装置及软件）	一般违规，2 分/次
（十）非法服务类	
1. 政府机构颁发的文件、证书、公章、勋章、身份证及其他身份证明文件，用于伪造、变造相关文件的工具、主要材料及方法	严重违规，最高扣除 48 分

续表

全球速卖通禁限售违禁信息列表	违规处罚
2. 单证、票证、印章、政府及专门机构徽章	严重违规，最高扣除 48 分
3. 金融证件、银行卡，用于伪造、变造相关的工具、主要材料及方法；洗钱、非法集资等	严重违规，最高扣除 48 分
4. 个人隐私信息及企业内部数据；提供个人手机定位、电话清单查询、银行账户查询等服务	一般违规，2 分/次
5. 法律咨询、彩票服务、医疗服务、教育类证书代办等相关服务	一般违规，2 分/次
6. 追讨服务、代加粉丝或听众服务，签证服务	一般违规，0.5 分/次
（十一）收藏类	
1. 货币、金融票证，明示或暗示用于伪造、变造货币、金融票证的主要材料、工具及方法	严重违规，最高扣除 48 分
2. 虚拟货币（如比特币）	一般违规，6 分/次
3. 金、银和其他贵重金属	一般违规，2 分/次
4. 国家保护的文物、化石及其他收藏品	一般违规，2 分/次
（十二）人体器官、保护动植物及捕杀工具	
1. 人体器官、遗体	严重违规，最高扣除 48 分
2. 重点和濒危保护动物活体、身体部分、制品及工具	一般违规，2 分/次
3. 鲨鱼、熊、猫、狗等动物的活体、身体部分、制品及任何加工机器	一般违规，2 分/次
4. 重点和濒危保护植物、制品	一般违规，1 分/次
（十三）危害国家安全及侮辱性信息	
1. 宣扬恐怖组织和极端组织信息	严重违规，最高扣除 48 分
2. 宣传国家分裂及其他各国禁止传播发布的敏感信息	严重违规，最高扣除 48 分
3. 涉及种族、性别、宗教、地域等歧视性或侮辱性信息	一般违规，2 分/次
4. 其他含有政治色彩的信息	一般违规，0.5 分/次
（十四）烟草	
1. 成品烟及烟草制品	一般违规，6 分/次
2. 电子烟液	一般违规，6 分/次
3. 电子烟器具、部件及配件	错放类目，0.5 分/次
4. 制烟材料及烟草专用机械	一般违规，0.5 分/次
5. 烟草图片禁售（使用含有烟液的图片或图片中有烟液展示）	一般违规，1 分/次
（十五）赌博	
1. 在线赌博信息	一般违规，2 分/次
2. 赌博工具	一般违规，2 分/次

续表

全球速卖通禁限售违禁信息列表	违规处罚
（十六）制裁及其他管制产品	
1. 禁运物	一般违规，1分/次
2. 其他制裁产品	一般违规，1分/次
（十七）违反目的国/本国产品质量技术法规/法令/标准的、劣质的、存在风险的产品	
1. 经权威质检部门或生产商认定、公布或召回的产品；各国明令淘汰或停止销售的产品；过期、失效、变质的产品、无生产日期、无保质期、无生产厂家的产品	一般违规，2分/次
2. 高风险及安全隐患类产品	一般违规，1分/次
（十八）部分国家法律规定禁限售产品及因产品属性不适合跨境销售而不应售卖的产品	
1. 部分国家法律规定不允许或限制售卖的产品	按照禁限售已约定类别处理
2. 因产品属性不适合跨境销售而不应售卖的产品（如香水；茶叶、粉末状动/植物提取物等食用保健品、食品等）	退回、下架、冻结或关闭账号

注：平台有权根据发布信息本身的违规情况及会员行为做加重处罚或减轻处罚的处理。所以任何恶意规避禁限售规则处罚的行为都可能导致账号被永久关闭

电子工业出版社优秀跨境电商图书

阿里巴巴官方作品,速卖通宝典丛书(共8册)

跨境电商物流 阿里巴巴速卖通宝典
书号:978-7-121-27562-3
定价:49.00元

跨境电商客服 阿里巴巴速卖通宝典
书号:978-7-121-27620-0
定价:55.00元

跨境电商美工 阿里巴巴速卖通宝典
书号:978-7-121-27679-8
定价:69.00元

跨境电商营销 阿里巴巴速卖通宝典
书号:978-7-121-27678-1
定价:78.00元

跨境电商数据化管理 阿里巴巴速卖通宝典
书号:978-7-121-27677-4
定价:49.00元

跨境电商SNS营销与商机 阿里巴巴速卖通宝典
书号:ISBN 978-7-121-32584-7
定价:89.80元

跨境电商运营与管理 阿里巴巴速卖通宝典
书号:ISBN 978-7-121-32582-3
定价:59.00元

跨境电商视觉呈现 阿里巴巴速卖通宝典
书号:ISBN 978-7-121-32583-0
定价:59.00元

跨境电商图书兄弟篇

跨境电商基础、策略与实战
ISBN 978-7-121-28044-3
定价:59.00元
出版日期:2016年3月
阿里巴巴商学院 组织编写
柯丽敏 王怀周 编著
主要内容:进出口外贸跨境电商教程,配有PPT课件。
跨境电商主流平台运营讲解!
出口外贸零售相关从业者阅读!

跨境电商多平台运营(第2版)——实战基础
ISBN 978-7-121-31412-4
定价:69.00元
出版日期:2017年6月
易传识网络科技 主编 丁晖 等编著
主要内容:速卖通、Amazon、eBay、Wish和Lazada五大平台运营攻略。
畅销教程全新升级,兼顾跨境电商从业者与院校学员,提供PPT支持。

跨境电商——阿里巴巴速卖通宝典(第2版)
ISBN 978-7-121-26388-0
定价:79.00元
出版日期:2015年7月
速卖通大学 编著
主要内容:阿里巴巴速卖通运营。
阿里巴巴官方跨境电商B2C权威力作!
第2版全新升级!持续热销!

亚马逊跨境电商运营宝典
ISBN 978-7-121-34285-1
定价:69.00元
出版日期:2018年6月
老魏 著
作者拥有12年外贸和跨境电商从业经历,助你系统解决亚马逊运营痛点。

阿里巴巴国际站"百城千校 · 百万英才" 跨境电商人才认证配套教程

教程与PPT咨询,请致电编辑:010-88254045

从0开始 跨境电商实训
阿里巴巴(中国)网络技术有限公司 编著
ISBN 978-7-121-28729-5
适用于一切需要"从零开始"的跨境电商企业从业人员和院校学员。

跨境电商B2B 立体化实战教程
阿里巴巴(中国)网络技术有限公司
浙江商业职业技术学院
ISBN 978-7-121-35828-9
图书+PPT课件+在线视频学习资源+跨境电子商务师认证

新电商精英系列丛书累计销量突破**100万册**
两次荣获电子工业出版社**最佳品牌奖**

电商图书
旗舰品牌

经典教程
全新升级

电商运营（第2版）
ISBN 978-7-121-36618-5

网店客服（第2版）
ISBN 978-7-121-36633-8

网店美工（第2版）
ISBN 978-7-121-36616-1

网店推广（第2版）
ISBN 978-7-121-36617-8

电商数据分析与数据化营销
ISBN 978-7-121-36613-0

内容营销：
图文、短视频与直播运营
ISBN 978-7-121-36614-7

跨境电商运营实务：
跨境营销、物流与多平台实践
ISBN 978-7-121-36615-4

全彩
印刷

国内电商运营、美工、客服书籍的**新起点**！
淘宝大学电子商务人才能力实训（CETC系列）

《网店运营、美工视觉、客服（入门版）》
ISBN: 978-7-121-32632-5

《网店运营（提高版）》
ISBN 978-7-121-32633-2

《网店美工视觉与客服（提高版）》
ISBN 978-7-121-32900-5

淘宝官方首套内容电商运营系列丛书！

电子工业出版社咨询或投稿，
请联系010-88254045，
邮箱：zhanghong@phei.com.cn

在哪儿可以买到这些书？
线下书店、当当、京东、亚马逊、天猫网店均可购买。

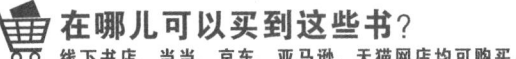

反侵权盗版声明

电子工业出版社依法对本作品享有专有出版权。任何未经权利人书面许可,复制、销售或通过信息网络传播本作品的行为;歪曲、篡改、剽窃本作品的行为,均违反《中华人民共和国著作权法》,其行为人应承担相应的民事责任和行政责任,构成犯罪的,将被依法追究刑事责任。

为了维护市场秩序,保护权利人的合法权益,我社将依法查处和打击侵权盗版的单位和个人。欢迎社会各界人士积极举报侵权盗版行为,本社将奖励举报有功人员,并保证举报人的信息不被泄露。

举报电话:(010)88254396;(010)88258888

传　　真:(010)88254397

E-mail: dbqq@phei.com.cn

通信地址:北京市万寿路173信箱　电子工业出版社总编办公室

邮　　编:100036